한국어 문법 교육의 인지적 토대

한국어 문법 교육의 인지적 토대

초판 인쇄 2017년 2월 23일
초판 발행 2017년 2월 28일

지 은 이 정병철
펴 낸 이 박찬익
편 집 장 권이준
책임편집 조은혜
펴 낸 곳 ㈜ **박이정**

주   소 서울시 동대문구 천호대로 16가길 4
전   화 02) 922-1192~3
팩   스 02) 928-4683
홈페이지 www.pjbook.com
이 메 일 pijbook@naver.com
등   록 2014년 8월 22일 제305-2014-000028호

ISBN 979-11-9543-285-5 (93710)

* 책값은 뒤표지에 있습니다.

한국어 문법 교육의 인지적 토대

Cognitive Foundations of Korean Grammar Education

정병철

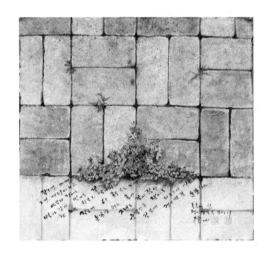

(주)박이정

『한국어 문법 교육의 인지적 토대』는 학교문법을 포함한 한국어의 교육용 문법을 인지적 패러다임에 맞추어 새롭게 기술하기 위해 이루어져야 할 근본적인 논의와 연구 성과들을 담고 있다. 인지언어학은 기능주의 언어학, 경험과학적인 언어습득론, 사회언어학, 담화분석이론, 말뭉치 언어학 등과 우호적인 연합 체제를 형성하며 20세기 후반의 언어학을 지배하던 생성언어학의 불합리성을 극복하기 위한 대안으로 떠오르고 있다. 하지만, 현재 우리나라의 학교문법과 외국인을 위한 교육용 한국어 문법이 채택하고 있는 교육 내용들은 이런 변화를 거의 반영하지 못하고 있고, 교육용 문법의 내용 전반을 새로운 패러다임에 맞게 재구성하는 작업이 아직 요원한 실정이다. 이런 현실 속에서, 한국어 문법을 구성하는 중요한 골격만이라도 인지언어학적인 관점에서 재조명하는 작업이 필요하리라 생각되어 이 책의 출판을 감행하게 되었다.

학교문법을 포함한 교육문법에 특정한 언어학 이론의 토대가 필요하다는 생각은 국내에서 부정적인 시선을 받아 왔다. 하지만, 바람직하고 효과적인 언어 교육을 위해 언어에 대한 적절한 통찰과 과학적인 설명을 제공해주는 언어학 이론을 참고하고 적용하는 것은 오히려 권장되고 요청되어야 할 작업이다. 경험과학과 인간에 대한 총체적 이해가 결합하여 탄생한 인지언어학은 문법 교육의 미래를 여는 열쇠라 할 수 있다. 현재 우리나라도 인지언어학의 불모지가 아니며, 인지언어학을 국어교육이나 한국어교육에 적용한 연구 성과들을 어렵지 않게 찾을 수 있다. 더구나 독서교육이나 쓰기교육 분야에서 스키마 이론, 인지 과정 모형과 같은 인지과학의 성과를 적극적으로 수용하는 풍토가 일반화된 지금 문법 교육이 인지적 패러다임을 공유하는 새로운 변화를 모색하는 것은 환영받을 만하다. 하지만, 학교에서 다루고 있는 표준적인 문법의 주요 내용들을 대체할 수 있는 인지언어학 기반의 연구 성과는 아직 충분해 보이지 않는다. 단어와 형태소, 품사, 문장 성분에 대한 표준적인 설명에는 어떤 문제점들이 있을까? 인지적인 관점은 이런 문제점들에 대해 어떤 대안을 제공할 수 있을까? 그리고 문법이 쓰기와 같은 더 실제적이고 복합적인 영역과 상호작용하고 통합될 수 있는 이론적 근거는 무엇일까? 모두 이 책에서 다루려고 하는 핵심적인 질문들이다. 왜 인지언어학은 형태소와 같은 작은 단위에서부터 품사론, 문장론, 담화와 글쓰기에 이르기까지 더 좋은 대안을 제공할 수 있는 토대가 될 수 있는지 이 책을 통해 확인할 수 있게 되기를 기대한다.

　이 책의 대략적인 구성과 내용은 다음과 같다. 1장부터 4장까지는 한국어를 구성하는 범주에 관한 문제를 논의한다. 1장에서는 형태소와 단어라는 범주의 성격과 그 경계에 대한 교과서적인 설명의 문제점을 파악하고 그 대안을 제시한다. 고전적인 모형에서는 실질적인 의미가 있는 형태소와 실질적인 의미가 없는 형태소를 구분하고 단어의 경계도 분명한 것처럼 기술하기 때문에 실제 언어에 대한 설명력을 확보하지 못해 왔다. 2장도 품사라는 범주에 관한 문제를 다룬다. 고전적인 모형에서 품사는 경계가 뚜렷한 범주로 다루어지지만, 인지적인 관점에서 조명하면 그 경계는 불분명하다는 것이 드러난다. 인지적 관점에 따라 어휘형태소와 문법형태소, 어근과 접사, 그리고 품사와 같은 문법적인 범주에 불분명한 경계가 존재한다는 것을 인정한다면 고전적인 설명의 오래된 난제들이 해결될 수 있다. 3장은 불규칙 현상의 본질을 인지적 관점에서 이해하고 교육적인 시사점을 찾기 위해 마련되었다. 불규칙은 규칙에 반하는 현상으로 언어의 일반성에서 벗어난 예외적인 현상으로 치부되는 경향이 있지만, 사실은 인간의 일반적인 인지능력인 장기기억이 언어의 사용과 어떻게 관련되어 있는지를 보여주는 좋은 증거라고 할 수 있다. 왜 사람들은 '바라다'의 활용형 '바라'처럼 소위 올바른 형태를 사용하지 않는지, 인지적 관점에서는 이 문제를 어떻게 처리하는지 알고 싶다면 여기서 그 궁금증을 풀어볼 수 있다.

4장부터 7장까지는 문장을 이루는 문법적 구성물들에 관한 논의를 담고 있다. 4장은 인지심리학에서 이루어진 연구 성과를 반영하여 외인성 주의와 내인성 주의를 구분한 결과, 조사 '가'는 외인성 주의에 대응하고 '는'은 외인성 주의에 대응한다는 것을 밝히고 있다. 이 연구는 주어 현상의 심리적 동기를 파악함으로써 주어에 대한 고전적인 설명의 순환성을 극복할 수 있는 발판을 제공해 준다. 5장은 한국어의 조사가 일반적인 어휘와 마찬가지로 신체적인 경험을 근거로 한 신경망의 확장으로 적절하게 설명된다는 것을 밝히고, 생성문법과 기존 학교문법의 관점처럼 일반적인 어휘적 의미와 완전히 구분되는 문법적 형태소(형식적 형태소)로서의 '조사' 개념은 성립하지 않음을 논하였다. 6장은 한국어의 보조동사 역시 양태나 서법, 상을 나타내는 문법적인 기능어가 아니라 신체적인 경험을 근거로 발생하고 확장되는 도식(schema)으로 더 적절하게 설명된다는 것을 증명하고 있다. 생성문법에서는 보조동사 '놓다'와 '두다'의 이미 차이를 설명할 수 있는 이론적 근거를 가질 수 없었지만, 인지언어학은 다양한 맥락과 상황에서 발생하는 섬세한 의미 차이를 설명할 수 있는 토대를 제공한다. 7장은 동기화 이론을 피동 표현의 교육에 적용하는 방안을 논의하고 있지만 동기화는 비슷한 방식으로 사동 표현뿐 아니라 단어 구성, 문장 구성, 문장의 연결 등을 포함한 거의 모든 복합적 구성의 교육에 적용될 수 있다. 여기서 제시된 모형에 근거하여 학습자는 불분명한 경계를 가진 피동의 범주를 파악하는 데 노력을 낭비하지 않고 피동 표현의 다양한 유형을 의미와 관련지어 이해하고 사용하는 데 초점을 맞출 수 있게 된다.

8장에서는 국내에서 아직 다루어지지 않았던 수사학적 문법의 개념을 설명하고, 인지언어학이 전통적인 문법의 영역을 넘어 글쓰기라는 더 복잡하고 실제적인 언어 사용에 적용될 수 있는 문법 지식을 도출해낼 수 있는 토대가 될 수 있음을 논의하였다. 9장에서는 인지언어학의 관점에서 문법 교육 과정의 전체 모습을 조망해 보고, 더 '의미 있는' 문법 교육의 틀을 정비하기 위해 의미를 중시하는 인지언어학의 정신과 연구 성과가 적극적으로 반영될 필요가 있음을 역설하였다.

 이 책은 2009년 이후부터 2016년까지 집필한 9편의 논문들을 토대로 구성되어 있다. 잘못된 부분을 고치고 새로운 내용들을 추가했기 때문에 원래 발표되었던 것과 다른 내용이 발견될 수도 있다. 여기 소개된 연구의 성과들은 대부분 후속 연구를 통해 계속 확장되고 있거나 앞으로 더 확장될 필요가 있는 것들이다. 특히 8장에 소개된 수사학적 문법은 국내에서 별다른 관심을 받지 못했지만 문법이 쓰기와 통합될 때의 이상적인 시너지 효과를 생각한다면 훨씬 더 많은 연구가 요청되는 영역이기도 하다. 사실 표준의 관점에서 보면 이 책의 내용들이 너무 급진적인 것으로 여겨질 수 있기 때문에 걱정도 되었지만, 놀랍게도 중고등학교나 한국어 교육 기관에서 문법을 가르치는 많은 분들이 이 책에 담긴 생각들을 환영하는 것을 보고 용기를 얻었다. 실제로 한국어 문법을 가르칠 때 대면하게 되는 문제들을 해결할 때 이 책이 조금이나마 도움이 되었으면 한다. 이 책에 담긴 내용은 퍼즐의 일부에 지나지 않는다. 이 책을 읽은 다른 연구자들을 통해서 나머지 조각들이 채워지고 더 좋은 성과들이 이어지기를 바라며 머리말을 줄인다.

| 감사의 글 |

    책을 만드는 작업은 외롭고 심심할 때가 많습니다. 좋아하는 모든 것들을 멀리한 채, 수많은 참고 자료와 모니터를 번갈아 바라보는 혼자만의 긴 시간을 통과해야 하니까요. 하지만, 이 책은 결코 나 혼자만의 노력으로 완성된 것이 아닙니다. 석사과정을 지도해 주신 조일영 선생님과 박사과정을 지도해 주신 임지룡 선생님의 격려와 가르침들은 내가 가고 있던 학문의 길을 되돌아 볼 때마다 확인할 수 있는 이정표가 됩니다. 김동환 선생님은 전화를 걸 때마다 열정적으로 인지언어학에 대한 조언을 아끼지 않으십니다. 김한샘 선생님의 도움으로 형태론에 관련된 많은 오류들을 찾을 수 있었습니다. 학교문법과 교과서에 대한 검토는 윤국한 선생님의 신세를 많이 졌습니다. '인지언어학 및 국어교육 연구실'의 선생님들은 언제나 든든한 학문적 지원군이자 동지들입니다. 김려생 부장님의 분에 넘치는 관심이 없었다면 아마 이 책은 박이정에서 출판될 수 없었을 것입니다. 내용과 상관없이 이 책의 외관이 매력적으로 보인다면, 그것은 편집을 맡아주신 조은혜 선생님과 표지 디자인의 황인옥 선생님, 그리고 표지 그림을 제공해주신 오창성 화백 덕분입니다.

    언제나 있는 힘껏 미소를 보내주는 아기 천사 에스더와 빨리 배우고 달리기를 잘 하는 혜나, 무엇이든 다 열심히 잘 하는 다함이, 기쁠 때나 슬플 때나 곁을 지켜준 아내, 시시때때로 자녀들을 돌봐주시고 맛있는 음식도 차려주시는 장모님, 표지에 들어갈 그림을 직접 그려주신 장인어른, 어린 시절부터 지금까지 변함없는 사랑으로 안아주시는 아버지와 어머니, 이 모든 가족들과 언어와 어둠 속에 빛나는 별을 베푸신 하나님께 나의 모든 감사를 올려드립니다.

제1장

형태소와 단어의
불분명한 경계에 대한
처리 방안

1. 서론

Labov(1973)의 실험 이후 밝혀진 범주의 불분명한 경계는 인간의 언어 범주들 속에도 편재하고 있음이 관찰되고 있다. 이 글에서는 형태소와 단어 범주에도 불분명한 경계가 실재한다는 인식 위에서 그와 관련된 내용의 교육과 평가도 다른 방식으로 접근해야 한다는 것을 제안한다. 지금까지는 불분명한 경계 현상이 문법 교육에 대한 논의에서 충분히 조명되지 않았을 뿐 아니라 한국어 형태소나 단어의 불분명한 경계에 대한 연구도 거의 이루어진 바가 없다. 이에 이 글에서는 형태소와 단어 범주들 간에 불분명한 경계가 존재한다는 것을 확인하고 이를 처리하는 방안에 대해 논의하고자 한다.

2. 이론적 배경과 선행 연구

불분명한 경계(fuzzy edge)라는 용어는 사회언어학자인 Labov(1973: 354)의 실험에서 처음 사용되었다. 그의 학생들은 〈그림 1〉과 같은 그림들을 보면서 각각에 대해 '컵', '꽃병', '사발' 중 하나로 이름을 붙여야 했는데, 실험에 응한 학생들은 3이 '컵', 10이 '꽃병', 6이 '사발'이라는 것에는 일치했지만, 그 외의 경우에는 일치하지 않았다. 게다가 용기에 커피가 담겨 있다는 맥락 정보를 주면 동일한 대상도 컵으로 인지할 가능성이 높아지는 맥락 효과가 나타나기도 했다.

〈그림 1〉 Labov(1973: 354)의 실험

이 실험은 한 단어의 의미가 끝나고 새로운 단어의 의미가 시작되는 정확한 분기점이 없다는 것을 확인시켜주었는데, 이는 아리스토텔레스(Aristotle) 이래 받아들여져 온 고전적인 범주 모형으로 설명되지 않는 현상이었다. '점검표 모형(check-list model)'이라고도 불리는 고전적인 범주 모형의 특징은 다음과 같이 요약될 수 있다(Löbner 2002).

- 범주화는 고정된 조건이나 자질의 집합에 의존한다.
- 각각의 조건은 절대적으로 필요하다.
- 각 조건들은 ('예' 혹은 '아니오'의) 이분법적인 조건들이다.
- 범주에의 소속 여부는 (소속되거나 소속되지 않는) 이분법적인 문제이다.

- 범주들은 분명한 경계를 가지고 있다.
- 모든 구성원은 동등한 자격을 가지고 있다.

고전적인 범주 모형에 의하면 어떤 범주는 분명한 경계를 가지며, 한 범주의 모든 구성원들은 동등한 자격을 가져야 한다. 하지만, Rosch(1975: 192-233)는 우리가 경험하는 범주의 구성원들이 중심적인 것에서 주변적인 것까지 차등적으로 분포하며 그 자격이 일정하지 않은 경우가 많다는 것을 실험으로 보여준 바 있다. Rosch(1975)의 실험에서 200명의 대학생들은 어떤 원소가 가구, 무기, 새, 장난감, 의류 등과 같은 특정의 범주에 속하는 좋은 보기인지를 7점 척도를 사용해 등급을 매겼다. 그 결과를 몇 가지만 살펴보자. 가구의 범주에서 의자나 소파는 중심적 보기로, 선풍기와 전화는 주변적 보기로 판정되었다. 채소의 범주에서 완두콩과 홍당무는 중심적인 보기로, 양파나 감자는 중간, 땅콩과 쌀 등은 주변적인 보기로 판정되었다. 그리고 새의 범주에서 로빈(robin)과 참새는 중심적인 보기로 판정되었지만 펭귄과 타조, 박쥐 등은 주변적인 보기, 즉 나쁜 구성원으로 판정되었다. '원형'은 그 범주의 가장 중심적인 구성원이라는 의미로 사용된다. 결국 어떤 범주의 구성원들이 동일한 자격을 가지고 있지 않다는 것은 불분명한 경계 현상이 발생하는 원인이 된다고 할 수 있다.

Rosch(1975)의 연구가 고전 이론의 몇 가지 중대한 문제점을 해결하기는 했지만, 그 이후에도 범주의 속성을 더 정교하게 설명하기 위한 시도들이 이어졌다. 그 중 하나인 본보기 이론(exemplar theory)은 원형과 유사한 정도에 따라 범주 판단이 일어난다고 보는 점에서는 원형 이론과 같지만, 원형의 속성을 추상적 요약 정보가 아닌 특정한 사례로 보았다는 점이 다르다(Medin & Schaffer 1978). 그 후에 스키마 이론(schema theory)이나 이론 기반 범주화(theory-based categorization) 이론은 추론이나 세상 지식과 같은 더 복잡한 요인들을 다루기도 했으나, 이는 유사성에 기초한

Rosch(1975)의 이론을 보완하기 위한 접근이며 원형 이론의 설명력은 아직 많은 부분에서 유효하다. 특히, 추론이나 이론 기반의 범주화보다는 유사성에 기초한 범주화의 속도가 훨씬 빠르고 자동적이며 근본적인 것이라고 알려져 있다(Sloman 1996, Kahneman 2003).

불분명한 경계를 포함한 범주의 원형 효과(Prototype Effects)는 색채의 범주나 단어의 의미에만 나타나는 것이 아니다. 고전적 범주 모형에 부합하는 것처럼 보이는 범주도 인간의 마음속에서 범주화 되는 과정을 거치면 원형 효과를 발생시킨다. 필자는 수업 시간 중 대학원생들에게 아래의 보기를 보인 후에 유럽 연합에 가입한 3개국을 고르도록 해 보았는데, 그 결과 9명 중 7명이 프랑스, 독일, 이탈리아를 공통적으로 뽑았고, 가입하지 않은 3개국을 골라보라고 하자 몰타, 키프로스, 리투아니아를 가장 많이 선택했다.

> 프랑스, 독일, 이탈리아, 룩셈부르크, 네덜란드, 덴마크, 아일랜드, 영국, 그리스, 포르투갈, 스페인, 오스트리아, 핀란드, 스웨덴, 키프로스, 체코, 에스토니아, 헝가리, 라트비아, 리투아니아, 몰타, 폴란드, 슬로바키아, 슬로베니아, 불가리아, 루마니아

사실, 보기의 27개국은 모두 유럽 연합의 가입국들이다(2007년 기준). 유럽 연합(EU)이라는 범주는 27개의 회원국들을 포함하고 있어 객관적으로는 고전적 모형에 부합되지만 사람들의 마음속에서는 원형 효과가 발생하는 범주로 존재하는 것이다. 물론 이 간략한 실험의 결과에는 원형 효과가 아닌 지식과 추론도 작용하고 있다. 실제로 한 대학원생은 사회를 전공했기 때문에 모든 국가들이 유럽 연합에 속한다는 것을 알고 있었다. 이처럼 인간의 학습과 장기 기억이 완전할수록 원형 효과가 발생할 가능성은 줄어들므로, 원형 효과는 세상 지식이 작동하지 못하는 영역에서 자동적이고 강력하게 범주화 과정에 개입한다고 볼 수 있다.

중요한 것은 원형 이론이 포착하고 있는 구성원들의 차등적 지위와 불분명한 경계가 인간의 외부에 존재하는 것이 아니라 그 마음속에 형성된다는 사실이다. 따라서 인지언어학자들이 다양한 언어 단위에서 이러한 원형 범주의 특성을 발견해 온 것도 결코 우연이라 할 수 없다. Ross(1981)는 명사, 동사, 형용사 등 기본적인 품사 범주에 나타나는 원형 효과에 대해 선구적인 연구 업적을 남긴 바 있다. 그는 toe 〉 breath 〉 way 〉 time의 순으로 명사 범주의 좋은 구성원 자격이 주어진다는 것을 통사적 환경 검증을 통해 보여주었다. 예를 들어, toe는 "A stubbed toe can be very painful."처럼 수동형 분사의 수식을 받을 수 있지만, breath와 way, time은 같은 환경에서의 사용에 제약을 받는다. 명사와 동사의 원형적인 구성원들은 의미와 기능에서 차이를 보인다는 Hopper와 Thompson(1984)의 연구도 Ross(1981)의 연구와 맥을 같이 한다.

원형 효과는 품사뿐만 아니라 음운, 형태, 통사 등 모든 층위의 언어 단위에서 폭넓게 관찰된다(Lakoff 1987: 58-76). 국내에서 원형 이론은 임지룡(1993)에서 다루어진 이후에 어휘의 의미 확장이나 다의성에 대한 연구 등에 활발하게 적용되었다. 최근에 원형 이론의 관점에서 한국어 품사의 통용 현상을 설명하는 연구도 이루어졌고(이현희 2011), 정병철(2012)에서는 품사에 대한 인지언어학적인 논의에 범주의 불분명한 경계 현상을 포함시켜 다루기도 했다. 이처럼 국내에서도 원형 효과나 불분명한 경계 현상에 대한 연구가 물꼬를 트고 있기는 하지만 아직 음운, 형태, 통사의 영역에서 폭넓게 이루어지지는 않고 있는 실정이다.

3. 형태소와 단어의 불분명한 경계

Morphology(형태론)라는 용어는 원래 생물학에서 사용되다가 언어를 하나의 유기체로 보고 접근했던 Schleicher(1859)에 이르러서야 비로소 언어학적인 의미로 사용되기 시작했다. 하지만 그 이전에도 형태소의 개념이 존재하지 않았던 것은 아니다. 19세기에 이르기까지 형태론이라는 용어가 사용되지 않았던 것은 당시까지 형태론이라는 용어가 따로 필요 없을 정도로 문법에 관한 연구 전반이 형태론적인 것에만 집중되어 있었기 때문이다 (Haspelmath & Sims 2010: 1). 구조주의의 출현 이후에 형태소가 의미를 지닌 최소의 단위라고 처음 명시한 것은 Hockett(1958: 123)인 것으로 알려져 있지만, 기원전 약 1600년 전의 것으로 추정되는 고대 수메르의 토판에서도 형태소 분석이 이루어진 흔적을 찾을 수 있고, 고대의 파니니 문법이나 헬라어 문법의 전통에서도 형태소 분석이 주를 이룬 것을 보면 형태소는 문장이나 단어 못지않게 인간이 비교적 보편적으로 인식하고 있는 언어 단위임을 알 수 있다[1]. Langacker(1987: 77)가 제안하는 인지문법에서도 단어와 문법을 비롯한 모든 언어 단위들은 음운 구조(phonological structure)와 의미 구조(semantic structure)가 직접 결합된 상징 구조로 존재하므로, '의미를 가진 가장 작은 언어 단위'인 형태소는 곧 '가장 작은 언어 단위'로 뚜렷한 자리매김을 하게 된다(Hamawand 2011: 1-29).

이처럼 형태소가 언어의 원자와도 같은 성격을 가져서인지 '뜻을 가진 가장 작은 말의 단위'라는 보편적인 형태소(morpheme)의 정의는 7차 교육과정의 문법 교과서(교육인적자원부 2002: 82) 및 현재 사용되고 있는 4종의 검정 교과서 〈독서와 문법〉에서도 거의 그대로 유지되고 있다[2]. 하지만, 문법 교과서에서 제시하고 있는 실질 형태소와 형식 형태소, 그리고 단어의

---

1) 주시경(1916)이 사용했던 '늣씨'도 형태소의 개념을 가지고 있었던 것으로 추정된다(남기심·고영근 1985: 46)

2) Spencer(1992)의 "the smallest semantic unit in a language", Haspelmath & Sims(2010: 14)의 "the smallest meaningful constituents of a linguistic expression", Booij(2007: 8-9)의 "the minimal linguistic units with a lexical or a grammatical meaning"라는 설명에서도 형태소는 모두 최소의 의미 단위, 혹은 문법 단위로 정의되고 있는 것을 볼 수 있다.

경우는 사정이 다르다. Langacker(2008: 21)는 '실질(어휘) 형태소'와 '형식(문법) 형태소', 그리고 단어와 문법 사이에는 불분명한 경계가 있다고 주장하는데, 만약에 그것이 범언어적으로 확인되는 사실이라면 국어의 실질 형태소와 형식 형태소, 그리고 단어에서도 불분명한 경계가 발견될 가능성이 있기 때문이다. 이 장에서는 어휘와 문법 사이의 불분명한 경계에 대한 Langacker(2008)의 논의에 기초하여 국어의 실질 형태소와 형식 형태소, 그리고 단어 범주에서 발견되는 불분명한 경계 지점들을 살펴보고자 한다.

3.1. 단어의 불분명한 경계

형태소는 '의미를 가진 최소의 구성요소'이지만, 조어법적인 측면에서는 '단어를 구성하는 최소의 의미 있는 구성 요소(the smallest meaningful constituents of words)'이기도 하다(Haspelmath & Sims 2010: 3). 형태소가 단어의 구성 요소라는 것은 단어가 먼저 형성되어야 그 포함 요소인 형태소도 존재할 수 있다는 것을 의미한다. 따라서 형태소에 대한 논의를 시작하기에 앞서 새로운 표현이 단어로 전환되는 과정을 살펴보도록 하겠다.

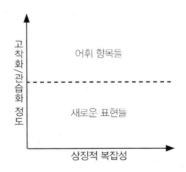

〈그림 2〉 새로운 표현과 단어 간의 불분명한 경계(Langacker 2008: 21)

〈그림 2〉는 새말과 단어로 굳어진 말 사이의 경계가 분명하지 않다는 것을 보여주고 있다. 새로운 표현은 개인에게 자주 사용되어 고착화되고 아울러 담화 공동체에서 관습화되는 과정을 거치면서 서서히 어휘 항목으로 자리를 잡아가게 되는데, 그 과정은 단속적인 것이 아니라 점진적이므로 새로운 표현과 어휘 항목 간에는 분명한 경계가 존재하기 어렵다.

예컨대, '꽃거지', '멘붕', '안습', '깜놀'과 같은 말들은 처음에 일부 담화 공동체에서만 사용되다가 사용이 확산되면서 서서히 단어의 지위를 굳혀가고 있다. 그렇지만 이런 표현들을 정확히 어떤 시점에 사전에 등재해야 할지는 결정하기가 어렵다. 청소년이나 특정 언어 공동체에서 이런 표현들은 비교적 확고한 어휘 항목으로 자리를 잡았을 테지만, 청소년들과 밀착되지 않은 세대나 공동체에 속하는 사람들에게 이 말들은 아직 새로운 표현에 가까울 수도 있다. '새내기', '얼짱', '도우미', '종생부' 등은 현재 〈고려대 한국어대사전〉에도 등재되어 있지만, 〈표준국어대사전〉에는 '새내기'와 '도우미'만 등재되어 있다. 현재 국립국어원에서는 우리말 다듬기 사업을 통해 '길도우미(내비게이션)', '누리꾼(네티즌)', '뒤풀이공연(갈라쇼)', '모둠꽂이(멀티탭)'와 같은 순화어를 만들어내고 있는데, 이 순화어들 중 일부는 새로운 표현과 단어의 불분명한 경계에 접근하기도 하지만 대부분은 확고한 단어의 지위에 오르지 못하는 것이 현실이다.

그런데, 〈그림 2〉의 어휘 항목이 반드시 통상적인 단어만을 뜻하는 것은 아니다. 인지문법에서는 장기기억에 저장된 새로운 문법 규칙이나 어미 같은 형태소들도 고착화/관습화 과정을 거치면 단어와 같은 자격으로 어휘 항목에 등록되는 것으로 본다. 〈그림 3〉의 남학생은 정상적인 평서형 종결어미 대신 '-다는'으로 문장을 끝맺고 있는데, 이런 종결부의 형태도 관습화가 더 진행되면 인지문법의 관점에서는 독립된 어휘 항목의 지위를 획득한 것으로 인정된다.

〈그림 3〉 '미스문방구매니저'의 한 장면 copyright ⓒ 2007 by Caramel

이처럼 인지언어학에서 '어휘 항목'의 개념을 학교 문법에서 통상적으로 쓰는 '단어'의 개념과 다르게 쓰는 이유는 품사나 문장 성분이 아닌 '구문 (constructions)'이 통사 구조의 기본적인 요소가 된다고 보기 때문이다 (Croft 2001). 〈표 1〉에는 다양한 유형의 구문들이 제시되어 있는데, 이들 은 모두 형태와 의미가 결합된 상징적 구조물로 어휘 항목과 마찬가지로 머 릿속 사전에 개별적으로 저장된다.

〈표 1〉 구문의 유형(Croft & Cruse 2004: 255)

구문 유형	전통적인 명칭	예시
complex and (mostly) schematic	syntax	[Sub *be*-TNS Verb −*en* by OBL]
complex, substantive verb	sub−categorization frame	[Sub *consume* OBJ]
complex and (mostly) substantive	idiom	[kick−TNS the bucket]
complex but bound	morphology	[NOUN−s], [VERB−TNS]
atomic and schematic	syntactic category	[DEM], [ADJ]
atomic and substantive	word/lexicon	[this], [green]

하지만, 우리가 학교 문법에서 '단어'라는 말을 사용할 때는 최소 자립 형식(Minimal Free Forms)이라는 좀 더 전통적인 개념의 구속을 받는다(Bloomfield 1926). '단어'가 '형태소'와 다른 점이 있다면 그건 바로 자립을 할 수 있다는 속성일 것이다. 우리는 흔히 단어의 독립성을 의미적인 것으로 생각하지만, 사실 모든 형태소들은 고유의 독립된 의미를 가지고 있으므로 의미의 독립성만을 기준으로 하면 '-었-', '-겠-', '-더-' 등의 선어말 어미들도 단어가 될 수 있다. 왜냐하면, 이들도 모두 독립된 특정한 의미를 가지고 있기 때문이다. 그런데도 우리가 어미를 단어로 취급하지 않는 이유는 말을 할 때 끊어서 읽는 하나의 심리적인 발화의 덩어리로 여겨지지 않아서일 것이다. 따라서 우리가 비전문적으로 사용하는 '단어'의 개념은 의미적인 자립성보다는 심리적인 자립성, 즉 말을 할 때 끊어서 읽는 단위와 깊이 관련되어 있다. '차바퀴'는 하나의 단어이지만, '자전거 바퀴'는 두 개의 단어다. 그러면, '기능성자기공명영상'은 하나의 단어인가? 이처럼 단어는 상황에 따라 변하는 경계를 가진 심리 현상의 투영물이다. 영어나 기타 제어에서 단어는 띄어쓰기의 단위와 완전히 일치하며, 한국어에서도 조사를 제외하면 단어와 띄어쓰기의 단위가 대체로 일치한다.

하지만, 띄어서 쓴다는 것은 표기법에 반영된 표면적인 현상이므로 Taylor(2012)는 끊어 읽기보다 더 근본적인 측면에서 단어를 특성화 하고자 했다. Taylor(2012: 33)가 제시한 단어 판별의 기준들은 (1)과 같다. ㉠은 단어가 장기기억에 하나의 단위로 저장되어 있음을 의미한다. 예를 들어 '새 색시'가 처음에 사용될 때는 [관형어+명사]의 구성으로 한 단어가 아니었지만, 자주 사용되면서 장기기억에 한 묶음으로 저장되면 '새색시'라는 하나의 단어가 된다. ㉡의 조건은 '먹다'의 내적구조에 '-이-'가 끼어들면 사동사인 또 하나의 단어 '먹이다'로 바뀌는 현상에서 볼 수 있다. ㉢은 단어의 경우 이동이 자유로운 편이라 선행 요소나 후행 요소와의 연결에 제약이 적지만, 단어가 아닌 영어의 형용사 파생 접미사 '-ly', 접미사 '-들', 선어말어미 '-시-', 어미 '-너라' 등은 모두 선행 요소 제약이 뚜렷하다는 점과 관련이 있다.

(1) 단어 판별의 기준(Taylor 2012: 33)
   ㉠ 의미의 안정성: 단어는 사람의 기억에 꽤 안정적인 의미의 단위로 저장되어 있다.
   ㉡ 내적 구조: 단어의 내적 구조가 바뀌면 의미도 바뀌거나 다른 단어가 되어 버린다. 또한, 단어의 내부에는 휴지나 다른 요소가 끼어들기 어렵다.
   ㉢ 자유 결합: 단어는 앞뒤에 어떤 요소가 오는지에 대해 그다지 까다롭지 않다.

Taylor(2012)의 기준을 따르면 한국어의 조사들은 ㉠과 ㉡의 조건을 충족하며 ㉢의 조건도 어느 정도는 충족시킨다. 조사는 분명히 접사나 어미보다는 자유로우며, 특히 보조사들의 경우 격조사보다 더 높은 결합의 자유를 누리고 있기 때문이다. 하지만, 조사는 명사나 형용사와 같은 일반적인 단어들보다는 자유 결합이 제약되어 있고 무엇보다도 선행 성분에 휴지(休止) 없이 이어서 발화된다. 그것은 문장 성분들 간의 관계를 주로 표시하는 조사의 성격상 심리적으로도 독립된 발화 단위의 자격이 낮게 주어졌기 때문일 것이다.

의존 명사가 조사나 어미 등으로 통용되면 띄어쓰기가 파기되는 현상도 단어 경계의 불분명성을 보여주는 예라고 할 수 있다. (2a)와 (3a)는 각각 의존 명사를 띄어쓰기 한 것이다. 하지만, 이들은 같은 형태지만 조사나 어미로 사용되면 (2b)와 (3b)처럼 붙여서 써야 한다.

(2) a. 먹을 만큼 먹어라.
    b. 생각만큼 많이 먹지를 못했다.

(3) a. 네가 뜻한 바를 알겠다.
   b. 서류를 검토한바 몇 가지 미비한 사항이 발견되었다.

한편, [어근+어근] 구성의 합성어나 [접두사+어근] 구성의 파생어 중에는 [관형어+명사]의 구성에서 비롯된 것도 있는데, 이는 두 개의 단어로 된 구성이 하나의 단어로 변하는 과정이 일어난 결과다. '큰집(교도소)', '큰손(증권가의 거물)', '첫사랑' 등은 원래 [형용사의 관형형+명사], [관형사+명사]의 두 단어 구성이었던 것으로 보이지만, '돌배'는 원래 [명사+명사]의 두 단어 구성에서 발생한 것인지 아니면 접두사 '돌—'이 먼저 형성된 후에 [접사+어근]의 파생어가 된 것인지 확인하기 어렵다. 이렇게 어떤 표현이 두 단어 구성에서 한 단어로 변화되는 과정에서도 그 표현이 두 단어 구성인지 한 단어인지 분명히 말하기 어려운 불분명한 경계가 발생할 수 있다. 한 예로, 남기심·고영근(2011: 173)에서 '고물가'의 '고(高)', '헛고생'의 '헛'을 관형사로 설명한 것과 달리, 제7차 교육과정의 고등학교 문법 교과서(교육인적자원부 2002: 84)와 〈표준국어대사전〉에서는 이들이 접두사로 처리되어 있어 혼란을 준다(황화상 2012: 55). 문제는 '고(高)'나 '헛'과 같은 예들이 적지 않으며, 이런 형태소들 중 어떤 것이 단어인지 판정할 수 있는 명확한 기준을 찾기 힘들다는 것이다. 이런 현상은 형식 형태소로 분류되는 접두사와 단어인 관형사 사이에 불분명한 경계가 있음을 말해 준다.
　우리가 형태소보다 큰 단위인 단어를 먼저 살펴본 이유는 단어가 먼저 만들어져야만 그 구성요소인 접사나 어근 같은 형태소들도 존재할 수 있기 때문이다. 그리고 접사나 어근 같은 단어의 구성요소가 독립된 단어에서 유래하는 경우 접사와 어근에도 불분명한 경계가 발생하게 되는데, 이에 대해 더 자세한 것은 다음 절에서 논의된다.

3.2. 형태소들 간의 불분명한 경계

이 절에서는 형식 형태소 혹은 문법 형태소라 불리던 한국어의 다양한 형태소들이 실제로는 어휘 형태소와 문법 형태소 간의 연속체, 즉 불분명한 경계에 위치한다는 것을 살펴볼 것이다.

Langacker(1987, 1991)는 생성문법의 대안으로 어휘부와 통사부를 구분하지 않는 인지문법(Cognitive Grammar)을 창안하여 어휘 형태소와 문법 형태소가 경계가 없는 연속체(continuum)를 이룬다는 것을 주장해 왔다. 이러한 생각의 단초는 아직 생성문법을 표면적으로는 탈피하지 않았던 Langacker(1973: 76-77)에서도 발견된다.

어휘 형태소와 문법 형태소 간의 구분은 어느 선까지는 편리하고 정확하지만, 그것도 그 선을 넘어서면 안 된다. 그것은 다소 인위적이다. 왜냐하면 *wood*와 같은 의미 내용을 가진 형태소와 *I dislike it that your factory dumps thousands of gallons of sulfuric acid in the river every hour*의 *I*나 *it*같은 의미 없는 형태소는 그 둘을 잇는 연속변차선 위에 존재하기 때문이다. 전치사들은 문법 형태소로 분류되지만 완전히 의미 내용이 없지는 않다. 예를 들어 *The coins are on the desk*라는 문장의 의미는 *on*을 *under, over, by, near, in off, around, for*로 바꾸면 현저히 변한다. 문법 형태소 *rapidly*의 *ly*나 *unable*의 *un*, *gardner*의 *er* 등은 분명한 의미 내용을 가지고 있다[3]. (Langacker 1973: 76-77)

---

3) 원문을 그대로 옮기면 다음과 같다. "The distinction between lexical and grammatical morphemes is handy and correct up to a point, but it should not be pushed too far. It is somewhat artificial, for there is really a continuum from morphemes with semantic content, like *wood*, to morphemes devoid of semantic content, such as *it* and *that* in *I dislike it that your factory dumps thousands of gallons of sulfuric acid in the river every hour*. Prepositions are classed as grammatical morphemes, yet they are not all empty of semantic content. The sentence *The coins are on the desk*, for instance, is changed significantly in meaning when *on* is replaced by *under, over, by, near, in off, around*, or *for*. Grammatical morphemes such as the *ly* of *rapidly*, the *un* of *unable*, and the *er* of *gardner* have definite semantic content."

under, *over*, *−ly*, *un−* 등과 같은 문법 형태소들이 어느 정도 의미 내용을 가지고 있다는 설명에서 불분명한 경계에 대한 인식을 확인할 수 있다. 현재의 인지문법에서는 실질적인 의미가 전혀 없는 무의미 형태소는 없다고 본다. 문법 표지들도 도식적인 성격의 의미를 가지고 있기 때문이다.

Langacker(1987: 77, 2008: 21)에 따르면 단어와 문법을 비롯한 모든 언어 단위들은 자율적인 통사 구조 없이 음운 구조(phonological structure)와 의미 구조(semantic structure)가 직접 결합된 상징 구조로만 존재한다. 따라서 문법 규칙이나 문법 범주, 혹은 문법 표지라 불리는 것들도 상징적 복잡성과 의미 구조의 도식적인 성격이 다를 뿐이지 의미가 없는 것은 아니다.

〈그림 4〉를 보면 가장 도식성이 낮고 상징적 복잡성이 낮은 영역에 **원형적인 어휘 항목**이 자리를 잡고 있다. '손', '치약', '하얗다', '먹다'와 같은 단어들은 특정한 음운 구조를 가지고 있으며, 구체성이 높은 의미를 가지고 있다.

이보다 더 도식성이 높은 층위에는 **문법적인 표지들**(grammatical markers)이 분포한다. 이 표지들은 대부분 '문법적'이라는 수식어가 달려 있지만 어휘적인 의미들도 가지고 있다. 영어의 전치사(for, to, at)나 한국어의 조사, 의존 명사, 접사, 어미 등이 이 지역에 분포하는데, 이들을 '문법 형태소'로 봐야 할지 '어휘 형태소'로 봐야 할지에 대해 의견이 엇갈리는 경우가 많다. 왜냐하면, 가장 문법적인 형태소도 의미가 전혀 없는 것은 아니기 때문이다.

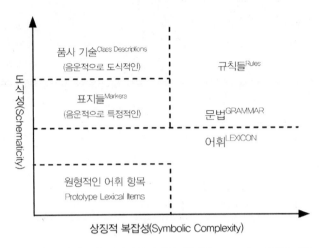

〈그림 4〉 어휘범주와 문법범주의 연속 관계 (Langacker 2008: 21)

문법적인 품사 기술(class description)에 속하는 명사, 동사, 형용사, 부사 등은 [무엇이], [어찌하다], [어떠하다], [어떻게]와 같이 의미의 도식성 수준이 높으며, 음운적으로도 특정한 형태를 가지고 있지 않아 좌표의 더 높은 지점에 분포한다.

문법 규칙(grammatical rules)들은 그래프의 나머지 부분을 차지하는데, 이것은 다양한 도식적 층위에서 나타나는 패턴들이다. 이들은 원형적인 어휘 항목보다 복잡한 상징적 구조를 가졌는데, 보통 하나 이상의 어휘가 모여야 패턴이 발생하기 때문이다. 도식성이 높은 층위에는 [관형사+명사], [주어+목적어+동사] 같은 어순 규칙이 분포하며, 도식성이 낮은 층위에는 [X와 손을 잡았다]와 같은 특정한 표현 방식이나 관용적인 어구 등이 분포할 수 있다.

〈그림 5〉는 어휘범주와 문법범주의 연속 관계 위에서 어근, 접두사, 접미사, 격조사, 보조사, 어미 등의 대략적인 위치 관계를 파악해 본 것이다.

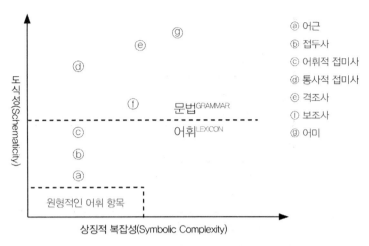

〈그림 5〉 어휘 형태소와 문법 형태소들 간의 연속 관계

　먼저, '봄비', '논밭' 등의 합성어나 '참깨', '헛수고'와 같은 파생어의 구성 요소인 어근은 원형적인 어휘 항목과 도식성의 수준이 거의 같으므로 ⓐ 지역에 위치한다고 가정하자. 그러면, 파생어의 구성요소인 접두사의 경우 어근에 덧붙여지는 의미를 가지고 있으나 그 의미가 어근보다는 약간 더 요약적이고 도식적인 경향을 가지고 있으므로 어근보다 약간 더 높은 세로축의 값을 갖는 ⓑ의 위치로 표시될 수 있다. 하지만, 이것도 대략적으로 그렇다는 뜻이지 접두사가 항상 어근보다 더 도식적인 의미를 갖는 것은 아니다. '수탉'에서 접두사 '수-'는 '닭'보다 더 도식적인 의미 [+male]로 사용되었다고 할 수 있지만, '수컷'에서는 '것'이 모든 만물을 총칭하므로 더 높은 도식성을 가지고 있다. 또한, 접두사는 많은 경우에 적절한 어휘로 대체하는 것이 가능하다. 예컨대, '군말'의 '군-'은 '불필요한'으로, '돌배'의 '돌-'은 '딱딱하고 맛없는'으로 바꿔도 무난하다. 따라서 의미적인 측면에서 접두사와 어근의 사이에는 분명한 경계가 존재하지 않는다고 할 수 있다.

　'잠꾸러기', '사냥꾼'의 '-꾸러기'나 '-꾼'과 같은 어휘적 접미사는 원형적인 어휘보다는 약간 더 도식적인 의미를 가지지만 역시 다른 어휘로 교체해

28

도 뜻이 통하기 때문에 도식성 수준에서 일반적인 어휘 항목과 큰 차이는 없어 ⓒ의 위치에 표시되었다. 하지만, '놀이', '쓰기'에 사용된 통사적 접미사 '-이', '-기' 등은 품사 기술(class description) 수준의 높은 도식성을 가지고 있으므로 구분하여 ⓓ에 위치시켰다.

'이', '을'과 같은 격조사는 문장 성분, 혹은 사건 참여자의 역할이라는 높은 수준의 도식성을 가지고 있고, 문장 성분들과 구조적으로 연결된 패턴을 이루고 있으므로 ⓔ에 위치시켰다. 한편, '은', '도', '조차', '마저', '까지' 등과 같은 보조사들은 격조사에 비해 어휘적인 의미가 풍부하지만 문장 성분들과 함께 구조적인 패턴을 이루고 있으므로 ⓕ에 위치시켰다. 인지문법에서는 어휘 형태소와 문법 형태소 간의 경계가 불분명하다는 관점을 취하지만, 인지문법에 의존하지 않더라도 보조사들이 격조사보다 어휘 형태소의 특징을 더 많이 보인다는 것은 쉽게 확인할 수 있다. 보조사가 쓰인 (4a), (4b)와 부사 '역시'로 이를 대체한 (4c)를 비교해 보면 행위주가 다른 사람과 다를 바 없는 행동을 한다는 공통적인 의미를 나타내고 있다. 오히려 '마저'의 경우 그런 행동을 예상하지 못했다는 의미도 들어 있어 부사보다 어휘적인 성격이 더 강함을 알 수 있다.

(4) a. 너도 나를 못 믿는구나.
    b. 너마저 나를 못 믿는구나.
    c. 너 역시 나를 못 믿는구나.

〈그림 5〉를 종합하여 살펴보면 ⓐ(어근), ⓑ(접두사), ⓒ(접미사)는 서로 가장 가깝게 모여 있어 그만큼 범주 간의 경계가 불분명할 가능성이 높다. 특히, 이중 ⓐ와 ⓑ는 다른 어근 앞에 위치한다는 분포 환경도 동일하기 때문에 서로 구분하기가 어려운 경우가 많다. 실제로, 제7차 교육과정의 고등학교 문법 교과서에서는 '큰아버지'를 합성어로 보아 '큰'을 실질 형태소로

처리한 반면(교육인적자원부 2002: 84), 〈표준국어대사전〉에서는 '큰고모'의 '큰'을 형식 형태소인 접두사로 처리한 것이 확인된다(황화상 2012: 55). 이러한 문제가 발생하는 근본적인 원인은 어근과 접두사 사이에 실제로 분명한 경계가 존재하지 않기 때문이라 할 수 있다. 남기심·고영근(2011: 193)에서는 파생어의 형성에 참여하는 어근은 실질 형태소이고 접사는 실질적 의미가 없는 형식 형태소라고 설명하고 있지만, 우리는 앞에서 접두사가 다른 어휘로 대체될 수 있는 실질적인 의미를 가지고 있음을 확인하였다.

한 걸음 더 나아가 접두사와 단어 사이에서 불분명한 경계가 관찰되기도 한다. 〈표준국어대사전〉을 보면 '헛–'은 명사 앞에 붙어 '쓸데없는' 또는 '보람이나 실속이 없는'의 뜻을 더하는 **접두사**라고 설명되어 있는데, 남기심·고영근(2011: 173)에서는 '헛'이 **관형사**로 처리되어 있다. 실제로, '헛걸음, 헛기침, 헛소리, 헛소문, 헛웃음' 등에서 '헛–'은 모두 특정한 실질적 의미를 나타내고 있어, '새 집, 새 옷, 새 책'에 있는 관형어 '새'와 띄어쓰기 외에는 큰 차이점을 발견하기 어렵다. 물론, 원형적인 관형사의 경우는 후행요소와 분리성이 강하여 후행요소와의 사이에 다른 말이 끼어들 수 없는 접두사와 구분이 된다(남기심·고영근 2011: 201). 하지만, (5)와 같이 관형사와 후행요소 사이에도 다른 말이 끼어들 수 없는 경우가 있다.

(5) 오늘 엄마가 {예쁜 새 옷/*새 예쁜 옷}을 사 주셨어요.

이런 경우 다른 말이 끼어들 수 없는 이유는 '새'가 현재 담화의 맥락에서 '옷'과 가장 관련성이 높은 정보를 담고 있기 때문이다. 일반적으로 어떤 물건에 대해 새롭다는 속성이 가장 관심을 끌기 때문에 '새 검은 양말(?)'보다는 '검은 새 양말'의 어순이 더 적절하게 느껴진다. 하지만, (6)의 맥락에서는 양말의 색상이 중요한 정보이므로 '새 검은 양말'과 '검은 새 양말'이 둘다 적절하게 느껴진다.

(6) a. 검은 양말을 좋아하는 김 씨는 새 검은 양말을 샀다.
   b. 검은 양말을 좋아하는 김 씨는 검은 새 양말을 샀다.

관형사와 피수식어의 관련성이 너무 강력하거나 중간에 어떤 것도 끼어들 수가 없는 상태가 오래 지속되면 '새색시'나 '새신랑'처럼 하나의 단어로 등록된다. 우리는 '새색시'나 '새신랑'이 원래 [관형사+명사] 구성이었다는 것을 의심하지 않지만, 종종 어떤 접두사가 아직 관형사로도 쓰이고 있다는 사실을 놓치기도 한다. 〈표준국어대사전〉과 〈연세 한국어사전〉, 〈고려대 한국어대사전〉을 보면 '참–'이 '참숯, 참먹, 참사랑' 등에 보이는 접두사로 처리되어 있을 뿐, 관형사로는 등재되어 있지 않다. 하지만, 과연 (7)에 사용된 '참'도 접두사로 볼 수 있을까?

(7) a. 참 행복이란 무엇인가?
   b. 참 진리란 무엇인가?

'큰'은 접두사와 어근, 그리고 관형사라는 세 범주 사이를 오간다. 〈표준국어대사전〉에 의하면 (8)의 '큰–'은 '맏이'의 뜻을 더하는 접두사이고 (9)의 '큰–'은 통사적 합성어를 구성하는 형용사의 관형형 어근이다. 그런데, (8)와 (9)의 '큰–'과 (10)의 '큰'의 의미는 모두 은유적으로 확장된 것이므로 의미적 특성만을 기준으로 접두사와 어근과 관형사를 구분하기 어렵다.

(8) 큰고모, 큰아버지, 큰집(맏집)

(9) 큰집(교도소), 큰손

(10) 큰 인물이 되려면 큰 아량을 가져야 한다.

그렇다면 결국 전체 구성이 얼마나 한 단위로 고착화되었는지가 중요한 기준이 되는데, 이것도 역시 3.1.에서 살펴본 것과 같이 경계가 분명하지 않다. 이처럼 접두사와 어근과 관형사 사이에는 범주의 정확한 구분이 불가능한 가장자리 지역이 존재한다.

4. 불분명한 경계의 교육적인 접근

이 장에서는 형태소와 단어 수준에서 발견되는 불분명한 경계를 실제 문법 교육의 맥락에서 처리하는 방법이 논의된다. 이를 위해 현재 사용되고 있는 고등학교의 〈독서와 문법〉 교과서 4종에서 관련된 문제점을 찾아보고, 이를 개선하기 위한 방안을 논의하였다.

4.1. 단어 범주에 대한 처리 방안

기존의 문법 교과서에서 단어는 '자립할 수 있는 말, 또는 자립할 수 있는 형태소에 붙어서 쉽게 분리할 수 있는 말'로 정의되었다(교육인적자원부 2002: 82). 2011년에 검정을 통과한 교과서들의 내용은 각각 어떻게 달라졌을까? 〈표 2〉는 고등학교의 〈독서와 문법〉 교과서에 들어 있는 단어에 대한 설명을 출판사별로 옮겨놓은 것이다.

〈지학사〉는 띄어쓰기의 개념을 활용하여 단어를 설명했는데, 이는 띄어쓰기가 분리성에 대한 인식의 반영이라는 면에서는 긍정적으로 평가될 수 있다. 또한, '자립할 수 있는 단위'라는 추상적인 특성보다 더 쉽고 분명하게 이해가 가능하다는 이점도 있다. 하지만, 의존 명사나 보조 용언 같이 경우에 따라 붙여서 쓸 수 있는 예들은 어떻게 처리되는지 설명되지 않았고, 띄어쓰기를 발생하게 하는 더 본질적인 측면에 대한 설명이 아예 없다는 점은 아쉽다.

〈표 2〉 교과서에 실린 단어에 대한 설명

출판사	단어에 대한 설명 내용
미래엔	• 문장에서 자립할 수 있는 말 중에서 가장 작은 단위(p.67) • 혹은 문장에서 자립할 수 있거나 자립할 수 있는 요소에 붙어서 쉽게 분리되는 말(p.67)
비상교육	• 분리하여 자립적으로 쓸 수 있는 말이나 이에 준하는 말이며(p.223), 조사를 제외하면 모두 자립할 수 있는 최소 자립 단위이다(p.235).
지학사	• 원칙적으로 띄어쓰기의 단위인 어절과 일치해야 하나 조사는 단어임에도 그 앞말에 붙어서 쓰므로 어절 가운데 조사를 따로 분석하고 분석된 각각을 단어라 함(p.240)
천재교육	• 자립하여 쓸 수 있는 말 중 가장 작은 단위가 단어이지만, 완전한 자립성을 갖지 않더라도 자립할 수 있는 형태소에 붙어서 쉽게 분리될 수 있는 말은 단어로 인정(p.199)

한편, 〈미래엔〉에서는 '자립할 수 있는 가장 작은 단위'와 '자립할 수 있는 요소에 붙어서 쉽게 분리되는 말'이라는 두 가지 정의를 제시하면서 중립적인 입장을 취하고 있는 점이 특이하다. 결국, 조사가 단어인지 아닌지를 고민하고 결정하는 것은 교사와 학생들의 몫으로 남게 된다. 이와 같은 접근 방식은 다음에 제시된 학습 활동(p.72)에서도 견지되고 있는데, 여기서 학생들은 조사의 두 가지 정의를 모두 고려해 조사가 단어인지 아닌지 토론하도록 요청받는다.

2 다음 자료를 참조하여 조사를 단어로 인정할 수 있는 지에 대해 모둠별로 활동해 보자.

> 단어는 자립 형식 중에서 가장 작은 단위다. '눈이 내린다'나 '푸른 하늘'도 자립 형식이지만 이들이 단어가 아닌 것은 '눈이'나 '내린다'로 더 작게 나누어도 자립 형식이기 때문이다. 자립 형식의 관점에서 단어를 정의하면 조사의 경우 자립성이 없다는 것이 문제이다.

(1) 단어의 정의에 대해 말해 보자.

(2) (1)의 정의를 바탕으로 조사가 단어인지 아닌지 토론해 보자.

이런 점들을 종합해 보면 〈미래엔〉에서는 조사가 단어라는 규정된 지식을 학생들에게 제공하는 것이 아니라 학생들이 직접 탐구해 보고 결론을 도출할 수 있도록 유도하고 있음을 알 수 있다. 아울러 〈미래엔〉의 탐구적인 접근 방식은 '국어 현상의 탐구'를 강조하는 교육과정의 권고를 좀 더 민감하게 받아들인 것으로 보이기도 한다.

하지만, 조사에 대한 〈미래엔〉의 탐구적인 접근 방식을 검토한 고등학교 교사들의 반응은 의외로 부정적인 경우가 많았다. 가장 큰 문제는 학습을 통해 성취해야 하는 목표와 평가 방식이 분명하지 않다는 것이다. 또한, 교육의 효과나 교육 가능성과는 상관없이 실전적인 교육 현장에서 평가될 수 있는 근거를 찾기 힘든 교육 내용은 무시되기 마련이라는 것도 문제다.

한편, 조사가 단어인지를 판단하는 과제가 탐구 학습(Inquiry-based learning)을 통하여 성공적으로 수행되기를 기대하기도 쉽지 않아 보이는데, 그 이유는 다음과 같다.

첫째, 조사가 단어인지를 판단하라는 탐구의 주제는 '단어'라는 범주가 분명한 경계를 가지고 존재한다는 전제 위에서만 성립될 수 있는데, 이 전제가 과학적으로 증명되지 않으므로 탐구 학습을 수행하기에 적합하지 않다. '가설 설정'과 '자료 수집', 그리고 '가설의 검증 작업' 등의 과정으로 이루어지는 탐구 학습은 과학적인 탐구에 적합하며, 실제로도 탐구 학습은 주로 과학 분야에 적용되어 왔다. 탐구 학습을 위해서라면 '조사는 왜 단어로서의 성격이 불분명한가?', 혹은 '조사가 단어의 특성을 불분명하게 보이는 현상을 어떻게 설명할 수 있는가?' 같은 주제가 더 적절할 것이다.

둘째, 만약 탐구 주제를 바꾸어 탐구 학습을 계획한다 해도 Bain(2005)이 지적하는 바와 같이 학생들이 과제에 대해 전문가들처럼 사고하기를 기대하기는 어렵다. Kirschner(2006)는 어떤 주제에 대해 충분한 선행 지식이 없는 학생들의 경우 탐구 학습보다 교사의 직접적인 지도 방식이 더 효과적이라고 한다. 따라서 고등학생들이 인지심리학의 원형 이론이나 불분명한 경계 같은 관련 지식을 스스로 탐구하여 알아내기를 기대하기는 어려워 보이며, 필요할 경우 직접 가르치는 것이 더 효과적일 수 있다.

그러면, 조사를 교육적으로 적절하게 다룰 수 있는 현실적인 대안에는 어떤 것이 있을까?

먼저, 가장 간편한 방안은 기존의 방식대로 조사를 '단어'나 '단어가 아닌 것'으로 규정하는 것이다. 지식 자체의 교육적 가치보다는 설명의 편리성을 추구하는 쪽이라 하겠다. 하지만, 이러한 기술의 편리성은 교육적인 관점에서 더 많은 대가를 요구한다. 결국, 교과서가 실질적으로 검증될 수 있는 성격의 지식을 은폐하고 있는 상황이 되기 때문이다. 이런 경우 교사들은 학생들이 조사가 단어라는 것에 의심을 품고 다가올 때마다 당혹감을 느끼게 될 것이다. 또한, 조사에 대한 평가의 내용과 방식에 대한 혼란도 피하기 어렵다. 이것은 현재 문법을 가르치는 교사들이 이미 겪고 있는 일이기도 하다.

조금 덜 간편하지만 보다 교육적으로 의미 있는 두 번째 방안은 조사가 단어의 불분명한 경계에 속한다는 것을 교육의 내용에 적절한 방식으로 포함시켜 가르치는 것이다. 교사가 직접 지도를 할 경우에는 〈그림 6〉과 같은 모형을 제시하여 정렬모(1946), 최현배(1930), 주시경(1914) 등 여러 학자들이 설정한 단어 범주의 다양성이 원형 효과와 관계되어 있음을 보여줄 수도 있다. 필요에 따라서는 원형 이론에 대한 간단한 설명을 사전에 제공하고 단어가 원형 범주의 속성을 가졌는지 실제 자료를 통해 확인해 보는 탐구 학습을 수행하는 것도 가능하다.

원형 이론을 활용하여 단어 범주 모형을 학습할 경우, 학생들은 보조사, 의존 명사, 격조사, 어미 등이 원형과 유사성이 적을수록 중심에서 멀어지고, 그 결과 띄어쓰기로 전가되는 분리성도 줄어들게 된다는 것을 과학적인 지식의 형태로 받아들일 수 있다는 이점이 있다.

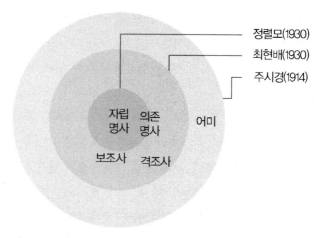

정렬모(1930)

최현배(1930)

주시경(1914)

자립
명사

의존
명사

어미

보조사   격조사

〈그림 6〉 원형 이론을 활용한 단어 범주 모형

4.2. 형태소 범주에 대한 처리 방안

본격적인 논의에 앞서 먼저 현재 교과서에서 통용되고 있는 용어 사용의 혼란을 짚고 넘어갈 필요가 있을 것 같다. 남기심·고영근(1985: 47-48)에 의하면 Langacker(1968)의 'full morpheme'과 'empty morpheme'이 '실질 형태소'와 '형식 형태소'로 번역되어 받아들여졌는데, 훗날 Langacker(1973)에서 'full morpheme'이 'lexical morpheme', 'empty morpheme'이 'grammatical morpheme'으로 용어가 바뀌었음에도 기존의 번역 용어가 그대로 사용되고 있는 상황이다. 따라서 현행 교과서에서 사용되고 있는 '실질 형태소'와 '형식 형태소'라는 용어는 적절하다고 보기 어렵다[4].

하지만, 단순히 용어를 바꾼다고 해서 문제가 해결되는 것은 아니다. 용어보다 더 심각한 문제는 어휘 형태소와 문법 형태소가 엄격하게 구분되지

---

[4] 또, 'empty morpheme'이라는 용어는 형태론 관련 서적에서 거의 사용되고 있지 않으며, 가끔씩 'cranberry'의 'cran-'이나 'ruthless'의 'ruth-'처럼 무의미 형태를 나타내는 데도 사용되어 혼란을 유발하기도 한다.

않는다는 Langacker(1973)의 통찰이 국내에서 충분한 관심을 받지 못했고 그 결과 당연히 문법 교과서에도 전혀 수용되지 못했다는 것이다. 용어 사용이 표면적인 문제라면, 범주의 불분명한 경계는 본질적인 문제에 속한다. Ⅲ장에서 살펴본 바와 같이 어휘 항목과 문법 항목, 실질 형태소와 형식 형태소 사이에는 불분명한 경계가 존재한다. 하지만, 현행 〈독서와 문법〉 교과서 4종은 〈표 3〉처럼 실질 형태소와 형식 형태소 간의 경계가 분명한 것처럼 기술하고 있다.

〈표 3〉 실질 형태소와 형식 형태소에 관한 교과서 기술 내용

출판사	실질 형태소	형식 형태소
미래엔	• 구체적인 대상이나 상태를 나타내는 형태소로 실질적인 의미를 가지고 있다.	• 형식적인 의미, 즉 문법적인 의미를 나타낸다.
비상교육	• 실질적인 의미를 가지고 있다. • 어근은 실질 형태소이다.	• 형식적인 의미(문법적인 의미)를 가지고 있다. • 접사는 형식 형태소이다.
지학사	• 실질적인 의미를 가진 형태소 • 체언, 수식언, 독립언, 용언 등이 있다.	• 문법적인 의미만을 가진 형태소 • 조사와 어미 • 문법 형태소라 부르기도 한다.
천재교육	• 구체적인 대상이나 상태를 나타내는 실질적 의미를 가진 형태소	• 접사, 조사, 어미와 같이 문법적 의미만을 표시하는 형태소

각 교과서들은 실질 형태소와 형식 형태소의 범위를 설정하는 데 다양한 불일치를 보인다. 〈비상교육〉에서는 어근이 실질 형태소이며 접사는 형식 형태소(문법형태소)인 것으로 처리했는데, 〈미래엔〉과 〈지학사〉에는 어근이 실질형태소이고 접사가 형식형태소라는 내용이 들어있지 않다. 특히, 〈미래엔〉의 '참-', '뒤-', '새-/시-/샛-/싯-', '헛-' 등의 접두사가 어근에 특정한 뜻을 더하거나 강조하면서 새로운 말을 만들어 낸다는 설명(p.69)은 접두사에 실질적 의미가 있다는 것으로 이해할 수밖에 없다. 그리고 〈천재

교육〉에서는 접사가 문법적 의미만 가진 형식 형태소라는 설명(p.199)과 접두사는 '어근으로서의 성격', 즉 '실질적인 의미'를 가지는 것들이 많다는 설명(p.200)이 공존하여 모순을 드러내고 있다. 형식형태소나 접사 등에 대한 각 교과서들의 기술 내용은 일정 부분씩 서로 충돌하고 있는데, 이는 결코 사소한 문제라고 볼 수 없다. 예를 들어 '직각삼각형에서 직각을 낀 두 변의 길이를 각각 a, b라 하고, 빗변의 길이를 c라 하면 $a^2+b^2=c^2$이 성립한다.'와 '직각삼각형에서 직각을 끼고 있는 두 변의 제곱의 합은 빗변의 길이의 제곱과 같다.'는 둘 다 피타고라스의 정리에 대한 설명이다. 표현은 다르지만 같은 내용을 배웠기에 전국의 학생들에게 피타고라스의 정리에 관한 하나의 답을 요구하는 것은 공정성을 의심받지 않는다. 하지만, 만약 문법 교과서들의 내용이 서로 다르다면 학습자에게 신뢰 받을 수 있는 교육 내용을 전달하는 데 어려움이 있을 수밖에 없고, 교사와 학생들은 모두 혼란에 빠질 것이다.

현재의 문법 교과서들이 발생시키고 있는 혼란을 줄이기 위해서는, 우선 접사가 '실질적인 의미가 없는 형식형태소'라는 일부 교과서의 설명은 근본적으로 수정되어야 할 필요가 있다. 우리는 앞에서 '군말'의 '군—'이 '불필요한'으로, '돌배'의 '돌—'이 '딱딱하고 맛없는'으로 바뀌는 것처럼 모든 접두사들이 다른 어휘에 의해 대체될 수 있는 실질적인 의미를 가지고 있다는 것을 확인한 바 있다. 그러므로 접두사가 '실질적인 의미가 없는 형식 형태소'라는 일부 교과서의 설명은 허용되어선 안 된다. 사실, 모든 접사는 어근이나 어간에 붙는 '의존 형태소(bound morpheme)'라는 것이 보다 일반적으로 받아들여지는 설명이기도 하다(Booij 2007: 29-30). 따라서 국내의 문법 교과서들은 접사를 형식 형태소가 아닌 의존 형태소의 테두리에 넣어 기술하는 방향의 개선이 우선적으로 요구된다. 하지만, 이러한 개선이 이루어진다 해도 경계 문제가 완전히 해결되는 것은 아니다. 예컨대, 독립성 여부에 따라 접두사가 들어간 파생어와 합성어를 임시로 구분한 〈표 4〉에서 어떤 사람은 '헛'이 단어처럼 독립되었다는 느낌을 더 강하게 받을 가능성이 있다.

<표 4> 접두사와 어근의 구분

파생어	군말, 맨손, 풋사과, 덧신, 새파랗다, 헛소리, 수탉
합성어	새색시, 큰아버지, 큰이모, 큰집, 참숯, 참사랑, 돌배, 돌머리

실제로 인터넷에서 '헛 발언, 헛 덧통(양봉을 할 때 사용하는 기구의 일종)'의 '헛'을 띄어서 쓴 예들이 많이 보인다. 하지만, '헛'을 접두사라 하여 무조건 뒤의 어근과 붙여서 쓴다면 그것이 어중들에게 단어로 인식되는지 확인할 길이 없다. 결국, 독립성을 기준으로 한 접사와 어근의 구분도 완전한 것은 아니라고 할 수 있다. 형태소와 관련된 교과서 기술의 문제점을 해결하기 위해서는 형식 형태소와 실질 형태소라는 용어를 애초에 사용하지 않는 것도 고려해 볼 필요가 있다. 전술한 바와 같이 실질적인 의미가 없다는 말 자체가 근본적으로 성립하지 않기 때문이다.

한편, 불분명한 경계의 개념은 접두사와 어근, 그리고 단어 사이에 나타나는 불분명한 경계 현상을 이해시키는 데 다양한 방식으로 활용될 수 있다. 다음에 제시된 학습 활동의 모형은 실제로 가능하지 않은 분명한 경계를 찾도록 요구했던 기존의 방식과 달리, 학생들이 원형 이론에 대한 최소한의 지식을 가지고 접두사와 어근, 그리고 단어 사이에 불분명한 경계가 있다는 것을 사실적으로 인식하도록 한 것이다. 이 때 '원형 이론'이라는 용어나 그것의 개념은 충분한 교육적 가치가 있다고 생각되긴 하지만, 반드시 명시적으로 지도되어야만 하는 것은 아니다. 가구, 무기, 새, 장난감, 의류 등과 같은 일상적인 범주에 대한 관찰을 통해 불분명한 경계를 인식하고, 그것을 문법적인 범주에도 적용할 수 있는 눈을 가질 수 있도록 해주는 것도 가능하다.

A. 다음 보기들 중 '새'의 범주에서 대표적인 구성원인 것과 불분명한 경계에 속하는 주변적인 구성원을 찾아보고, 어떤 범주에 주변적인 구성원이 존재하는 이유를 생각해보자.

> 비둘기, 참새, 독수리, 까마귀, 박쥐, 펭귄, 타조, 부엉이, 닭, 오리

B. 다음은 띄어쓰기를 적용하지 않고 제시한 언어 자료들이다. A에서 보았던 현상(원형 이론)을 바탕으로 접두사와 어근, 단어의 경계에 대하여 생각해보자.

㉠ 참먹   참숯   참사랑   참진리   참행복   참생명

㉡ 큰집   큰손   큰바위   큰아버지   큰언니   큰인물

㉢ 돌배   돌미역   돌조개   돌판   돌주먹   돌머리

㉣ 풋사과   풋고추   풋잠   풋사랑   풋내기

(1) 색칠된 부분을 접두사, 어근, 그리고 단어로 구분해 보자.
(2) 접두사와 어근의 가장 중요한 차이가 무엇인지 설명해 보자.
(3) 구분이 잘 안 되는 경우 그 이유에 대해 설명해 보자.
(4) 접두사와 어근, 그리고 단어의 구분이 어려운 경우가 발생하는 이유를 설명해 보자.

5. 결론

문법의 모든 층위에는 불분명한 경계가 존재한다. 왜냐하면 문법 역시 인간에 의해 만들어진 범주화의 산물이기 때문이다. 이 글에서는 원형 이론을 바탕으로 국어의 형태소와 단어 수준에 불분명한 경계가 실재한다는 것을 확인하고, 이것을 교육적으로 적절하게 처리하는 방안을 논의해 보았다.

형태소와 단어에 나타나는 불분명한 경계는 우선 심리적으로 실재하는 현상이라는 점만으로도 충분히 교육적으로 다루어질 만한 가치가 있다. 현

재의 교과서의 교육 내용은 실재하지 않는 형태소와 단어 범주의 분명한 경계를 가정하고 있기 때문에 탐구 학습을 통해 한국어의 실체적 진실에 접근하고자 하는 학생들에게 좌절감과 혼란을 야기하게 된다. 이 글에서는 한국어를 포함한 일반적인 언어의 형태소와 단어의 범주 경계가 불분명하다는 사실을 있는 그대로 기술함으로써 임시방편적인 설명의 문제를 해소하고 학생들이 언어의 실체를 있는 그대로 탐구하고 이해하도록 하는 방안을 제시하였다. 무엇보다도 불분명한 경계 모형은 실제 국어 현상에 대한 설명력이 높기 때문에, 이것에 기초하여 문법 교육 현장에 도움이 될 수 있는 적절한 수업 모형들이 더 활발히 만들어지고 활용되기를 기대한다.

제2장

인지언어학으로 보는
학교문법의 품사

1. 서론

이 글에서는 현재 국어과 문법 교육과정에서 관찰되는 '품사(parts of speech)'에 대한 교육 내용의 문제점을 인지언어학의 관점에서 조명해 보고, 그 대안을 탐색해 보고자 한다. 품사는 학교 문법과 일반적인 문법 이론의 기초를 이루는 부분임에도 인지언어학의 관점에서는 아직 본격적으로 다루어진 일이 없는 것 같다. 학교 문법에서 제시하고 있는 품사 체계의 많은 문제점들이 생성문법의 '사전과 문법책' 모형을 크게 벗어나지 못함으로 인해 발생하는 것임을 감안할 때, 인지언어학의 관점에서 그 대안을 찾아보려는 시도는 필요한 것이라 여겨진다. 또한, 인지언어학은 일반적인 인지능력에 근거하여 언어가 학습되는 과정에 대한 모형을 제공하고 있으므로 교육적인 맥락에서 접근하는 품사론 연구에 유용한 발판을 제공해 주리라 기대된다.

품사는 관점에 따라 다르게 분류될 수 있기 때문에 학교 문법의 품사 분류 체계 자체는 하나의 임시방편이며 교육적으로 큰 의미가 없는 것으로 여겨지기도 한다(이상태 2009: 89-92). 하지만, 품사는 언어 교육에 이용되는 중요한 '상위언어(meta language)'이므로 학교 문법은 최대한 문법적인 현상에 대한 설명력을 지니면서도[1] 교육적인 목적에 부합하는 품사 교육의 내용을 제시해야 할 의무가 있다.

Aarts와 Haegeman(2006: 117)은 "품사는 어떤 문법적인 기술을 위해서도 필수불가결한 것이지만, 우리는 결코 완전히 그 속성을 안다고 확신할 수 없다. 왜냐하면, 그것은 만질 수 있는 3차원적인 물체가 아니라 우리의 마음속에만 존재하는 정신적인 개념이기 때문이다."라는 말로 품사 연구의 어려움을 지적했다. 이에 이 연구에서는 언어의 정신적인 측면을 밝히는 데 주력해 온 인지언어학의 자원을 끌어와 국어 교육의 맥락에서 요구되는 품사와 품사 교육에 대한 새로운 접근 방식을 모색해 보고자 한다.

2. 생성 모형과 학교 문법의 품사론

언어가 사전과 문법책의 결합이라는 통념은 문법 교육의 내용 체계에 막대한 영향력을 끼치고 있는데, 이는 지난 반세기 동안 현대 언어학을 지배해 왔던 '생성모형(generative model)'의 관점이기도 하다. 형식주의 언어학과 생성 모형의 내부를 들춰보면 한쪽에는 한 언어의 모든 단어가 들어 있는 사전이 있고, 다른 쪽에는 그 단어들을 묶어서 문장을 만드는 규칙들의 목록이 있다.

---

1) 학교문법도 가공적이거나 공상적인 규칙을 제시하는 것이 아니라, 과학적인 연구의 결과를 이용하며 실제 사용되는 언어에서 관찰한 사실에 토대를 둔다(박덕유 2009: 125).

For a first approximation, the lexicon is the store of words in long-term memory from which the grammar constructs phrases and sentences. (Jackendoff 2002: 130)

반세기에 걸쳐 생성 모형이 추구했던 목표는 문법적인 문장만을 만들고 문법적이지 않은 문장은 만들지 않는 유한한 수의 규칙들을 찾아내는 것이었다. 그런데, 생성모형은 'farmer'가 'the'와 결합하여 'the farmer'가 되고 '쏘다'가 '총'과 결합하여 '총을 쏘다'가 된다는 식으로 각 단어들이 개별적으로 고유한 통사적 규칙을 가졌다고 설명하지는 않는다. 반대로, Chomsky(1965)가 생각해낸 규칙은 (1)과 같이 낱말이 아닌 범주의 단위로 작동하는 것이었다.

(1) Chomsky's Aspects of the Theory of Syntax(1965)의 구절 구조 규칙
ㄱ. NP → Det N
ㄴ. VP → V NP
ㄷ. S → NP VP

이 규칙에 따르면 'farmer'를 포함한 모든 명사(N)들이 'a, the' 등의 한정사(Det)와 결합할 수 있고, '총을 쏘다'와 같이 동사(V)는 명사구(NP)와 결합하여 동사구(VP)를 만든다.

하지만, (1)과 같은 규칙은 범언어적으로 확인되지 못하고 있을 뿐 아니라 영어에 국한해서 봤을 때에도 손쉽게 좌절된다. 'A *photo shouted a tiger'나 '*The cow played a tree'와 같은 문장은 성립하지 않기 때문이다. (1)의 규칙은 문법적인 문장만을 만들고 문법적이지 않은 문장은 만들지 않는다는 조건을 어기고 있는 것이다. 생성문법이 제대로 작동하려면 같은 범주에 속하는 단어들은 똑같은 규칙의 적용을 받아 문장 생성에 가담할

수 있어야 한다. (1)의 규칙만으로는 이런 조건이 충족되지 않으므로 Cho-msky(1965)는 (2)의 더 복잡한 하위 규칙들을 제시한다.

(2) VP의 하위 구절 구조 규칙
   ㄱ. VP → V (She slept)
   ㄴ. VP → V NP (He shot a rabbit)
   ㄷ. VP → V NP NP (He gave the dog a bone)
   ㄹ. VP → V PP (He lives in London)
   ㅁ. VP → V NP PP (I put the book on the shelf)

하지만, (2)의 하위 규칙도 '*The smile shot a lemon'과 같은 부적격 문장이 만들어지는 것을 막지 못한다. 또, 'give'와 'donate'의 성질이 비슷함에도 불구하고 'give the dog a bone'는 허용되는 반면 '*donate a charity money'는 가능하지 않다.

Chomsky(1965: 114)는 '선택 제약(selectional restrictions)'이라는 여과 장치를 추가함으로써 위와 같은 문제를 해결하고자 했다. 예컨대, 동사 '먹다'는 마실 수 있는 대상만을 목적어로 허용한다는 제약이 있다고 하여 '자동차를 먹다', '원인을 먹다'와 같은 비문을 걸러낼 수 있게 한 것이다. 하지만, 이런 방법으로도 앞의 '*donate a charity money'처럼 비슷한 의미의 단어가 같은 규칙을 적용받지 않는 현상은 설명되지 않는다. 또 개별 어휘의 의미 특성에 따라 다른 규칙이 적용된다면 통사적 규칙보다 개별 동사의 의미가 문장의 구조를 결정하는 데 더 중요한 역할을 하는 것이라고 볼 수밖에 없다[2].

---

2) Chomsky의 언어학 이론은 초기의 생성 모형 이후에 많은 수정을 겪었고, 현재까지도 그의 제자들과 다른 학자들에 의해 다양한 모습으로 변모되고 있다. 수정된 모형이 개별 어휘의 의미나 해석 과정을 고려할수록 원형적인 생성 모형에서 멀어지게 되어 인지언어학과 같은 대안 이론과 유사해진다는 딜레마가 있다. 이런 점들을 고려하여 이 글에서는 초기의 생성 모형만을 대상으로 그 문제점을 살펴보았다.

생성 모형에는 머릿속 사전에 등재된 모든 단어들이 제한된 수의 품사로 빠짐없이 분류될 수 있으며, 같은 품사에 속하는 단어들은 문법적으로 같은 행동을 한다는 가정이 들어 있다. 하지만, 이러한 가정에 위배되는 현상들은 계속해서 보고되고 있으며[3], 이 글의 3장에서도 우리는 그러한 사례들을 더 보게 될 것이다.

현재 우리나라의 문법 교육과정에서는 〈표 1〉과 같은 품사 체계를 사용하고 있다. 학교 문법의 품사는 문장 속에서 단어가 담당하는 기능, 문장 속의 일정한 자리에서 단어가 보이는 형태, 그리고 단어가 나타내는 의미를 기준으로 나눈 것인데, 남기심·고영근(2011: 52)은 이 기준들 중 기능이 가장 우선적으로 고려되었고 그 다음으로 형식이 고려된 것으로 설명하고 있다. '체언, 용언, 수식언, 관계언, 독립언' 등은 모두 기능을 중심으로 분류된 상위 명칭이라 할 수 있다.

〈표 1〉 학교 문법의 품사 체계

체언			용언		수식언		관계언	독립언
명사	대명사	수사	동사	형용사	관형사	부사	조사	감탄사

학교 문법의 품사 체계는 학자들의 논의를 수렴하여 정해지기는 했지만 아직까지 해결되지 않은 많은 논쟁점들을 가지고 있다. 이 중 몇 가지만 소개해 보면 다음과 같다.

(ⅰ) 동사와 형용사가 다른 품사로 나누어져 있으나, '있다'와 '없다'는 어미 교착에서 형용사와 동사의 특징을 모두 보여준다. '있다'와 '없다'를 존재사에 편입시킨 학자가 있는가 하면(이희승 1955), 형용사로 처리한 학자도 있고(최현배 1971), '있다'만을 동사로 본 학자도 있다(정인승

---

3) Taylor(2012)는 동일한 품사에 속하는 두 단어가 문법적으로 다른 행동을 보이는 사례들을 다양한 말뭉치 자료를 통해 보여주고 있다.

1956). 남기심·고영근(2011: 130-131)의 〈표준국어문법론〉에서는 '있다'가 형용사이긴 하지만 동사에 가깝다고 기술되어 있어 혼란을 주고 있는데, 7차 문법 교과서에도 '있다'와 '없다'를 모두 형용사로 처리하고 있으며 '있다'의 동사적인 행동에 대해서는 탐구 학습의 대상으로 처리하고 있다(교육인적자원부 2002:99-100).

(ⅱ) 현재 명사, 대명사, 수사는 서로 다른 품사로 구분되고 있지만, 어떤 학자는 대명사나 수사를 명사의 하위 범주에 포함시키기도 한다(구본관 2005: 158, 주시경 1910: 69-73, 박승빈 1935: 181, 정인승 1956: 75-81). 또한, "나는 가방을 하나 사 왔다."와 같은 문장에서 관찰되는 수사의 부사적 기능에 관한 논의도 있었다(최현배 1971: 247).

(ⅲ) 최현배(1971), 이희승(1949), 허웅(1983)을 비롯한 많은 학자들이 어미에는 품사를 할당하지 않고, 조사에만 품사를 할당했는데 그 결과 현재의 문법 교육과정에서는 조사가 품사의 하나로 인정되고 있다. 하지만, 조사는 자립성을 가지고 있지 않기 때문에 단어가 아니며, 따라서 품사를 할당하지 말아야 한다는 주장도 있었다(이숭녕 1951, 김민수 1974). 현재 북한 문법에서도 조사와 어미에 품사를 부여하지 않고 '토씨'로 분리하여 다루고 있다.

(ⅳ) 학교 문법에서는 '이다'를 서술격 조사로 분류하고 있는데, '이다'는 일반적인 조사와 달리 활용을 하는 특성이 있다. 최근에 '이다'를 용언으로 봐야 한다는 견해(남길임 2004)와 접미사로 봐야 한다는 견해(시정곤 2005)가 있었는가 하면, '이다'와 '아니다'를 둘 다 형용사로 보는 견해도 있었다(송창선 2007)[4].

---

4) 이 밖에 '그건 바로 너다.'의 '바로'처럼 부사가 명사의 앞에 오는 경우를 들어 부사와 관형사를 구분하지 말고 '수식사'로 묶어야 한다는 논의(이정택 2003), '감탄사'가 아닌 '간투사(interjection)'라는 용어를 사용해야 한다는 논의(신지연 1989), 접속 부사를 접속사로 독립시켜야 한다는 논의(이관규 2002: 121) 등을 볼 수 있다.

'있다'와 '없다'의 문법적인 행동이 동사나 형용사의 그것과 완전히 일치하지 않음에도 특정한 품사를 할당하려는 시도가 계속되는 것은 모든 단어들이 할당된 품사의 자격으로 통사 규칙의 지배를 받는다는 사전과 문법책 모형의 틀에서 벗어나지 못하고 있기 때문이라 할 수 있다. 체언을 명사, 대명사, 수사로 분류한 것도 의미를 기준으로 한 것인데, 결국 이 경우에는 어떤 품사에 속하기 때문이 아니라 각 단어의 의미에 의해 문법적인 행동이 달라지는 것을 인정하는 셈이 된다. 조사는 독립성이 없지만 단어처럼 의미 기능의 독립성이 어느 정도 있기 때문에 학교 문법에서는 단어로 보아 품사를 할당하고 있다. 하지만, 이렇게 조사가 단어인지 아닌지 정확하게 선을 그어야만 한다는 생각은 '생성모형'과 '사전과 문법책 모형'의 틀 안에서만 정당화 될 수 있는 것이다. '이다'의 경우도 그것의 품사를 결정하는 대신 그 자체의 의미와 문법적 행동을 기술하는 선에서 만족하면 안 되는 것일까? 이처럼 학교 문법과 학계의 논의에서 '생성 모형'과 '사전과 문법책 모형'이 명시되어 있는 경우는 드물지만, 어떤 단어가 할당된 품사에 맞는 문법적 행동을 보인다는 것을 보여주고자 하는 비현실적인 시도가 계속되고 있는 현실은 두 모형이 사람들의 인식 속에 얼마나 강력하게 공유되고 있는지를 역설해 주는 것처럼 보인다.

이와 같이 학교 문법의 품사에 관한 논의들은 대부분 품사의 분류 문제에 초점을 맞추고 있고, 그 영향 때문인지 문법 교과서의 내용도 품사의 분류에 관한 설명과 탐구 학습이 주를 이룬다. 그런데, 이러한 문법 교육의 풍토와 경향은 교육적인 측면에서도 심각한 문제를 유발할 수 있다.

첫째, 품사의 분류 문제를 중요하게 다루고 있지만 품사의 구분이 불분명한 단어들을 어떻게 지도하고 평가할 것인지에 대한 적절한 방침이 제시되지 않고 있다. 예컨대, 7차 문법 교과서(교육인적자원부 2002)는 '있다'와 '없다'처럼 정확하게 품사 구분이 안 되는 단어들을 어떻게 처리해야 할지 설명하지 않고 학생들 스스로 탐구학습을 통해 해결하도록 유도하고 있다.

더 큰 문제는 탐구 학습을 통한 접근 방식과 이런 접근을 실제로는 허용하지 않는 교과서의 품사 분류 체계가 충돌을 일으키고 있다는 것이다. 한 예로, 7차 문법 교과서에는 '대로'가 의존 명사로 분류되어 있지만(교육인적자원부 2002: 91), 3.2에서 논의되는 바와 같이 '대로'는 조사 '로'의 지배를 받는 역사적 과정을 거쳤다는 점에서 의존 명사로 보기 어려운 측면이 있다5).

둘째, 개정된 7차 교육과정은 품사를 통한 문법적 기능의 학습을 중시하고 있지만(최웅환 2009), 현재의 교육 내용들은 각 품사에 속하는 단어가 어떤 문법적인 행동을 보이는지에 대한 학습으로 연결되지 못하고 있다. 물론, 그것은 현재의 교육 내용이 품사의 분류에 과도하게 초점을 맞추고 있기 때문이기도 하지만 실제로 품사의 분류가 문법적인 행동을 예측하고 설명하는 데 한계가 있기 때문이기도 하다. 만약 생성 모형의 가정이 맞는다면 단어의 품사 정보는 그것의 문법적인 행동을 학습하는 데 큰 도움을 줄 것이므로 최대한 연계시키는 것이 바람직하다. 그러나 만약 생성모형의 가정이 잘못되었다면 궁극적으로 더 설명력 있는 모형을 찾아 단어의 문법적인 행동을 예상하고 학습하도록 도와주어야 할 것이다.

현재의 학교 문법은 품사 분류 체계의 문제를 극복하지 못했으며, 단어의 문법적인 행동에 대한 학습으로의 연계도 충분히 유도하지 못하고 있다. 이것은 학교 문법이 생성 모형, 혹은 '사전과 문법책' 모형이 가진 한계를 공유하고 있다는 것을 의미한다. 이와 같은 문제점들은 품사를 더 적절하게 분류한다고 해서 해결될 수 없다는 것을 우리는 경험적으로 알고 있다. (ⅰ)~(ⅳ)에 소개된 논쟁들은 어떻게 품사를 구분할 것인가에 대한 답을 구할 뿐, 품사를 구분하는 행위 자체의 타당성에 대해서는 질문하지 않는다는 점에서 '사전과 문법책' 모형의 함정을 빠져나오지 못한다. 현재의 문법 교

---

5) 이처럼 품사의 분류에 대한 불분명한 태도는 선량한 학습자들을 그들이 앞으로 받을 수 있는 평가로부터 보호해주지 못한다. 실제로, 2012학년도 중등교사 신규임용 후보자 선정 경쟁시험에는 '대로'의 품사 분류에 관한 문제가 출제되기도 했다.

육과정과 교과서도 이러한 접근의 결과물을 그대로 물려받고 있다. 학생들에게 품사를 구분해 보도록 하고, 구분이 잘 안 되는 경우에는 답이 없는 탐구 학습에 뛰어들거나 열띤 토론을 하도록 만드는 것이다. 이런 식의 접근은 언뜻 교육적인 것으로 보일 수도 있지만, 결국 품사에 대한 특정한 언어학적 가정, 즉 '사전과 문법책 모형'과 그에 호응하는 '생성 모형'을 전제로 한 것이다. '사전과 문법책 모형'과 '생성 모형', 그리고 '고전적인 범주 모형'에 대한 대안적인 이론들이 타당성을 인정받을 경우 학교 문법의 품사에 대한 교육 내용과 접근 방식은 근본적으로 수정되어야 할 것이다. 3장에서는 인지언어학의 관점에서 품사에 대해 어떤 대안적인 접근과 설명이 가능한지 살펴보도록 하겠다.

3. 품사에 대한 인지언어학적 접근

2장에서는 생성문법, 혹은 '사전과 문법책' 모형이 실제 언어 현상을 온전하게 설명해 주지 못한다는 것을 살펴보았다. 그러면, 인지언어학의 관점에서 품사는 어떻게 설명될 수 있을까? 이 장에서는 다양한 인지언어학적 접근을 통해 품사의 성격을 규명하고 그것을 학교 문법의 교육적인 맥락에 맞게 적용할 수 있는 가능성을 논의해 보도록 하겠다.

3.1. 인지언어학에서 품사의 위상

Croft(2001)의 RCG(Radical Construction Grammar; 급진적 구문 문법)에서는 품사나 문장 성분이 통사 구조가 만들어지는 데 필요한 기본 성분이 아니며, 오직 '구문(constructions)'만이 통사 구조의 기본적인 요소가 된다고 설명한다. 품사나 문장성분은 그 자체가 구문일 때에만 통사 구조의 구성 요소 자격을 얻게 된다. 또한, 청자는 발화를 들을 때 그 구문 전체의 형태를 하나의 '게슈탈트(gestalt)'로 파악하는 것만으로 구성 요소들이 이루는 의미 관계를 올바르게 파악하여 의사소통을 달성할 수 있으므로, 통사적인 규칙이나 관계는 Croft(2001)의 문법이론에서 제거된다.

자율적인 통사 규칙의 존재 여부는 Chomsky의 언어학과 인지언어학을 나누는 기준이 된다. 생성모형에서 어휘부와 통사부를 구분하고 있는 것은 자율적인 통사 규칙을 전제로 할 때만 가능하다. 오직 단어에만 품사가 할당될 수 있다는 편견도 생성 모형을 전제로 했기에 이상하게 느껴지지 않던 것이다. 하지만, 인지언어학에서는 어휘부와 통사부가 근본적으로 구분되지 않으므로 단어에 품사를 할당하는 작업이 완전히 정당화될 수 없다. 단어와 단어가 아닌 것이 구분되지 않으므로 단어에만 품사를 할당하는 것은 학문적으로 불공정한 처사이기 때문이다. 품사는 본질적으로 문장을 구성하는 원소적인 단위가 아니고 오직 구문에만 그 자격이 주어진다. 〈표 2〉에서와 같이 어떤 품사는 여러 구문 유형 중의 하나와 비슷하지만, 현재 전통적으로 사용되고 있는 모든 품사들이 구문의 자격을 얻는 것은 아니다. RCxG에서 품사는 그 자체가 구문이거나 혹은 구문의 구성요소인 경우에만 의미 있는 언어단위가 되는 것이다.

〈표 2〉 구문의 유형(Croft & Cruse 2004: 255)

구문 유형	전통적인 명칭	예시
complex and (mostly) schematic	syntax	[Sub be-TNS Verb -en by OBL]
complex, substantive verb	sub-categorization frame	[Sub consume OBJ]
complex and (mostly) substantive	idiom	[kick-TNS the bucket]
complex but bound	morphology	[NOUN-s], [VERB-TNS]
atomic and schematic	syntactic category	[DEM], [ADJ]
atomic and substantive	word/lexicon	[this], [green]

'언어 특정적(language-specific)'이고 '구문 특정적(construction-specific)' 인 품사의 성격은 언어 유형론의 오랜 관찰에 의해 확립된 것인데(Haspel-math 2003), 현재 학교 문법에서 분류하고 있는 조사, 관형사, 서술격 조사, 형용사 등은 한국어 품사의 언어/구문 특정성을 잘 보여주는 예들이다. 이 중 특별히 서술격 조사와 형용사가 보여주는 언어/구문 특정성을 살펴보 도록 하자. (3)처럼 영어에서는 명사서술문이 be동사와 관사 a가 결합되는 계사 구문으로 실현되지만, 한국어에서는 명사 서술문에 동사가 사용되지 않고, [명사-*이다*]라는 구문이 사용된다.

(3) ㄱ. She is a teacher.
ㄴ. 그녀는 선생님이다.

현재 학교 문법에서 서술격 조사로 처리된 '-이다'의 성격에 대해 논란이 분분한데, Croft(2001)의 문법 이론에 따르면, [명사-*이다*]는 명사 서술의 기능을 가진 구문의 일부로 파악되어야지 '-이다'만을 따로 떼어서 볼 수 없다. 〈표 2〉의 내용에 근거하면 품사는 원자적/도식적(atomic and sch-ematic)인 구문의 한 유형이므로 '-이다'가 독립적으로 품사의 자격을 가지 기는 어렵다. '-이다'는 복합적이고 도식적인(complex and (mostly) sch-ematic) 유형의 구문들 중 명사서술의 기능을 가진 구문의 형태적인 게슈 탈트의 일부일 뿐이다. 잘 알려진 바와 같이 게슈탈트는 그 구성 요소들의 합으로 환원되지 못한다는 속성이 있으므로 '-이다'만을 품사로 다루어 기술 하는 것은 적절하지 않다.

또한 영어의 '속성(property)' 서술에는 (4ㄱ)처럼 be동사와 형용사로 이 루어진 형태의 구문이 사용되지만, 한국어의 경우 (4ㄴ)처럼 동사 없이 형 용사만으로 이루어진 구문이 사용된다.

(4) ㄱ. She is kind.

　　ㄴ. 그녀는 친절하다.

　영어의 형용사는 [be ADJ]의 구문에 특정적으로 존재하기도 하지만 (5
ㄱ)과 같이 [ADJ NOUN] 구문에 사용되어 후행하는 명사를 꾸며주기도 한
다. 하지만, 한국어의 경우 형용사가 후행하는 명사를 직접 꾸며주는 일은
없고 (5ㄴ)에서와 같이 관형사나 형용사의 관형형이 그 일을 감당한다.

(5) ㄱ. This is a new car. / This is a dirty clothes.

　　ㄴ. 이것은 새 차이다. / 이것은 더러운 옷이다.

　품사의 언어/구문 특정성은 실제의 언어 자료를 통해 얼마든지 더 확인할
수 있는 현상이다. 하지만, RCxG가 품사의 존재를 완전히 부인하는 것은
아니다. 다만 품사가 통사구조의 기본적인 구성 요소가 아니라는 것과 구문
의 한 유형으로 존재한다는 것을 강조하고 있을 뿐이다.

　RCxG의 관점에서 보면 더 이상 품사에만 통사적인 구조의 기본적인 구성
요소라는 특권이 주어지지는 않는다. 따라서 품사 이외에 단어의 통사적인
행동을 설명해줄 수 있는 내용을 더 도입할 필요가 있다. 아울러, 통사구조
에서 품사의 역할이 제한적이라는 것을 교사와 학생들에게 인식시킬 필요
도 있다.

3.2. 품사 범주의 성격: 품사에 나타나는 원형 효과(Prototype Effects)

　3.1에서는 품사가 통사적으로, 혹은 문장 전체와의 관계에서 어떤 위상을
가지는지 살펴보았는데, 여기에서는 품사의 구성원들이 어떤 내적 구조를
이루고 있는지에 대해서 살펴보도록 하겠다. 이미 잘 알려진 바와 같이
Rosch(1975)는 범주가 인지적 참조점 기능을 하는 원형을 중심으로 형성된

다는 것을 다양한 사례를 통해 보여주었다. Aristotle의 업적인 Meta-physics에서 그 기원을 찾을 수 있는 안과 밖의 경계가 뚜렷한 고전적인 범주6) 개념과는 달리 실제의 범주들은 좋은 구성원과 나쁜 구성원이 있으며, 범주의 경계가 명확하지 않은 연속적인 변차선이 존재한다는 것이다. 예컨대, 참새나 종달새는 새라는 범주의 좋은 보기이지만 타조는 나쁜 보기이며, 펭귄이나 박쥐는 불분명한 경계인 범주의 가장자리에 위치한다. 이런 현상은 색채뿐만 아니라 과일, 탈것, 가구, 무기 등과 같은 인지적 분류의 산물에서 일반적으로 발견되는데, 인지언어학자들은 이러한 원형범주의 특성이 언어 단위의 범주에서도 나타난다는 것을 발견하고 언어 범주에 나타나는 원형 효과의 사례들에 대한 연구를 확장시켜 왔다.

원형 효과는 품사뿐만 아니라 음운, 형태, 통사 등 모든 층위의 언어 단위에서 관찰된다(Lakoff 1987: 58-76). 명사, 동사, 형용사 등 기본적인 품사 범주에 나타나는 원형 효과에 대한 선구적인 연구는 Ross(1981)에 의해 이루어졌는데, 그는 toe 〉 breath 〉 way 〉 time의 순으로 명사 범주의 좋은 구성원 자격이 주어진다는 것을 통사적 환경 검증을 통해 보여주었다7). 또한, Hopper와 Thompson(1984)도 명사와 동사의 원형적인 구성원들은 의미와 기능에서 차이를 보인다는 연구 결과를 발표하여 Ross(1981)를 거들었다8).

과연 학교 문법이 분류하고 있는 품사들도 좋은 구성원과 나쁜 구성원의 위계, 그리고 불분명한 경계 등과 같은 원형범주의 성격을 가지고 있을까?

---

6) Metaphysic 4.4에서 확인되는 'law of contradiction'은 한 구성원이 한 범주에 속함과 동시에 속하지 않을 수는 없다는 것을 말하며, 'law of the excluded middle'은 한 구성원의 상태가 한 범주에 속하거나 속하지 않는 두 가지 중 하나여야 한다는 것을 말한다. 이 내용은 범주가 필요충분조건들의 결합에 의해 정의되고 이분법적인 특성 및 분명한 경계를 가지고 있다는 고전적 범주 모형의 기본적인 가정들을 명시한 학문적인 기원이라 할 수 있다.

7) 한 가지 예로, toe는 "A stubbed toe can be very painful."처럼 수동형 분사의 수식을 받거나 "I stubbed my toe, and she hers."와 같이 반복되는 동사가 삭제된 문장에 사용될 수 있지만, breath와 way, time은 같은 환경에서의 사용에 제약을 받는다.

8) 언어의 범주화에 대한 더 종합적인 논의는 Taylor(1995)를 참고할 수 있다.

먼저 명사를 중심으로 원형범주의 특성을 고찰해보도록 하겠다. 명사의 하위 범주인 의존 명사를 살펴보면 원형적인 명사와 다른 분포 특성을 쉽게 찾아낼 수 있다. (6)을 보면 의존 명사는 자립명사와 달리 관형어를 필수적으로 동반함을 알 수 있다. 또, (7)에서 의존 명사 '지', '수', '리' 등은 주어 자리에만 오는 분포 특성을 보이며, '수', '리'는 '있다/없다'와만 결합한다. 그런데, '수'와 '리'도 똑같은 분포를 보이지 않는다. (8)과 같이 '수'는 보조사 '-도'와 결합하지만 '리'는 그럴 수 없다. 이밖에도 (9)처럼 '줄'은 조사 '을', '채'는 조사 '로', '김'은 조사 '에'와 결합한다.

(6) ㄱ. <u>손님</u>이 오셨습니다. / 귀한 <u>손님</u>이 오셨습니다.
ㄴ. *<u>분</u>이 오셨습니다. / 귀한 <u>분</u>이 오셨습니다.

(7) ㄱ. 고향을 떠난 <u>지</u>가 20년이다.
ㄴ. 저는 그것을 할 <u>수</u>가 없습니다.
ㄷ. 그랬을 <u>리</u>가 있나요?

(8) ㄱ. 집에 갈 <u>수</u>도 있습니다.
ㄴ. *그럴 <u>리</u>도 있습니다.

(9) ㄱ. 술은 먹을 <u>줄</u>을 모릅니다.
ㄴ. 모자를 쓴 <u>채</u>로 들어오지 말아라.
ㄷ. 일어난 <u>김</u>에 좀 가져오너라.

위에서 살펴본 것과 같이 서로 다른 분포를 보여주는 명사들은 Rosch(1973)의 '원형 이론(prototype theory)'에 등장하는 구성원들의 관계를 떠올리게 한다. 자립명사가 범주의 중심에 있는 좋은 구성원이라면 의존명사 등은 가장자리에 가까이 있는 박쥐나 펭귄 같은 구성원이라 할 수도 있을 것이다. 그렇다면 과연 명사에는 불분명한 경계에 있는, 즉 명사인지 아닌지 판단하기 어려운 구성원도 존재할까? 문법 교과서와 〈표준국어문법론〉에서 부사성 의존명사로 분류되고 있는 '듯'과 '대로'는 (10)과 같이 조사와 결합을 하지 않는다는 점에서 불분명한 가장자리에 있을 가능성이 높아 보인다.

(10) ㄱ. 피곤한 듯 말이 없었다.
ㄴ. 그냥 붓이 가는 대로 써라.

하지만, 영어의 대응되는 말 'as'가 명사가 아닌 부사나 접속사로 처리되고 있듯이, '듯'과 '대로'도 부사로 처리가 가능해 보인다. 의미적으로도 '듯'과 '대로'는 뒤에 오는 용언(여기서는 동사)의 의미를 제약해 주는 역할을 하므로 부사라 할 수 있다. 최근 박부자(2010)에서는 16세기 '다이(〈다비, 다히)'가 축약되어 '대'가 되고 여기에 다시 조사 '로'가 결합하여 지금의 '대로'가 되었다는 것을 역사적인 자료의 검증을 통해 밝힌 바 있다. 또한, '대로'의 '로'가 조사라는 것은 국어 사용자들의 일반적인 직관과도 일치한다. 여러 가지 증거를 존중하여 '듯'과 '대로'를 명사에서 제외한다면 명사는 결국 비교적 분명한 범주의 경계를 가지게 된다.

품사가 안과 밖의 분명한 가장자리를 가지는 것은 원형 효과의 일반적인 현상이라고 보기 어려운데, 특별히 명사는 분명한 가장자리를 가질 수 있는 원인이 있다. Langacker(2007: 438-441)는 대부분의 명사나 동사, 더 나아가서 형용사나 부사와 같은 기본적인 문법 범주들이 '바탕(base)'에 어떤 방식의 '윤곽(profile)'을 부여하는지에 의해 결정되는 의미론적 차이를 가지고 있다고 말한다. 예컨대, 명사는 '사물 도식(thing schema)'에 윤곽을 부여하고, 동사는 '과정(process)', 즉 시간의 연속선상에서 순차적으로 전개되는 '관계 도식(relation schema)'에 윤곽을 부여한다는 것이다. 따라서 'explosion'과 'explode'는 개념적인 내용의 차이는 없지만 'explosion'은

'explode'가 과정으로 해석한 내용을 사물로 해석한다는 점에서 구분될 수 있다. 기본적인 문법 범주들 중에서 동사, 형용사, 부사는 모두 관계 도식에 윤곽이 부여되지만, 명사는 유일하게 사물 도식에 윤곽이 부여된다. Langacker(2002: 292)에서는 기본적인 문법범주들이 이러한 의미적 특성의 영향을 받는다고 설명하지만, 어떤 품사들이 어느 정도의 영향을 받는지 분명하게 밝히지는 않고 있다. 세부적인 내용은 언어 간에 나타날 수 있는 개별적인 차이를 고려해야 하겠지만, 유일하게 관계 도식에 윤곽이 부여되지 않은 명사는 분명한 가장자리를 가질 수 있는 가장 좋은 조건을 가진 것이라 할 수 있다.

한편, 명사와는 달리 불분명한 경계를 가지면서 더 분명한 원형범주의 특성을 보여주는 품사도 있다. 배진영(2010)에서는 '갖은', '고런', '고얀', '괜한', '몹쓸', '빌어먹을' 등 역사적으로 용언에 기인한 관형사인지 아니면 용언의 일시적인 관형형인지 구분하기 힘든 예들을 살펴보고 있다. 여기서 관형사와 용언의 관형형을 구분하기 위해 형태의 불변성, 수식 성분의 제약 여부, 부정문 성립 여부, 용언의 의미 보존 여부 등 다양한 기준들이 제시되고 있지만, 이런 기준들은 명사를 결정하는 기준처럼 절대적인 요인이 아니다. '왼, 오른, 허튼, 헌, 애먼' 등은 현재 공시적으로 환원되는 용언이 존재하지 않지만 어원을 인식하는 것은 어느 정도 가능하다. '괜한'의 경우 용언 환원형인 '괜하다'가 인식되지만 실제로 사용되는 예는 찾기 어렵고, '몹쓸'은 '몯쓰-'라는 용언이 형태상의 변형을 겪은 것이지만 의미적으로는 연관성을 찾을 수 있다. 이처럼 관형사는 위에서 언급한 네 가지의 특성을 어느 정도씩은 가지고 있으므로 분명한 경계를 정하기 힘들다. 관형사의 경계가 불분명한 가장 큰 원인은 환원된 용언과 어느 정도의 의미 차이가 있어야 하는지 명확하게 정할 수 없다는 것이다. 사실 어떤 용언의 관형형도 맥락적인 의미가 덧붙기 때문에 원래 용언과 의미가 완전히 같은 경우는 찾기 어렵고, 맥락적인 의미가 고착화된 정도도 단어들마다 다를 수밖에 없다.

배진영(2010)에서 '오랜'을 관형사가 아닌 용언의 관형형으로 규정하고 있는데, 더 면밀하게 검사해보면 '오랜'이 더 원형적인 용언의 관형사형과는 다소 차이가 있음이 확인된다. (11ㄱ)의 관형사형 '저런'을 '저렇다'로 환원시키면 (11ㄴ)처럼 (11ㄱ)에서 수식을 받던 명사인 '남편'이 주어인 문장을 만들 수 있다. 반면, (12ㄱ)의 관형사형 '오랜'을 형용사로 환원한 '오래다'는 (12ㄴ)과 같이 '숨바꼭질'이 주어인 문장을 이루지 못하고, (12ㄷ)처럼 의존명사 '지'를 주어로 한 문장만을 구성한다.

(11) ㄱ. <u>저런</u> 남편이 있다니!
　　ㄴ. 내 남편이 <u>저렇다</u>.

(12) ㄱ. <u>오랜</u> 숨바꼭질이 끝났다.
　　ㄴ. *숨바꼭질이 <u>오래다</u>.
　　ㄷ. 숨바꼭질이 끝난 지 <u>오래다</u>.

구체적인 양상은 다르지만 명사와 관형사는 둘 다 원형 효과를 나타내는 범주라는 것을 살펴보았다. 품사의 원형 효과는 같은 품사에 속하는 두 단어가 문법적으로 다르게 행동하는 현상을 설명해주므로 사전과 문법책 모형의 한계를 어느 정도 보완할 수 있다. 품사의 원형 효과를 배운 학생들은 품사의 분류가 고전적 범주 모형처럼 절대적인 것이 아니며 앞에서 본 '지, 수, 리, 김'의 예들처럼 같은 품사에 속하는 단어들이 문법적으로 다르게 행동할 수도 있다는 것을 알게 될 것이다. 하지만, 품사의 원형 이론적 접근은 같은 품사에 속하는 단어들이 문법적으로 다르게 행동하는 이유까지 설명해주지는 못한다. 그것은 3.1에서 논의한 바와 같이 품사가 통사적인 구조의 유일한 구성단위가 아니기 때문이다. 그러므로 학교 문법에서는 품사의 원형 효과와 함께 품사 자체가 문법의 구성소로서 가지고 있는 한계를 교육의 내용으로 명시할 필요가 있다.

3.3. 활성영역의 변동과 품사의 통용

한 단어가 여러 개의 품사로 사용되는 품사의 통용 현상은 인지언어학에서 환유 현상의 일종으로 설명되고 있다. 명사인 'shampoo'가 'shampoo my hair'처럼 동사로 사용되거나 형용사인 'clean'이 'clean the table'의 동사로, 그리고 동사인 'kick'이 'he gave the ball a kick'에서와 같이 명사로 사용되는 이런 예들이 그것이다. 이렇게 품사가 바뀌는 환유 현상은 같은 ICM(Idealized Cognitive Model; 이상적 인지 모형)안에서 발생한다고 알려져 있다(Schönefeld 2005: 158-159. Dirven 1999: 279). 예컨대, 'hammer'는 그것을 도구로 벽에 못을 박는 사건 도식에 포함되어 있으므로, 'Is it possible to hammer a nail into a solid wall?'에서 동사로 사용되는 것이 가능하다는 것이다.

표현을 바꾸어 말하자면, 품사의 통용은 음운극의 형태 변화 없이 개념의 활성영역이 변동될 때 나타나는 현상이다. Langacker(2007:438-441)에 의하면 대부분의 명사나 동사, 더 나아가서 형용사나 부사와 같은 기본적인 문법 범주들은 '바탕(base)'에 어떤 방식의 '윤곽(profile)'을 부여하는지에 의해 결정되는 의미론적 차이를 가진다. 예컨대, 명사는 '사물 도식(thing schema)'에 윤곽을 부여하고, 동사는 과정(process), 즉 시간의 연속선상에서 순차적으로 전개되는 '관계 도식(relation schema)'에 윤곽을 부여한다는 것이다. 일반적으로 의미극에서 윤곽이 부여되는 도식의 유형이 전환되면 음운극에서 대응되는 형태도 변하는 경우가 많다. 'complain'과 'complaint', 그리고 'complainer'는 동일한 개념을 바탕으로 하지만, 'complain'은 과정에 윤곽이 부여되었음을 나타내고 'complaint'는 사물 도식, 또 'complainer'는 그 과정에 참여하는 가장 현저한 참여자(TR)에 윤곽이 부여되었음을 나타낸다. 하지만 Langacker(2000: 63)에서 설명된 '윤곽과 활성영역의 불일치(profile/ active-zone discrepancy)'가 발생하면 언어 단위의 형태가 유지된 채로 활성영역이 변동될 수 있다. (13)에서

'개'와 '고양이'는 각 짐승의 전체에 윤곽을 부여하고 있지만, 실제 해석에서 강하게 활성화되는 부분은 개의 이빨과 고양이의 물린 부분이다.

(13) 너의 개가 내 고양이를 물었다.

〈그림 1〉에서 굵은 선은 개와 고양이를 포함한 윤곽을 표시하고, 색칠된 'az(active zone)'은 강하게 활성화 되는 이빨과 물린 부위를 나타낸다. 동일한 '모체(matrix)'를 중심으로 형태 변화 없이 활성영역이 변동되는 현상이라는 점에서 품사의 통용을 환유, 혹은 윤곽과 활성영역의 불일치 현상 중 하나로 이해할 수 있다.

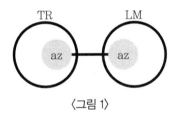

〈그림 1〉

7차 문법 교과서(2002: 104-106)에서도 품사의 통용을 '탐구 학습'의 방식으로 다루고 있기는 하지만, 그러한 통용 현상이 왜 발생하는지에 대한 설명은 제시되지 않고 있다. 탐구학습이 효과적으로 진행되려면 어떤 언어 현상이 발생하는 원인을 설명할 수 있는 가설이 필요하지만, 위의 상황에서 학생들의 탐구는 품사의 통용 현상을 관찰하는 단계에서 끝나고 말 것이다.

그러면, 문법 교과서에 제시된 품사의 통용 현상이 어떤 식으로 설명될 수 있는지 살펴보자. '여기, 거기, 저기, 어디'등은 명사이긴 하지만 위치를 나타낸다는 점에서 위치 부사와 개념적인 바탕을 공유한다. 실제로 (14)는 장소를 나타내는 명사 '여기'가 부사로도 통용되는 것을 보여주는데, 이는 '거기, 저기, 어디'의 경우도 마찬가지다.

(14) ㄱ. <u>여기</u>가 어딘가요?
    ㄴ. 우리가 <u>여기</u>에 있습니다.
    ㄷ. 우리가 <u>여기</u> 있습니다.

(15)의 '하루', '평생'과 같이 시간의 범위를 나타내는 명사들도 쉽게 부사로 통용될 수 있다. 이것 역시 시간의 개념을 가진 명사가 시간 부사와 유사한 개념적 바탕을 가지고 있기 때문이라 할 수 있다.

(15) ㄱ. <u>하루</u>가 즐거우면 <u>평생</u>이 즐겁다.
    ㄴ. 국회의원 <u>하루</u> 일해서 <u>평생</u> 먹고 살다니!

반대로, 부사인데 명사로 통용되는 단어들도 있다. '거저'는 (16ㄱ)에서 부사로 쓰이지만, (16ㄴ)에서는 명사로 쓰이고 있다.

(16) ㄱ. <u>거저</u> 받았으니 <u>거저</u> 주어라.
    ㄴ. <u>거저</u>도 이런 <u>거저</u>가 없네요.

주어가 아닌 서술어 자리에만 올 수 있다는 제약이 있긴 하지만, '금방', '고작', '그만' 등도 명사로 통용될 수 있는 부사들이다.

(17) ㄱ. <u>금방</u> 잠 오게 하는 이불, 대박입니다.
    ㄴ. 상한가 두 번이면 30만원 <u>금방</u>이다.

이밖에도 7차 문법 교과서(2002: 106)에는 지시대명사가 지시관형사로 통용되는 현상, 그리고 수사가 수 관형사로 통용되는 현상 등을 더 다루고 있는데, 이들도 동일한 ICM, 혹은 개념의 '바탕(base)' 안에서 활성영역이 변동됨으로 인해 발생하는 것으로 설명이 된다.

하나의 품사가 다른 품사로 전용9)될 경우에는 형태가 바뀌는 경우도 있고, 그렇지 않은 경우도 있다. 영어에서는 (18)처럼 명사가 형태 변화 없이 관련된 의미의 동사로 전용될 수 있다. 하지만, 한국어에서는 명사가 '-하다'와 결합해야만 동사가 될 수 있다. 이처럼 품사가 바뀌는 활성영역의 변동 현상은 언어와 구문에 특정적이며, 보편적인 발생 조건을 규칙화하기 어려운 수의적인 현상이다.

    (18) ㄱ. He <u>smiled</u> at me.
        ㄴ. I <u>shampoo</u> my dog in a tub.
        ㄷ. I <u>e-mailed</u> a teacher to say thank you.
        ㄹ. I <u>brush</u> my teeth in the morning.
        ㅁ. Is it possible to <u>hammer</u> a nail into a solid wall?

한편, 이현희(2011)에서는 (19ㄱ)의 명사 '혼자'가 (19ㄴ)에서 부사로 사용되는 것과 같은 통용 현상을 원형성이 낮은 증거로 받아들였지만, 품사의 원형 효과와 활성영역 불일치 현상은 구분되어야 할 필요가 있다.

    (19) ㄱ. 이제는 <u>혼자</u>가 편하다.
        ㄴ. 이제는 <u>혼자</u> 남겨졌다.

어떤 단어가 여러 품사로 통용된다고 해서, 반드시 그 단어가 한 범주의 나쁜 구성원이거나 가장자리에 있다고 볼 수는 없다. 예컨대 'shampoo'와 'hammer'는 명사의 좋은 구성원임과 동시에 동사의 좋은 구성원이기도 하다. 따라서 (19a)에 사용된 '혼자'는 품사의 통용 여부와 상관없이 명사와 부사의 범주에서 각각 그 원형성의 정도가 분석되어야 한다.

---

9) 품사의 전성(혹은 전용)과 품사의 통용을 구분하는 경우(홍기문 1947, 구본관 2010)도 있으나, 이 연구에서는 그 둘이 본질적으로 동일한 인지적 과정에 의해 발생한다는 점을 중시하여 통용과 함께 다루었다. 품사의 전성은 통용의 과정을 거쳐야 발생할 수 있기 때문이다.

4. 품사 분류 학습의 한계: 단어와 구문 중심의 접근

3장에서는 인지언어학의 관점에서 품사의 다양한 특성을 조명해 보았다. 하지만, 품사만으로는 개별적인 단어들이 보여주는 문법적인 행동들의 특이성이 충분히 설명되지 않는다. 그 근본적인 이유는 '사전과 문법책' 모형의 가정이 맞을 때에만 품사가 기대만큼의 설명력을 가질 수 있기 때문이다. 지금까지 살펴본 바와 같이 사전과 문법책 모형은 실제 언어 현상과는 거리가 멀다. 그렇다면 품사 위주의 교육을 보강할 수 있는 대안은 무엇인가?

이 글에서는 개별적인 단어의 의미와 구문이 그 단어가 사용된 문장의 문법적 행동을 이해하는 데 가장 중요한 요인이라고 제안하는데, 이를 보여줄 수 있는 예로 '있다'와 '없다'를 살펴볼 것이다. 2장에서 잠시 언급한 바와 같이 '있다'와 '없다'의 문법적 행동은 동사의 특성과 형용사의 특성을 둘 다 보이고 있다[10]. 그것은 곧 용언을 동사와 형용사로 나누는 현재의 품사 분류 체계가 '있다'와 '없다'의 문법적인 행동을 적절히 설명해주지 못한다는 것을 의미한다. 그러나 '있다'와 '없다'의 의미와 그것이 사용되는 구문의 특성을 잘 고려하면 문법적인 행동의 특이성이 최대한 설명될 수 있다.

우선 '있다'는 형용사와는 달리 인간이 선택할 수 있는 행위를 나타낼 수 있다. '차갑다', '뜨겁다', '크다', '작다' 등의 형용사들은 인간이 선택할 수 있는 행위를 나타내지는 않는다. [+행위]는 '잡다, 먹다, 던지다'와 같은 원형적인 동사들도 가지고 있는 속성 중 하나다. 하지만, [+행위]보다는 [+과정]이 동사의 중요한 속성이다. [+과정]이 동사의 가장 중요한 속성이라는 것은 학교문법과 인지문법이 모두 동의하는 내용이기도 하거니와, (20)에서 '식다', '줄다', '늘다'처럼 [-행위]와 [+(상태 변화의) 과정]의 성격을 가진

---

10) 일반적으로 '있다'는 평서문 종결형이 '-는다'를 취하지 않아 형용사로 분류되지만, '여기에 있어라.'처럼 명령문에 사용된다는 점, '사무실에 있는 책상'처럼 동사와 같은 관형형 어미를 취한다는 점, 그리고 '하루종일 문을 닫아걸고 있는다.'처럼 종결형에서도 '-는다'를 취하는 경우가 있다는 점 등은 동사의 특성을 보여주고 있다.

단어들이 '-는다', '-고 있다'와 결합하는 동사임을 보아도 알 수 있다.

(20) ㄱ. 국이 <u>식는다</u>. / 국이 <u>식고 있다</u>.
ㄴ. 소득이 <u>준다</u>. / 소득이 <u>줄고 있다</u>.
ㄷ. 가계 부채가 <u>는다</u>. / 가계 부채가 <u>늘고 있다</u>.

'있다'의 속성 중에서 [-과정]은 원형적인 동사들과 다르지만, [+행위]는 동사와 공유되는 것이다. '있다'의 문법적인 행동들 중 동사와 유사한 것은 [+행위]라는 속성에서 유발된 것으로 보인다. '있다'는 (21)처럼 관형사형이 될 때 '-는-'을 취하고, (22)처럼 명령형과 청유형으로 사용되는 등 원형적인 동사의 문법적 행동을 일부 보여주는데, 이와 같은 형태적인 특성들은 위에서 봤던 '있다'의 [+행위성]으로 인해 발생하는 것으로 보인다. '있다'는 선택적인 행위이므로 '예쁘다'처럼 상태의 지속성이 보장되지 않는다. 따라서 (21ㄱ)의 '-는-'은 손님이 가게에 머무르고 있는 선택적인 행위가 발화 시에 유지되고 있다는 의미를 전달하고 있는 것으로 볼 수 있다. (21ㄴ)의 경우 예쁘다는 것은 집의 고유한 속성이고 선택에 의해 결정되는 것이 아니므로 진행의 '상(aspect)'을 표시하는 '-는'이 사용되지 않았다. 또, (22)의 명령형과 청유형도 역시 개인이 선택할 수 있는 행위이기 때문에 '있다'의 사용이 가능하다.

(21) ㄱ. 손님이 <u>있는</u> 가게가 별로 없다.
ㄴ. 정원이 <u>예쁜</u> 집에 살고 싶다.

(22) ㄱ. 오늘은 집에 <u>있어라</u>.
ㄴ. 오늘은 집에 좀 <u>있자</u>.

한편, (23ㄱ)에서는 '있다'만이 사용 가능한데, (23ㄴ)에서는 '있다'와 '있는다'가 모두 허용된다. 그 이유는 무엇일까? (23ㄱ)와 (23ㄴ)의 차이는 윤곽이 부여된 시간의 길이에 있다. (23ㄱ)처럼 '지금'이라는 찰나의 시간 동안 집에 있는 상태의 변화가 일어나기는 어려우므로 지속을 나타내는 '-는-'이 사용될 필요가 없다. 하지만, (23ㄴ)의 '요즘'은 선택된 행위에 변화가 생길 수 있는 시간이므로 행위의 지속성을 표시해주기 위해 '있는다'가 사용될 수 있다.

(23) ㄱ. 철수는 지금 집에 있다/*있는다.
ㄴ. 철수는 요즘 집에 잘 있다/있는다.

어미의 형태적 특징을 근거로 '있다'를 형용사로 분류하는 것은 분포 검증의 한계를 보여준다. 3장에서 살펴본 것처럼 사용 빈도가 높은 언어 표현은 고유한 형태가 장기기억에 저장되어 불규칙의 형태를 취할 수 있다. 한편으로는 '있다'가 동사이지만 다른 동사들과는 의미가 다르기 때문에 '-는-'과 결합하지 않는 것일 수도 있다. 그러므로 종결부에서 '-는-'과 결합하므로 동사라고 판정하는 것은 가능하지만, '-는-'과 결합하지 않는다고 해서 동사가 아니라고 단정하기는 어렵다[11]. 영어의 be동사가 보여주는 문법적 행동도 다른 동사들과는 크게 다르다. '있다'가 보여주는 문법적인 행동은 그 어떤 동사와도 같지 않은 고유한 것이다.

한편, '있다'를 '없다'와 함께 존재사로 분류하자는 주장도 있지만(이희승 1955), '없다'는 (24)처럼 '있다'와 다른 문법적인 행동을 보이기도 한다. '없다'의 문법적 행동도 품사 분류를 기준으로 하는 것이 아니라 단어의 의미와 구문을 근거하면 더 잘 설명될 수 있다. (24ㄱ)에서 관형형 어미 '-는'은 손님이 가게에 머무르지 않고 있는 선택적인 행위가 발화시에 유지되고 있

---

11) 특이한 것은 사전에 '있다'와 뜻이 같은 그리스어의 εἰμί, 중국어의 有, 러시아어의 быть, 카자흐어의 болу, 스와힐리어의 kuwa가 모두 동사라고 되어 있는데, 일본어의 'ある, いる'는 형용사라고 되어 있다는 사실이다. 현재 〈표준국어대사전〉에는 '있다'가 형용사와 동사, 그리고 보조동사로 구분되어 있다.

다는 의미를 전달하므로 사용이 가능하다. '없다'의 [+행위]라는 의미 특성은 '나 오늘 집에 <u>없</u>을 겁니다.'가 선택적인 행위를 나타낼 수 있다는 점을 통해서도 알 수 있다. 또 (24ㄴ)에서 '*없어라'는 사용이 불가능한데, 이것은 긴 부정문은 명령문으로 사용되는 것이 가능하지만 짧은 부정문은 명령문에 사용되지 않는 구문의 제약과 관련된 것으로 보인다. 존재동사(is)의 부정이 대부분 부정법(is not)으로 실현되는데 반해 한국어에서는 '있다'의 부정이 '없다'라는 단어로 실현될 수도 있다는 점이 특이하다. 부정명령의 기능은 특별히 긴 부정인 [V-지 말다] 구문이 담당하고 있으므로 짧은 부정인 '*안 있어라'나 그와 비슷한 '*없어라'보다는 긴 부정문이 선호되고 있다고 할 수 있다. 관습적으로 '*없어라'라는 구문 대신에 '있지 마라' 구문이 사용되었고, '없어라'는 사용될 필요가 없었던 것이다.

(24) ㄱ. 손님이 <u>없는</u> 가게가 별로 없다.
ㄴ. 오늘은 집에 {있지 마라/*안 있어라/*<u>없어라</u>}.
ㄷ. 철수는 요즘 집에 잘 {없다/안 있다/안 있는다/*<u>없는다</u>}.

그러면 (24ㄷ)의 '없는다'는 왜 허용되지 않을까? 그 원인도 역시 '없다'의 의미 특성에서 찾을 수 있다. 만약 우리가 '철수가 집에 없다.'라는 말을 들으면 철수가 집밖에 있는 장면을 연상할 수는 있지만 집의 접근 영역 안에서는 철수나 철수의 행동에 윤곽을 부여하는 것 자체가 불가능하다. (24ㄷ)에서 '없다'와 유사한 '안 있다'와 '안 있는다'는 허용이 되는 것을 볼 수 있는데, 그것은 '없다'의 해석은 '있다'에 대한 부정표현인 '안 있다'나 '안 있는다'의 해석과 다르기 때문이다. 〈그림 2ㄱ〉은 '철수가 집에 있다.'의 해석을, 〈그림 2ㄴ〉은 '철수가 집에 없다'의 해석을 거칠게 시각화한 것인데, 〈그림 2ㄴ〉에서 '철수'는 집을 '지표(LM)'로 한 '탄도체(TR)'로 존재하지 않고 있어 행위의 지속에 대한 해석도 발생하기 어렵다. 이런 이유로 (24ㄷ)과 같은 '*없는다'의 사용은 원천적으로 허용되지 않는 것이다.

(ㄱ) '있지 않다'　　　　　(ㄴ) '없다'

〈그림 2〉

　이처럼 '있다'와 '없다'는 그 의미와 구문에 따라 각기 다른 문법적인 행동을 보인다. 이 둘이 동사라는 범주 안에서 차지하는 위치는 대략 〈그림 3〉 정도로 나타낼 수 있다. 원의 중심에 가까울수록 범주의 좋은 구성원이고 중심에서 멀어질수록 나쁜 구성원인데, '있다'는 [(상태 변화의) 과정]이라는 특성의 결여로 인해 대다수의 다른 동사들보다 바깥쪽인 불분명한 경계에 위치한다. 한편 '없다'는 [(상태 변화의) 과정]이라는 특성을 결여할 뿐만 아니라 [행위성]도 '있다'에 비해 더 약하므로 범주의 더 바깥 가장자리에 위치하게 된다.

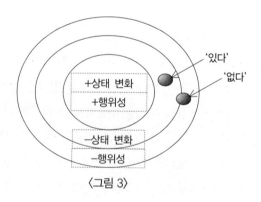

〈그림 3〉

　하지만, 이렇게 '있다'와 '없다'가 원형범주의 가장자리에 있다는 정보만으로는 두 단어의 문법적 행동을 파악하는 데는 한계가 있다. 또한, '있다'나 '없다'의 고유한 품사가 동사인지 형용사인지, 혹은 존재사인지 구분하는 것도 근본적으로 큰 의미가 있다고 보기 어렵다. 왜냐하면, '있다'와 '없다'의 문법적인 행동은 동사나 형용사와 같은 품사의 분류가 아닌 그 자체의 고유한 의미와 구문에 근거할 때 가장 잘 설명되기 때문이다.

품사의 분류가 더 치밀해진다 하더라도 품사에 대한 정보만으로 단어의 문법적인 행동을 완전히 예측하고 학습하는 것은 기대하기 어렵다. 형태적인 특징과 문법적인 행동은 그 단어가 사용된 상황과 맥락에서의 의미에 의해 동기화되어 있다는 점이 보완되고 더 부각되어야 할 것으로 보인다. 통사적인 구조의 기본요소는 품사가 아닌 구문이다. 또한, 구문의 형태적인 특성은 의미에 의해 동기화되어 있다. 대부분의 품사들도 중요한 구문에 속하긴 하지만, 단어가 사용된 맥락과 유리된 품사 정보만으로는 문법적인 행동에 대한 설명력에 한계가 있을 수밖에 없다.

5. 결론

생성문법이 가정하고 있는 '어휘부＋문법규칙', 즉 '사전과 문법책 모형'의 한계는 학교 문법의 품사론에서도 발견된다. 학교 문법은 같은 품사에 속하는 단어들이 문법적으로 같은 행동을 보일 것이라는 가정 하에 품사의 분류에 대해 과도한 관심을 보여 왔다. 학교 문법에서는 먼저 품사의 성격과 한계를 분명히 하고 품사를 통해 문법적인 행동을 설명하는 방식의 한계를 명확하게 함으로써 품사 분류에 과도하게 집착하면서 발생하는 불필요한 노력의 낭비를 줄일 수 있을 것이다.

현재 문법 교육과정의 품사에 대한 기술은 분류의 문제에 치중하고 있지만, 분류가 잘 안 되는 단어들을 어떻게 처리해야 할지에 대해 분명하게 규정하지 않고 있다. 이로 인해 발생하는 학습자들의 혼란과 피해를 방지하기 위해 학교 문법에서는 적어도 품사의 정확한 구분이 가능하지 않은 경우도 있다는 것을 명시할 필요가 있다. 이는 더 근본적으로 학교 문법 전체에 깔려 있는 '고전적인 범주 모형'과 '사전과 문법책 모형'의 환상을 확인하고 제거해 나가는 장기적인 작업의 일환이 될 것이다. 물론, 더 나아가 좋은 구성원과 나쁜 구성원, 그리고 경우에 따라 불분명한 경계를 가지는 품사의 원형 효과도 교육의 내용에 포함시키면 좋을 것이다. 품사의 원형 효과와 품사의 통용이 발생하는 원인이 설명된다면, 품사의 분류와 관련된 문제점과 논쟁을 새로운 시각에서 보는 것이 가능해진다. 같은 품사에 속하는 단어들이 보이는 문법적인 행동의 차이와 품사의 불분명한 경계, 그리고 품사의 통용 현상 등을 해결해야 하는 문제가 아닌 자연스러운 언어 현상으로 이해할 수 있게 되는 것이다.

품사의 분류나 품사에 대한 교육의 한계는 더 근본적인 차원에서 단어의 의미와 구문의 교육으로 보강할 필요가 있다. 우리는 '있다'와 '없다'의 예를 통해 각 단어가 사용된 상황과 구문적인 특성을 고려하면 품사의 정보에 들어 있지 않은 문법적인 행동의 특성이 설명될 수 있다는 것을 살펴보았다. 품사에 대한 학습은 단어의 문법적인 행동을 탐구하는 활동으로 최대한 연계되어야 하지만, 궁극적으로 단어 자체의 의미와 구문을 이해하는 것이 그 단어의 문법적인 행동을 더 정확하게 예상하고 설명할 수 있게 해주므로 품사에서 단어의 의미와 구문으로 문법 기술의 영역을 더 확장할 필요가 있다.

이 연구에서는 학교 문법에서 품사론이 다루어지는 방식의 문제점을 이론적인 차원에서 논의하는 것에 중점을 두었으므로, 앞으로 대안적인 접근의 구체적인 실현 방안에 대한 더 본격적인 논의가 이어지기를 기대한다.

제3장

불규칙에 대한
인지적 접근

1. 서론

　불규칙, 특히 불규칙 활용은 학교 문법의 학습 내용에 줄곧 포함되어 오긴 했지만, 그것이 교육적인 맥락에서 어떤 가치를 가지고 있는지, 그리고 어떤 방식으로 지도되어야 하는지에 대한 논의는 찾아보기 어렵다. 현재 교육과정에서는 문법의 암기식 학습을 지양하고 있음에도 불구하고, 불규칙 활용에 대한 학습 내용은 교사와 학생들에게 적당히 암기하고 넘어가야 할 내용 정도로만 인식되기도 한다. 이 연구에서는 학교 문법에 서 제시하고 있는 불규칙활용의 성격을 인지적인 관점에서 조명해보고, 이를 바탕으로 교육적인 관점에서 불규칙활용을 다룰 수 있는 대안적인 방식의 가능성에 대하여 논의하고자 한다.

　지금까지 한국어의 불규칙활용에 대한 연구는 다양한 관점과 방식을 통해 다루어져 왔지만, 아직 인지언어학의 관점에서 본격적으로 다루어진 연구는 찾아보기 어렵다. 본격적인 논의를 시작하기에 앞서 인지언어학, 특히 인지문법이 불규칙 현상에 대해 어떤 설명력을 지니고 있는지 살펴보고, 그 타당성을 최근까지 이루어진 경험과학적인 연구 성과들을 고찰하며 확인해 보도록 하겠다.

2. 불규칙에 대한 인지문법과 인지과학의 토대

불규칙 현상에 대한 인지언어학의 가장 대표적인 논의는 인지문법의 창안자로 잘 알려진 Langacker(1987, 2013)에서 찾을 수 있다. Langacker(2013)는 언어의 규칙과 불규칙을 사용 기반 모형(usage-based model)을 적용하여 성공적으로 설명했는데, 이는 인지과학이 밝혀낸 인간의 일반적인 인지능력만으로 언어에 나타나는 규칙과 불규칙이 발생할 수 있다는 것을 보여준 언어학적인 시도라 할 수 있다.

〈표 1〉 스페인어 동사의 활용형

	'love'	'sing'	'work'	
1s:PRES	amo	canto	trabajo	-o
2s:PRES	amas	cantas	trabajas	-s
3s:PRES	ama	canta	trabaja	-ø
1s:PAST	amé	canté	trabajé	-é
2s:PAST	amaste	cantaste	trabajaste	-ste
3s:PAST	amó	cantó	trabajó	-ó
	am(a)	cant(a)	trabaj(a)	

먼저, 이 연구의 주제와 관련이 깊은 스페인어의 동사 활용형에 대한 Langacker(2013: 252)의 설명을 참고해 보자. 인지문법의 사용 기반 모형

에서 사용이 많이 되는 표현은 고착화되어 독립된 단위가 된다고 보므로, 〈표 1〉의 각 형태들은 모두 문법적인 구문(construction)을 이룬다고 할 수 있다. 예를 들어 어간인 am이나 ama는 특정한 과정에 윤곽을 부여하고 어미인 -o나 -oste는 주어의 인칭이나 시제와 같은 도식을 불러일으키지만, 〈그림 1〉과 같이 두 구성 요소들이 의미와 음운적인 측면에서 통합되면 그 자체가 융합된 하나의 덩어리 구조를 만들게 된다.

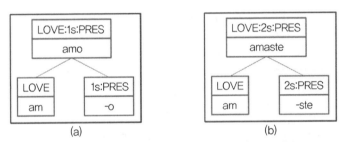

〈그림 1〉 구성 요소들이 통합된 스페인어 동사 활용형의 융합 구조

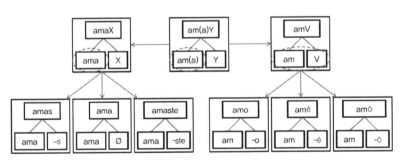

〈그림 2〉 스페인어 동사 활용형들의 도식 네트워크

Langacker(2013: 253)의 사용 기반 모형에 따르면 사용 빈도가 높은 동사 'am(a)'의 모든 활용형들은 단위의 지위(unit status)에 올라 있을 가능성이 있다. 〈그림 2〉의 맨 아랫줄에 있는 구성들은 그보다 상위에 있는 도식을 거치지 않고 바로 활성화될 수도 있다는 것이다.

또한 〈그림 2〉에서 윗줄의 가운데에 위치한 최상위의 도식은 같은 줄 왼쪽 도식의 'ama'와 오른쪽 도식의 'am'의 차이인 'a'의 유무에 대하여 중립적이다. 언어학자들은 이에 대해 어간 'ama'와 'am' 사이에 교체가 일어난다거나 a가 모음으로 된 어미 앞에서 탈락(drop)된다는 식으로 설명하며, 어간 말 모음이 모음으로 된 어미 앞에서 삭제(delete)된다는 규칙을 설정하기도 한다. 이러한 설명 방식이 인지문법에서 전혀 사용 불가능한 것은 아니지만, 근본적으로 인지문법에서는 다양한 어간의 형태들을 거느리는 복잡한 범주가 도식(schema)에 의해 규정된다는 점을 명확히 밝히고 있다.

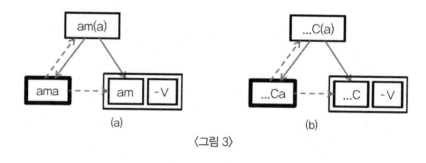

〈그림 3〉

〈그림 3(a)〉에서 'ama'는 가장 넓은 영역에서 자주 나타나는 원형이며, 모음 어미(V) 앞에서 나타나는 'am'은 그 확장형이고, 'am(a)'은 원형과 확장형을 아우르는 상위 도식이다. 또한, 〈그림 3(b)〉는 'am(a)', 'cant(a)', 'trabaj(a)'와 같은 평행적인 범주들에 대한 도식이라 할 수 있다. 이처럼 사용에 기초한 인지 문법의 테두리에서는 어떤 종류의 활용 패턴이건 도식에 의해 포착될 수 있으며, 활용에 대한 화자의 지식은 특정적이거나 도식적인 조합의 광활한 네트워크들 속에 위치하게 된다.

Langacker(2013)의 역동적 상호작용 모형은 생성 언어학 모형에 비해 실제로 관찰되는 언어 현상에 대해 높은 설명력을 발휘한다. 일례로, 사용 기반 모형은 Luiseño[1]어의 후치사(postposition)에 나타나는 제약을 잘 설명해 줄 수 있다. Luiseño어 후치사들의 특징은 다음과 같다. 첫째, 지시대상이 무정물인 명사에는 직접 붙는데, 이 패턴은 구성 스키마(constructional schema)로 나타내면 [N$_{inan}$-P]가 된다. 둘째, 대명사에도 직접 붙는데, 이것은 [N$_{pron}$-P]으로 표시된다. 셋째, 대명사가 아닌 유정명사에는 바로 붙지 않고 사이에 대명사를 개입시키는 패턴을 보이는데, 예를 들면 '*hunwu-yk(곰-에게)'는 허용되지 않고 'hunwut po-ik(곰 그것-에게)'가 사용된다는 것이다. 이 패턴의 도식은 [N$_{an}$[N$_{pron}$-P]]으로 표시된다.

〈표 2〉 Luiseño어 후치사의 용법과 제약

도식	용례
[N$_{inan}$-P]	*ki-yk* 'to (the) house', *paa-ngay* 'from (the) water', *too-tal* 'with (a) rock'
[N$_{pron}$-P]	*po-yk* 'to him', *chaamo-ngay* 'from us', *poomo-to* 'by them'
*[N$_{an}$-P]	**hunwu-yk* 'to (the) bear', **nawitma-ngay* 'from (the) girl'
[N$_{an}$[N$_{pron}$-P]]	*hunwu po-yk* 'to (the) bear', *nawitma po-ngay* 'from (the) girl'

이처럼 후치사가 유정명사에만 직접 붙지 않는 것은 가장 높은 층위의 도식 [N-P]만으로는 예측할 수 없는 현상이다. 이런 상황에서 기저구조에 [N-P]를 설정하는 이론적 틀에서는 [N$_{an}$-P] ⇒ [N$_{an}$[N$_{pron}$-P]]과 같은 변형 규칙을 적용해야만 하는데, 이런 방식은 가상적인 기저구조에서 이유를 설명할 수 없는 자의적인 변형을 요구한다는 문제가 있다. 하지만, 인지문법에서는 실제로 발생하는 표현에서만 도식이 발생하므로, Luiseño어의 학습자에게는 애초에 [N$_{an}$-P]라는 도식이 발생하지 않아 문제될 것이 없다. 〈그림 4〉를 보면 사용 기반 모형에서 왜 '*hunwu-yk'의 발생이 허용되

---

1) 미국 로스앤젤레스 남부와 동부, 샌디에이고 북부에 살면서 유토아즈텍어를 쓰던 인디언들의 언어이다.

지 않는지 쉽게 이해할 수 있다. 점선으로 표시된 [N-P] 도식은 실제 사용되는 표현에서 직접 추출된 것이 아니라 다른 도식들로부터 추출된 것이기 때문에 목표 표현을 범주화하는 데 활성화되지 않는다. 하지만, 가장 하위의 도식인 [N$_{inan}$-P], [N$_{pron}$-P], [N$_{an}$[N$_{pron}$-P]]는 실제의 사용에서 직접 추출된 것이기 때문에 목표 표현을 범주화하는 데 활성화될 수 있다. 이처럼 사용 기반 모형에서는 실제 사용되는 표현과 직접 상호작용하는 도식만 목표 표현을 범주화할 수 있다.

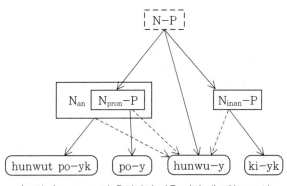

〈그림 4〉 Luiseño어 후치사의 사용 기반 네트워크 도식

동사의 불규칙 형태에 대한 혼동이 발생하는 것도 사용 기반 모형에 비추어 자연스럽게 설명될 수 있는 현상 중 하나이다. 영어는 세계 언어에서 가장 많은 약 283개의 불규칙 동사로 악명이 높다. 유추(analogy)는 불규칙 동사의 수를 줄어들게 하는 경향이 있는데, 이는 'ablate'처럼 자주 사용되지 않는 불규칙동사들이 왜 규칙동사로 변하게 되는지를 설명해준다. 현재 남아 있는 불규칙동사들은 과거의 정상적인 활용형태가 남은 것들이 많으며 대부분 사용량이 많은 고빈도 어휘에 속한다. 오늘날 불규칙형태와 표준형이 공존하는 동사들을 자주 볼 수 있는데, 'spelt' 대신에 'spelled'가 사용되거나 'strove' 대신 'strived'가 사용되는 경우 등이 그렇다. Langacker(2013: 233)에 따르면 'dive'의 과거형으로 'dove'와 'dived'가 공존하는데, 학교에서는 전자를 더 많이 가르치지만 'dived'가 더 많이 사용되고 있다고 한다. 이와 같은 혼란은 일반적인 규칙형태가 고착화나 활성화 측면에서 더 유리함에도 불구하고 다양한 요인에 의해 불규칙형태가 계속 사용되기 때문에 발생한다. 그 요인이 무엇인지는 상황에 따라 다를 수 있지만, 이처럼 두 가지 패턴이 공존하며 균형을 이루고 있는 경우 현실적으로 두 가지 형태가 모두 사용될 수도 있는 것이다.

지금까지 살펴본 Langacker(2013)의 상호작용적/사용 기반 모형은 규칙과 불규칙에 대해 잘 알려진 몇 가지 문제점들을 해결해 준다. 첫째, 일부 동사에만 적용되는 국소적인 패턴의 규칙들이 왜 다른 동사에는 적용되지 않는지 설명해준다. 'wrote, broke, drove'처럼 비주류에 속하는 패턴의 동사들은 주류에 속하는 패턴의 잠식을 버틸 수 있을 정도로 많이 사용되고 있는 동사들임에 반해 사용 빈도가 낮은 'dove, strove, hove' 등의 동사들은 서서히 규칙동사로 바뀌고 있는 것을 볼 수 있다. 둘째, 일반적인 규칙의 패턴이 특정한 상황에서는 적용되지 못하는 차단(blocking) 현상을 설명해 준다. 'men', 'wrote', 'thief'와 같은 고착화된 단어들의 선점에 밀려 'mans', 'writed', 'stealer'와 같이 더 일반적인 패턴을 따르는 표현의 사용이 억제되는 것이다. 셋째, 하나의 단어에 두 가지 활용 패턴이 공존하는 것도 인지 문법이나 신경망 모형에서는 자연스럽게 발생할 수 있는 현상의 하나다. 결국, 사용 기반 모형에서는 실제 사용되는 표현에 근거하여 상향식으로 형성된 스키마가 규칙의 역할을 하므로 가장 아래층에 형성된 하위 스키마가 국소 규칙을 주관한다. 따라서 기존의 생성적 관점에서 설정하던 단일한 기저 형태나 변형 규칙 등이 요구되지는 않는다. 또한, 인지문법의 관점에서 보면 불규칙과 제약(restriction)은 동사의 활용(conjugation)에만 관련되어 있는 것이 아니고 언어 단위에 대한 도식의 네트워크에 편재하고 있는 현상이라 할 수 있다.

Langacker(2013)의 연구가 불규칙현상에 대한 언어학적인 이론적 설명 모형을 적절하게 제시했음에도 불구하고 그 심리적인 실제성을 확인하기 위해서는 경험과학적인 연구의 성과를 참고해야 할 필요가 있다. 규칙형태와 불규칙형태의 인지 처리 과정을 설명하려는 시도는 이중처리모형(Dual Mechanism Model)과 단일처리모형(Single Mechanism Model)으로 나누어 살펴볼 수 있는데, 그 중 Pinker(1999), Pinker와 Ullman(2002)이 제안한 이중처리모형은 규칙형태와 불규칙형태가 각기 다른 기제(mechanism)에 의해 처리된다고 보는 입장이다. 규칙형태는 통사부에서 자동적으로 처리되는 반면 불규칙은 어휘부의 장기기억에서 인출되는 재인 과정을 통해 처리된다는 것이다[2]. 이는 통사규칙이 일반적인 인지능력이나 어휘를 저장하는 장기기억과는 독립된 자율적인 장치에 의해 작동한다고 가정한다는 점에서 Chomsky의 생성모형(Generative Model)과 상통한다. 이에 반해 단일처리모형에서는 규칙과 불규칙이 하나의 결속된 기제에 의해 처리된다고 보는데(Rumelhart와 McClelland 1986, McClelland와 Patterson 2002), 언어를 처리하는 통사규칙이 일반적인 인지능력과 별도로 존재하는 것이 아니라 일반적인 인지 능력에 의해 언어의 수행이 가능하다는 관점을 인지언어학(Cognitive Linguistics)과 공유하고 있다.

Rumelhart와 McClelland(1986)는 인공신경망모형(ANN)이 상징적 처리(symbolic processing) 모형보다 규칙과 불규칙이 들어 있는 영어의 과

---

[2] 지금까지의 연구들은 대부분 동사의 시제를 나타내는 굴절형태소에 관심을 가져왔다. 문법 실어증(agrammatic aphasia)에 걸린 환자들은 규칙적인 과거시제 형태의 선택적인 결함을 보이고(Ullman 외 1997), 의미 기억에 손상이 있는 치매 환자들(semantic dementia)은 불규칙 형태를 처리하는 데 결함을 보인다는 것은 이중처리모형을 지지하는 증거로 해석된다. 또, Newman외(2002), Tyler외(2005)는 규칙과 불규칙이 처리되는 중 나타나는 뇌 영상의 차이로 이중처리모형을 입증하려고 시도했다. 하지만, Marchman(1997)은 학령기의 아이들이 보이는 과거시제형태의 오류가 대부분 사용빈도, 음성학적 복잡성 등과 같은 다른 요인에 의해 설명되는 것을 통계학적으로 밝혔고, Joanisse와 Seidenberg(2005)는 규칙과 불규칙을 처리할 때 나타나는 뇌 영상의 차이가 음성학적 차이에 의해 더 잘 설명된다고 제안하여 더 상세한 고찰이 필요하다.

거 시제를 잘 습득한다는 것을 처음으로 제안하였다. 그들은 신경망이 특수한 모듈 없이 언어의 규칙과 불규칙을 모두 학습할 수 있다는 것을 검증하기 위한 시뮬레이션 작업을 수행하여 성공적인 결과를 얻었는데, 이후에 DevLex나 SOMBIP 등 다양한 인공신경망모형이 등장하여 인간의 언어 습득 현상을 유사하게 재현했다. Rumelhart와 McClelland(1986)의 연결주의(Connectionism)는 언어 능력이 일반적인 인지능력으로부터 독립되어 있지 않아도 된다는 것을 증명하면서 이와 정반대의 학설을 주장하는 Chomsky의 주류 언어학 이론과 대립해 왔다. 그런데, 인공적인 신경망 모형의 언어 능력이 일반적인 인지 능력으로부터 독립되어 있지 않아도 된다는 것이 실제 인간의 언어 능력도 일반적인 인지 능력과 독립되어 있지 않다는 직접적인 증거가 될 수는 없다. 따라서 뇌영상촬영기법을 통한 두뇌의 직접적인 관찰이 중요하게 떠오르는데, 뇌영상촬영기법을 통한 연구에서도 Chomsky의 생득설보다는 연결주의적인 학습설이 더 지지를 얻고 있음을 확인할 수 있다.

변형생성문법 초기에서부터 Chomsky(1963)는 본질적인 통사 현상을 처리하는 데 신경(neuron) 단위의 알고리즘(algorithms)은 소용이 없음을 증명하고자 했으며, 사건관련전위(event-related potential, 이하 ERP)가 나타내는 결과는 의문스럽고 이론적인 구조의 체계를 결여하고 있다고 평하고 있다(Chomsky 1963). 또한, Jackendoff(2002: 25)도 "언어의 다양한 측면들을 기능적으로 분할하는 뇌의 위치에 대해서는 많이 알려져 있지만, 문법 규칙의 세부적인 영역을 뇌신경들이 어떻게 작동시키고 있는지에 대해서는 거의 알려진 것이 없다"고 말했다.

일부 주류 언어학자들은 이 시대에 신경과학자들이 언어학자들에게 관심을 끌만한 문제에 답해줄 거라는 기대를 포기한 것처럼 보이지만, 현재까지 뇌 기반의 문법 이론이라고 할 만한 경험적인 연구 결과들은 무시할 수 없는 수준으로 축적되어 있는 상태다(Pulvermüller 외 2013). 세부적인 사항들을 무시한다면, 신경망의 모형화 작업과 경험적 연구 성과들은 일반적인 인지 능력에 의해 언어가 습득된다는 인지언어학의 주장을 뒷받침하는 것으로 보아도 무방하다. 많은 언어학 개론서에 소개되는 '브로카 영역(Broca's area)'이 발화의 생산에 관여하고 '베르니케 영역(Wernicke's area)'은 언어의 이해에 관여하는 전담 영역이라는 학설은 음소나 형태소가 전두엽과 측두엽을 포함하는 뇌의 전 영역에 걸쳐 조화롭게 처리된다는 새로운 발견에 자리를 내주었고(Pulvermüller 1999), 발화의 이해나 인식이 하위 전두엽과 운동 메커니즘의 손상에 의해 전체적으로 영향을 받는다는 발견에 의해 언어의 처리가 그것을 전담하는 조직에 의해서만 이루어지는 것이 아님도 명백해졌다(Pulvermüller와 Fadiga 2010). 또한, 인간의 행동을 나타내는 동사(talk, write, walk와 같은)를 처리할 때는 지시되는 유형의 동작을 수행하는 데 관여하는 운동 영역이 활성화되고, 시각적인 영상을 나타내는 단어를 처리할 때는 외선조영역(extrastriate area)의 물체 인식을 담당하는 후두-측두부 줄기(inferior temporal stream)가 활성화되는 것이 밝혀졌는데(González 외 2006, Kiefer 외 2008), 이런 증거들은 언어의 처리는 특정한 부위에서만 이루어지는 것이 아니라, 언어의 의미에 따라 그것을 모의 체험하는 데 관여하는 다양한 영역이 거울처럼 활성화된다는 것을 알게 해준다.

ERP를 사용한 실험 결과 'heat up'이나 'rise up'과 같이 의미적으로 투명한 단어들의 구성도 통사 구조가 아닌 하나의 단어처럼 처리되는 것으로 밝혀졌다(Pulvermüller 외 2013: 414). 이것은 자주 사용되는 단어의 연속이 일반적인 규칙을 따르는 투명한 의미 합성체라 하더라도 하나의 단어처럼 저장될 수 있다는 Langacker(1987)의 주장과 일치하며, 한국어 용언의 경우도 각각의 활용형들이 독립된 단어처럼 저장될 수 있다는 것을 뜻하기에 관심을 끈다.

또한, 종래의 언어학자들은 명사와 동사의 일치(agreement)나 구구조의 이동과 같은 통사적인 현상을 설명하기 위해 변형이나 삼투(percolation)와 같은 별도의 문법적 메카니즘을 설정하곤 했는데(Haegeman 1991), 이렇게 문장을 이루는 구조들 간의 순서나 연결이 특별한 생득적 장치가 아닌 일반적인 신경학적 토대에서 설명될 수 있다는 점도 새롭게 주목을 받고 있다. 순서 감별 기능이 있는 DCNA(Discrete Combinatorial Neuronal Assemblies)는 피질 세포의 층위에서 신경 단위 A와 B를 연결시켜 주어진 순서에 반응하는 특성이 있는데(Hubel 1995), DCNA는 구문들 간의 연결 순서나 전형적이지 않은 어순(화제 구문이나 wh-의문 등)을 감별할 수 있으며, 그로 인해 통사구조, 즉 도식적인 구문의 판형(templates)을 학습할 수 있음이 모의 신경망 실험을 통해 밝혀졌진 것이다(Pulvermüller 2003, Pulvermüller와 Knoblauch 2009). DCNA는 신경 체계에서 매우 일반적으로 작동하고, 맥락 정보의 유사성에 민감하며, 연합 학습(associative learning)에 의해 강화되는 특성을 가지고 있어 Langacker(1987, 2013)의 사용 기반 모형과 잘 부합된다.

지금까지 규칙과 불규칙 현상이 인지문법과 인지과학 분야에서 어떻게 설명되고 있는지 살펴보았다. Pinker(1999)나 Pinker와 Ullman(2002)이 제안한 이중처리모형은 문법의 규칙은 내재되어 있고 불규칙은 학습되는 것으로 보는 Chomsky의 생득적 언어관을 지지한다. 하지만, 이후에 이루어진 실험들이 대상 언어에 따라 다양한 결과를 보이는 현상은 이중처리모형보다 다양한 수준의 일반성과 고착화(entrenchment) 정도를 예상하는 사용 기반 모형에 의해 더 잘 설명될 수 있다. 인지과학의 연구 성과가 집적되면서 언어의 모든 규칙은 언어 사용자들이 만나는 언어 형태들의 조합을 토대로 점진적으로 추출된다는 설명이 가능해졌고, 언어 능력의 독립성을 가정하는 생성모형은 해결되지 못한 문제들과 함께 아직 증명되지 못한 채로 남아 있게 되었다. 그러면, 한국어의 불규칙현상도 인지적인 관점에서 타당하게 설명될 수 있을까?

3. 한국어의 불규칙활용에 대한 인지적 고찰

앞서 살펴본 바와 같이 영어나 스페인어 등의 불규칙 현상에 대한 연결주의나 인지적 관점에서의 연구는 이미 적지 않게 시도되어 왔다. 최근 한국어 불규칙 활용의 처리 과정에 대한 심리학적 연구도 시도되고 있지만(박희진 외 2012), 아직까지 인지언어학이나 사용 기반 모형을 적용한 설명이 본격적으로 시도된 적은 없는 것으로 보인다. 한국어의 불규칙 활용에 대한 국어학계의 연구는 한때 단일 기저형을 상정하는 생성적 관점이 주류를 이루다가(김진우 1971, 허웅 1985), 점차 생성적 관점의 문제점을 지적하고 대안적인 설명을 제시하는 방향의 연구들(최명옥 1985, 박선우 2004)과 생성적 관점을 더 다듬어 설명력을 높이려는 방향의 연구 등이 나타나고 있다(김정우 2006).

한국어의 불규칙활용에서도 인지 문법의 사용 기반 모형을 통해 예측할 수 있는 다음과 같은 특성들이 발견되는데, 이들 중 일부는 이미 기존의 연구를 통해 잘 알려져 있는 내용이다. 이 장에서는 아래의 네 가지 측면에 초점을 맞추어 한국어 불규칙활용에 나타나는 다양한 현상들이 사용 기반 모형에 의해 어떻게 설명되는지 살펴보고자 한다.

- 단일 기저형 설정의 어려움
- 불규칙 패턴의 다양한 발생 원인과 통시적 변화
- 불규칙활용의 네트워크 구조와 불안정성
- 개별 활용형태의 단위 지위(unit status)

3.1. 단일 기저형 설정의 어려움

〈표 3〉 일부 용언 활용형들의 불규칙성

명칭	활용형		
'ㅅ'규칙	씻고	씻어	씻으니
'ㅅ'불규칙	짓고	지어	지으니
'ㄷ'규칙	묻고	묻어	묻으니
'ㄷ'불규칙	묻고	물어	물으니
'ㅂ'규칙	뽑고	뽑아	뽑으니
'ㅂ'불규칙	돕고	도와	도우니

〈표 3〉의 'ㅅ'불규칙, 'ㄷ'불규칙, 'ㅂ'불규칙의 활용형들은 대응되는 규칙 용언의 활용형과는 다른 패턴을 보여준다. 이러한 한국어 불규칙 용언에 단 일기저형을 설정해야 한다는 논의는 주로 생성음운론의 입장에서 시도되어 왔는데, 이는 동일한 기저형에 규칙이 적용되어 두 가지 이상의 표면형이 도출된다고 보는 방식이다. 예를 들어 김진우(1971)에서는 'ㅅ'의 음가를 무 성음 /s/로 보고 그것이 모음 사이에서 유성음 /z/로 바뀌어 탈락된다는 설 명을 펼친다. 이런 견해에 따르면 'ㅅ' 불규칙용언은 사실 불규칙용언이 아 닌 게 되지만, 이런 규칙이 왜 다른 단어에는 적용되지 않는지는 설명되지 못한다. 이러한 생성적 관점의 시도들은 /w/(ㅂ)와 같이 공시적으로 존재하 지 않는 기저형을 설정할 뿐만 아니라 지나치게 임의적이거나 특수한 규칙 을 설정한다는 점에서 많은 공격을 받아 왔다. /ㅂ/의 공깃길 닮기, /ㄷ/의 공깃길 닮기, /ㄹ/ 없애기, /ㅅ/ 없애기 등과 같은 규칙을 따로 설정한 허웅 (1985: 265~289)의 방식도 같은 규칙이 다른 단어에는 적용되지 못하는 임의성의 문제를 해결하지 못한다. 이처럼 하나의 기저형을 설정하는 방식 은 기저형의 과도한 추상성과 규칙 적용의 임의성, 그리고 규칙 자체의 지

나친 특수성(혹은 작위성)과 같은 문제점들을 드러내는데, 쉽게 말해 규칙의 존재를 증명하기보다는 현상을 설명하기 위해 알맞게 지어낸다는 의심을 받기도 한 것이다. 이에 대해 최명옥(1985, 1988)에서는 생성음운론의 관점에서 무리하게 설정된 단일기저형이 너무 추상적이어서 심리적 실제와는 거리가 멀고 무리한 음운규칙 또한 화자의 직관에 어긋난다고 비판하고, 실체적 증거에 근거하여 '돕-/도우-', '묻-/물-', '짓-/지-', '푸르-/푸르르-', '하-/해-', '노랗-/노라-/노래-'와 같은 복수기저형을 설정해야 한다고 주장했다. 학습 효과의 측면에서 복수 기저형이 단일 기저형보다 타당하다는 것은 이미 밝혀진 바 있다. 석주연(2002), 김영선(2009) 등의 실험에서는 한국어 학습자들에게 불규칙활용을 가르칠 때 변형규칙보다 복수기저형을 직접 제시하는 것이 훨씬 학습 효과를 높이는 것으로 나타났기 때문이다. 불규칙형태에 대한 단일기저형 가설보다 복수기저형 가설이 더 타당한 이유는 인지문법의 모형을 통해 더 입체적으로 설명될 수 있다. 'ㅅ' 규칙활용형인 '씻어'와 'ㅅ' 불규칙활용형인 '지어'는 모두 〈그림 5〉와 같이 의미극과 음운극[3]을 가진 상징구조의 조합체로, 높은 사용 빈도로 인해 전체가 하나의 단위로 등록되어 있다는 것이 사용 기반 모형이 제공하는 예측이다(앞의 〈그림 1〉과 설명 참조). 사용 기반 모형에 따르면, 한국어를 모어로 사용하는 사람은 '짓-/지어'의 복수 기저형을 가지고 있을 뿐 아니라, 적절한 활용형 '씻어'와 '지어'를 독립적으로 인출해낼 수도 있다. 이런 설명은 한국어 규칙활용과 불규칙활용에서 뚜렷한 점화효과[4]의 차이가 관찰되지

---

3) 자율적 통사 구조가 불필요하다는 인지문법의 관점에 따르면, 단어를 포함한 모든 문법적인 구성들은 의미극(semantic pole)의 의미 구조(semantic structure)와 음운극(pho-nological pole)의 음운 구조가 직접 결합한 상징적 구조(symbolic structure)에 속한다(Langacker 1987: 77).

4) 점화 효과(priming effect)란 하나의 자극에 대한 노출이 그 이후의 다른 자극에 대한 반응에 영향을 끼치는 무의식적인 기억의 효과를 말한다. 예를 들어, 'table'이라는 단어의 무의식중에 본 사람은 'tab-'을 보고 'table'을 연상할 가능성이 더 높아진다(Kolb & Whishaw 2008). 점화 효과는 어떤 자극이 뇌의 일정 부분을 활성화시켰을 경우 그와 연결된 부분을 동시에 활성화시켜 연관된 두 번째 반응에 대한 반응 시간을 단축시키기도 한다.

않는다는 박희진 외(2012)의 연구나 한국어 용언이 심성어휘집에 활용형의 형태로 저장되어 있다는 김태훈(1998)의 연구와도 상통한다[5].

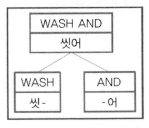 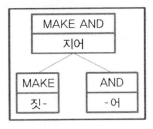

〈그림 5〉 '씻어'와 '지어'의 융합 단위 구조

한국어의 경우 영어와 달리 규칙활용과 불규칙활용의 점화효과에 큰 차이가 없는 원인으로는 첫째, 한국어의 불규칙활용이 영어보다 종류가 훨씬 적어 인지적인 부담이 적고, 둘째 불규칙활용 어휘와 규칙활용의 어휘 수가 크게 차이나지 않으며, 셋째, 특정한 음운적 환경에서 'ㅅ', 'ㅂ', 'ㄷ' 등이 탈락되거나 비슷한 소리로 교체되는 것이어서 인지적 부담량이 적다는 점 등을 생각해 볼 수 있을 것이다.

불규칙용언에 단일기저형을 설정하는 방식은 가장 하위의 스키마에서만 실제 사용되는 표현이 생성될 수 있다는 사용 기반 모형과 양립하기 어려운데, 실제 언어 사용에 나타나는 제약(restriction) 현상이 사용 기반 모형에서 잘 설명된다는 것은 이미 2장에서 확인한 바와 같다. 우리가 흔히 알고 있는 'ㅂ' 불규칙의 범주는 사실 더 상세한 스키마들로 구성되어 있는데, 〈그림 6〉에서 '도와'는 어간과 어미의 모음이 양성모음으로 짝지어져 있지

---

5) 영어의 경우 jump⇒jumped와 같이 동사의 기본형에 '-ed'가 붙는 규칙동사의 과거형 산출은 규칙에 의해 처리되고 go⇒went와 같은 불규칙동사의 과거형 산출은 기본동사와 활용된 동사의 형태가 따로 저장되어 있다는 이중처리 모형이 더 잘 적용된다(Pinker 1991). 하지만, 이탈리아어나 프랑스어의 경우 규칙동사와 불규칙동사 간에 점화효과의 차이가 뚜렷하게 보이지 않아 이중처리 모형이 잘 맞지 않는다는 연구가 있다(Orsolini, Marslen-Wilson 1997, Davis, Meunuer & Marslen-Wilson 2004).

만, '아름다워'와 '슬기로워'에는 그런 패턴이 적용되지 않는다. 이를 통해 'ㅂ' 불규칙은 실제 표현과 더 직접적으로 맞닿아 있는 하위 스키마로 세분화되어야 할 필요가 있음을 알 수 있다. '아름다워'와 '아름다와'의 차이에 대해서는 어느 정도 자유변이를 인정할 수도 있지만, '도와'의 경우 '도워'의 사용은 거의 인정될 수 없다는 점에 유의할 필요가 있다.

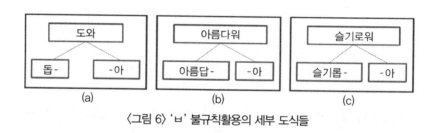

〈그림 6〉 'ㅂ' 불규칙활용의 세부 도식들

3.2. 불규칙 패턴의 다양한 발생 원인과 통시적 변화

현재 학교 문법에서 가르치는 불규칙활용들이 각각 다양한 역사적 과정에 의해 발생했다는 사실은 추상적인 단일 기저형과 규칙으로 불규칙활용의 각 형태들을 설명하려는 시도를 어렵게 만든다. 잘 알려진 바와 같이, 근대국어에서 'ㅸ', 'ㅿ'이 없어지면서 중세국어에서 이런 종성을 가졌던 어간에 변화가 일어났다(이기문 1961, 이기문·이호권 2008). '더ㅸ어'에서 '더워'로의 변화는 'ㅸ'의 음가가 양순유성마찰음 /β/에서 /w/로 변하면서 발생했다는 것이 통설이다. 그렇다면 'ㅂ'불규칙은 '딥어'에서 '더ㅸ어', '더ㅸ어'에서 '더워'로의 변화와 같은 역사적 과정이 점진적으로 일어난 결과라 할 수 있다. 또한, 'ㅿ'의 소실로 인해 중세국어 '짓-'의 활용형 '징어'는 'ㅿ'이 탈락된 '지어'로 바뀌었고, 〈표 4〉와 같이 '짓-'의 활용형 '지으니'는 '먹으니'처럼 어간 끝에 받침이 있는 동사의 활용 패턴을 보이는데, 이런 현상도 불규칙활용이 지닌 관습적 형태의 특성을 잘 보여준다고 할 수 있다.

어간말에 받침이 있는 동사	먹고	먹어	먹으니
'ㅅ' 불규칙동사	짓고	지어	지으니
어간말에 받침이 없는 동사	기고	기어	기니

이어서, 학교문법에서 '르' 불규칙과 '러' 불규칙으로 제시되고 있는 활용형에 대해 알아보자. '르' 불규칙과 '러' 불규칙을 음운론의 영역에서 논의하려고 했던 시도들도 찾을 수 있지만(김완진 1972, 허용 2000, 김정우 2006), 음운론적 차원의 논의에서도 어떤 음운 규칙이 해당 음운 현상의 기술만을 위해 설정된 것이 아니라 독자적으로 존재한다는 것을 완전히 입증하기 어렵다는 한계를 어느 정도 인정하는 것으로 보인다(김정우 2006: 208). 인지문법에서는 특정한 활용 패턴의 변화를 예측하는 것이 처음부터 가능하지 않다고 선언하며, 다만 어떤 형태의 차이에 대해 그것이 발생한 동기를 설명하는 것은 어느 정도 가능하다고 본다(Langacker 2011). 송창선(2010)의 '르' 불규칙과 '러' 불규칙의 발생 원인에 대한 논의는 바로 이러한 인지문법의 관점에 부합하는 내용으로 해석될 수 있는데, 그 주요 내용을 간략하게 살펴보면 다음과 같다.

먼저, 중세국어에서 규칙활용을 할 수 있음에도 'ㄹ/르' 불규칙활용을 하는 용언들이 있는데, 이런 용언들은 대부분 특정 활용형에서 다른 동사의 활용형과 동음 관계를 형성하고 있었음이 확인된다(송창선 2010: 127). 예를 들어 '하ᄂᆞᆯ홀 브르며 ᄯ 굴러 〈삼강 효 33〉'에서 '굴러'는 '굴(噓)-'의 활용형 '굴어'와의 '동음 충돌(homonymic collision)'을 피하기 위해, '누르(壓)-'의 활용형 '눌러'는 '눈(熬)-'의 활용형 '눌어'와의 동음 충돌을 피하기 위해 다른 형태로 발달한 결과라고 설명된다. 이번에는 '러' 불규칙의 발생 원인을 살펴보자. '니르(至)-'의 활용형이 일반적인 규칙형 '니러-'가 아닌 '니르러'로 발달한 원인은 '닐(起)-'의 활용형인 '니러' 및 '니르(謂)-'의 활용형 '닐어'와의 동음 충돌을 모두 피하기 위한 것으로 설명된다. 또한, 색채어인 '누르(黃)-'의 활용형은 '눈(熱)-'의 활용형 '눌어'와 '누르(壓)-'의 활용형 '눌러'와의 동음 충돌을 동시에 피하기 위해 음절수가 하나 더 늘어난 '누르러'로 발달하게 되었는데, '프르(靑)-'의 활용형인 '프르러'는 같은 색채어인 '누르(黃)-'의 활용형 '누르러'에서 유추된 것으로 설명되고 있다. '러' 불규칙활용을 보이는 용언이 '니ㄹ다/니르다, 누르다, 프르다' 뿐인 이유는 음절의 길이가 더 짧은 '르' 불규칙활용을 더 선호하기 때문인데, '러' 불규칙활용은 규칙활용과 '르' 불규칙활용이 모두 불가능할 때 이용되는 최후의 수단인 것이다. 송창선(2010)의 연구는 역사적으로 확인되는 자료에 근거하여 일반적인 규칙에서 벗어나는 패턴이 '왜 발생했는지'에 대해 의미 있는 설명을 제시했는데, 동음 충돌을 피하기 위해 일반적인 패턴이 깨지는 현상이 3.3에서 제시될 사동접사에서도 발견된다는 사실은 흥미롭다.

한편, 이현희(1984)에서는 중세국어 'ᄒᆞ-(爲)'의 이전에 'ᄒᆡ-'가 존재했으며, 그로 인해 15세기에 'ᄒᆡ야, ᄒᆡ요ᄃᆡ, ᄒᆡ요리'와 같은 활용형이 나타난다고 분석했는데, 이는 '하-'의 현대어 활용형 '하여'에 나타나는 이른 바 '여' 불규칙의 역사적 발달 과정을 추론할 수 있게 해준다. 'ᄒᆡ야, ᄒᆡ요ᄃᆡ, ᄒᆡ요리' 등과 같은 화석화된 형태들은 그 이전에 'ᄒᆞ-'와 'ᄒᆡ-' 두 가지 형태가 공존했던 시기가 있어야만 나타날 수 있기 때문이다.

'오' 불규칙과 같은 일부의 불규칙 패턴은 그 발생 원인이 정확하게 밝혀져 있지 않다(배영환 2010). 하지만, 어떤 불규칙 현상이건 간에 다양한 역사적인 과정을 통해 발생하고, 현재도 그 과정이 진행되고 있다고 할 수 있다. 영어의 불규칙동사에서 확인되듯이, 불규칙의 발생에 역사적인 과정이 동반되는 것은 보편적인 현상인데, 이것을 공시적인 규칙이나 음운론으로 접근하는 것은 한계가 있을 수밖에 없다. 현재 남아 있는 한국어의 활용형들도 다양한 요인과 복잡한 과정이 누적되어 만들어진 결과물이기 때문에 공시적이고 예측 가능한 규칙을 가정하는 생성적 모형에 의해서는 명쾌하게 설명되기 어렵다고 할 수 있다.

3.3. 불규칙활용 범주의 네트워크 구조와 불안정성

'X르-'에 어미 '-어'가 붙은 도식은 3종류가 존재하는데, 가장 기본적인
도식이 ㉠이라면, 3.2에서 본 것처럼 동음충돌 회피나 유추와 같은 요인에
의해 도식 ㉡, ㉢이 발생하여 굳어진 것으로 볼 수 있다.

> ㉠ 따르-+-아 → 따라
> ㉡ 이르-+-러 → 이르러(到)
> ㉢ 누르-+-어 → 눌러(壓)

사용 기반 모형에 따르면 ㉠, ㉡, ㉢의 활용형은 각각 실제 표현과 상호작
용하는 가장 저층의 도식과 네트워크를 형성하고, 각각의 도식들은 더 상위
의 도식과 더 포괄적인 네트워크를 형성하고 있을 수 있다. 〈그림 7〉은 각
활용형의 개별적인 네트워크 구조이고, 〈그림 8〉은 각 하위 도식들로부터
추출된 상위 도식의 네트워크 구조를 보인 것이다.

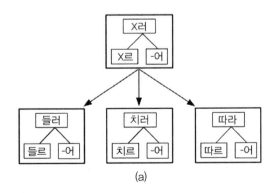

(a)

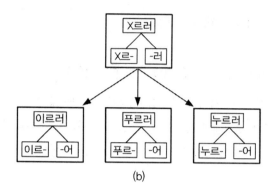

(b)

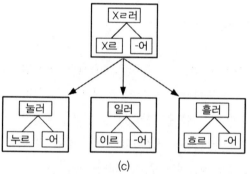

(c)

〈그림 7〉 'X르-' 활용형들의 네트워크 구조

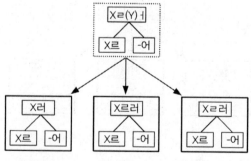

〈그림 8〉 'X르-' 활용형들의 상위 네트워크 구조

〈그림 8〉에서 상위의 도식이 점선으로 된 이유는 〈그림 4〉의 경우와 마찬가지로 하위의 도식하고만 상호작용할 뿐 직접적으로 목표 표현을 범주화하는 데 활성화될 수 없기 때문이다. 실제로 사용되는 활용 형태들은 하위의 도식에서 나오는 것이며, 3.2에서 논의되었던 '르' 불규칙과 '러' 불규칙에 대한 음운론적인 연구들(김완진 1972, 허용 2000, 김정우 2006)은 점선으로 표시된 상위 도식과 관련된 것이라 할 수 있다.

〈표 4〉 민현식(1991: 133)의 규칙활용과 불규칙활용 분류

활용의 계열관계 ┬ 규칙활용(모두 자동교체성)
　　　　　　　 └ 불규칙활용 ┬ 자동교체성 불규칙; 으, ㄹ 불규칙
　　　　　　　　　　　　　　└ 비자동교체성 불규칙; ㅅ, ㄷ, ㅂ, ㅎ, 르, 러, 우, 여, 너라, 거라 불규칙

민현식(1991: 133)에서는 〈표 4〉와 같이 단일기본형을 유지하면 규칙활용으로 보고 이를 벗어나면 불규칙으로 보는 방식을 1차 기준으로 하고 그 벗어난 이형태들이 있는 불규칙활용형들을 다시 자동적으로 교체되는 것과 비자동적으로 교체되는 것으로 나누는 2단계의 방식을 제시하기도 했다.

사용 기반 모형의 네트워크 구조에서 자동교체성 불규칙은 비자동교체성 불규칙보다 더 포괄적인 충위의 도식에 연결되어 있는 것으로 설명될 수 있다. 〈그림 9〉와 같이 불규칙 활용형은 그것에 대응하는 규칙 활용형과 같은 충위에 있으면서 더 상위의 도식과 상호작용하는 네트워크를 이룰 가능성도 있지만, 활용형 '지어'가 단어처럼 개별적인 단위(unit)로 등록되어 어간 '짓-'을 불러일으키지 않고 자유롭게 사용될 수 있다면, '지어'와 '씻어' 등의 유사성에 근거해서 따로 상위의 도식이 만들어질 가능성은 별로 높지 않아 보인다. 왜냐하면 '-어'의 연결형에서 '피어', '끼어'처럼 '지어'와 동일한 패턴을 보이는 활용형들은 '씻어' 외에도 많기 때문이다. 특정한 규칙형태와

불규칙형태를 비교/분석해서 가르치는 방식이 효과적이지 않은 이유도 〈그림 9〉와 같은 네트워크 구조에서 찾을 수 있을 것이다.

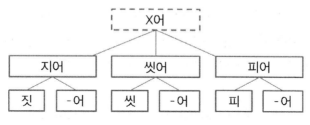

〈그림 9〉 'ㅅ' 불규칙과 규칙의 네트워크 구조

한편, 자동교체성 불규칙으로 1985년부터 문법 교과서에서 사라진 'ㄹ' 불규칙의 경우 〈그림 10〉과 같이 네트워크 구조를 나타낼 수 있는데, '(받침 없는)X는'의 하위 도식들을 〈그림 9〉와 비교해 보면 불규칙과 규칙의 나뉨이 없음이 확인된다. 하지만, 더 높은 도식의 수준에서는 '-는'이 이어지는 환경에서 받침이 없는 'X는'과 받침이 있는 'X는'이 공존하므로 불규칙이 존재한다고 볼 수 있다.

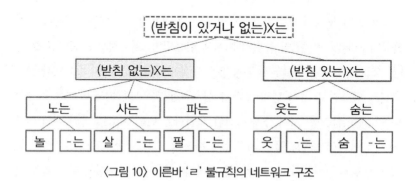

〈그림 10〉 이른바 'ㄹ' 불규칙의 네트워크 구조

이와 같이 민현식(1991)에서 불규칙에 넣고자 했던 '으' 불규칙이나, 'ㄹ' 불규칙은 네트워크 구조의 하층부가 아닌 상층부에서는 불규칙이 발생하는 것들이라고 설명될 수 있다. 다시 말하면, '−는' 앞에서 받침이 유지되는 도식과 유지가 안 되는 도식이 공존하면서 발생하는 불규칙인 것이다. 박선우(2004:233)는 'ㄹ' 불규칙의 경우 'X르−' 형태의 용언들이 대부분 규칙 활용보다는 불규칙 활용을 따르므로 불규칙 활용에 의한 교체가 지배적인 주규칙(major rule)이고 규칙 활용에 의한 교체가 오히려 부규칙(minor rule)이라고 하였다. 이처럼 자동적인 규칙이 더 국소적인 규칙(minor rule)이 되거나 비자동적인 규칙이 더 일반적인 규칙(major rule)이 되는 현상도 네트워크 구조에서는 아무 문제를 야기하지 않는다.

네트워크 구조는 유사성에 근거해서 도식을 추출하는 방식에 의해 형성되기 때문에, '범주의 불분명성', 즉 불분명한 경계(fuzziness)'가 발생할 수 있다. 〈표 5〉에서는 '줍다'가 'ㅂ' 불규칙과 'ㅅ' 불규칙 두 가지로 활용하는 것을 볼 수 있는데, 표준어 규정에서는 '줍다'의 활용형 1만을 허용하고 있지만, 실제 구어 발화에서는 활용형 2도 많이 사용된다.

〈표 5〉 '줍다'의 두 가지 활용형

활용형 1(표준)	비교형 1	활용형 2	비교형 2
줍다	굽다	줏다	웃다
주워	구워	줏어	웃어
주우니	구우니	줏으니	웃으니
줍고	굽고	줏고	웃고
줍지	굽지	줏지	웃지
줍거든	줍거든	줏거든	웃거든
주울게	구울게	줏을게	웃을게

그 원인은 역사적으로 '줍-'의 어간이 15세기에 '줏-'이었다는 사실에서 찾을 수 있다[6]. 즉, '줏-'을 어간으로 하는 또 하나의 활용형 '주서'가 고착화되어 현대까지 남아 있게 된 것이다. 언중들에게 '줍다'의 활용형은 2가지 범주로 존재하는데, 이는 역사적으로 '줍다'가 중세국어 소급형인 '줏다'의 활용형도 간직함과 동시에 '굽다' 등에서 유추한 활용형도 가지게 되었기 때문으로 보인다. '풀어'와 '풀러', '날아'와 '날라' 등도 실제 입말이나 입버릇에 또 다른 활용형이 공존하는 예들이다.

한편, 사동접사나 피동접사의 불규칙성도 불규칙용언과 같은 네트워크의 구조로 볼 수 있다. 불규칙활용을 더 일반적인 규칙과 국소적인 규칙, 혹은 고립된 규칙들 간의 네트워크 관계로 볼 수 있다는 것은 그것이 용언의 활용에만 적용되는 문제가 아니라 문법체계 전체에 적용될 수 있는 문제임을 암시한다. 예를 들어 앞에서 보았던 Luiseño어의 후치사들도 용언에 속하는 것은 아니었고, 한국어의 조사 체계도 과거에 더 많은 규칙들 간의 경쟁이 있었음을 확인할 수 있다. 한국어의 사동접사나 피동접사의 체계에서도 용언의 활용체계보다 일반적인 규칙의 지배는 덜 하지만, 일반적인 규칙과 국소적인 규칙이 공존을 잘 확인할 수 있다. 한국어의 사동사는 자동사나 타동사, 형용사 등에 접미사 '-이-, -히-, -리-, -기-, -우-, -추-, -구-' 등이 결합된 구성을 보이는데, 그 체계에서 상당한 수준의 규칙성을 찾을 수 있다. 〈표 6〉을 보면 어근이 'ㄹ' 받침으로 끝난 경우에는 일관되게 '-리-'가 결합하고, 어근이 'ㄱ'으로 끝난 경우에 일반적으로 접사 '-이-'가 결합하는 패턴을 보이지만 '익히다'만 '-히-'가 들어 있는 것을 볼 수 있다.

---

6) ㉠과 ㉡을 보면 15세기까지 '줏-'의 받침 'ㅅ'이 모음어미가 뒤따를 때도 살아 있었음을 알 수 있다. 또한, ㉢을 보면 〈조선말 대사전〉에 '줏다'가 기본형으로 사전에 실려 있는 것에서 '줏-'의 활용형이 일부 방언에서 확고하게 자리 잡은 모습도 확인할 수 있다.
  ㉠ 法華ᄂᆞᆫ ㄱ을 거두미오 湟槃은 주우미라 일훔ᄒᆞ면 거두며 줏ᄂᆞᆫ ᄉᆞᅵ예 ᄯᅩ 믿읇디 아니며 〈능엄경언해(1461) 1:19〉
  ㉡ 鹿母夫人이 ᄊᆡ를 주서 뒷 東山애 五百 塔을 이로고 〈석보상절(1447) 11:38〉
  ㉢ 팔매돌을 줏다. 〈조선말 대사전(1992)〉

〈표 6〉 사동사 어근과 접사의 결합 패턴

보이다	높이다	녹이다	먹이다	죽이다	속이다	익히다
날리다	돌리다	울리다	얼리다	살리다	들리다	말리다
남기다	숨기다	안기다	뜯기다	맡기다	벗기다	웃기다

그러면, 왜 '익히다'에만 불규칙이 나타나는 것일까? (1)을 보면 '익히다'의 중세국어 형태는 '니기다'였음이 확인되는데, 용언의 활용형이 역사적으로 변화할 때와 마찬가지로 중세국어부터 존재하던 '니기다(이기다)'와의 동음충돌을 피하기 위해 변하였음을 짐작할 수 있다.

(1) 邪흔 무른 들에며 어즈러워 **니기디** 아니ᄒ야도 쉬이 親ᄒᄂ니
〈선종영가집언해 1464 하:109〉

이처럼 사동사에서도 용언의 활용과 비슷한 규칙과 불규칙의 상호 작용을 관찰할 수 있는데, 접사나 어미보다 큰 구성에서도 이런 양상을 찾아볼 수 있다. 한 예로, 중세국어에서는 [−이 −이 용언]의 구성이 'ᄀᆞᆮᄒ다', '쓰다' 등의 용언에도 사용되다가 현대에는 '아니다', '되다', '−이다'에만 사용되는데, 이것은 [−이 −이 용언] 구성의 규칙이 극단적으로 많이 사용되는 일부 어휘에만 적용되는 방향으로 국소화되어 가는 과정을 보여준다고 하겠다.

(2) a. 말 내요미 醉흔 사ᄅᆞ미 ᄀᆞᆮᄒ며 ᄒ저즈로미 俗子ㅣ ᄀᆞᆮᄒ야
〈몽산법어 47〉
  b. 일훔난 됴흔 오시 비디 千萬이 쓰며   〈석보상절 13:22〉

확인한 바와 같이 불규칙활용은 조사나 어미, 문장의 구성 등 문법의 다양한 국면에서 나타날 수 있는 보편적인 불규칙 현상의 일부이며, 더 일반

적인 규칙과 국소적인 규칙이 공존하고 경쟁하는 통시적인 과정의 단면을
보여준다. 사용 기반 모형은 불규칙활용에 대한 관점을 더 거시적인 방향으
로 확장시켜 주는 것이다.

3.4. 개별 활용형태의 단위 지위(unit status)

실제 어떤 표현이 언어 단위로 등록되어 있는지는 분명히 알기 어려울 때
가 많다. 원칙적으로 사용이 많이 된 고착화 된 표현의 덩어리는 하나의 언
어 단위로 등록되어 있을 가능성이 높고, 새로운 표현과 고착화된 언어 단
위를 처리하는 과정에는 측정할 수 있는 차이가 존재한다(Harris 1998). 그
런데, 독립된 언어 단위인지를 판가름할 수 있는 형태적인 특성도 존재하는
데, 어떤 표현이 규칙적인 패턴을 따르지 않고 고립된 형태를 지속적으로
보인다면 이는 그 표현이 독립된 언어 단위임을 나타내는 직접적인 증거로
간주할 수 있다(Langacker 2013:238). 따라서 'wrote, broke, drove,
froze, rose, dove, strove'처럼 일반적인 규칙에 따라 예측할 수 없는 국
소적인 패턴(minor pattern)의 과거형들도 언어 단위의 지위를 가진 것으
로 봐야 할 것이다. 만약 이런 과거형들이 $[(...Vy...)_o]$ ⟶ $[(...ow...)_o]$과
같은 규칙(혹은 스키마)에 의해 구성된다면 왜 다른 동사들은 이런 규칙이
적용되지 않는지 설명되지 않기 때문이다. 그러므로 인지문법의 설명에 비
추어 보면 '눌러, 일러, 흘러, 굴러', '이르러, 푸르러, 누르러', '둘러, 치러,
따라' 등의 활용형은 규칙이 적용되어 즉석에서 생성되는 것이 아니라 전체
가 한 덩이로 등록되어 있다가 인출되는 독립된 언어 단위라 할 수 있다.
이렇게 단어보다 큰 복합적인 표현들(complex expressions)이 학습되고
단위로 저장되는 현상은 국소적인 패턴뿐 아니라 일반적인 패턴에서도 나
타나는 것으로 알려져 있다(Bybee 2006).

규칙적인 용언의 활용형들도 개별적인 단위의 지위에 있을 가능성은 〈표
7〉에 제시된 불완전 동사들의 존재에서도 찾을 수 있다.

〈표 7〉 현존하는 불완전 동사들의 활용형

	-고	-으니	-아/-어	-(하)되	-(으)려	-은/-s
비롯하다			비롯하여			비롯한
더불다			더불어			
데리다	데리고		데려		데리러	
가로다				가로되		

'비롯하다', '더불다', '데리다', '가로다' 등은 〈표 7〉에 제시된 활용형 외에는 잘 사용되지 않는다. '가로다'는 원래 'ᄀᆞᆯ다'였지만 어간에 선어말어미 '-오-'가 결합한 형태가 굳어진 형태로 'ᄀᆞᆯ온', 'ᄀᆞᆯ'과 같은 더 다양한 활용형들이 쓰였음이 확인된다. (3)의 자료들은 불완전 동사들의 활용형들이 현재보다 더 다양했었다는 것을 보여준다.

(3) a. 어버이를 ᄉᆞ랑ᄒᆞ며 兄을 공경홈과 님금의 튱셩ᄒᆞ며 얼운의게 공슌홈이 이룰 **ᄀᆞᆯ온** 자받ᄂᆞ 덛덛ᄒᆞᆫ 거시라　　〈소학언해 사:1〉
　　b. 曰 **ᄀᆞᆯ** 왈　　〈신증유합 상:14〉
　　c. 그 나그내 즉제 고ᄒᆞ니 捕盜官이 리兵 **더블오** 〈번역노걸대 상:29〉
　　d. 내 니거지이다 가샤 山 미틔 軍馬 두시고 온 사ᄅᆞᆷ **ᄃᆞ리샤** 기ᄅᆞᆺ말 밧기시니　　〈용비어천가 58장〉

불완전 동사들의 활용형 중에는 '데려', '가라사대'처럼 바뀐 형태로 화석화된 것도 있지만, 대부분의 경우 규칙적인 형태를 유지하고 있는데, 이처럼 활용체계에서 사용 빈도가 낮은 활용형이 사라지고 사용량이 많은 일부가 단어화되어 남을 수 있다는 사실은 불완전 동사가 아닌 동사의 활용형도 사용량이 많으면 독립된 단위로 등록될 수 있다는 것을 의미한다. 다만, 규칙용언의 경우 각 활용형의 고착화 정도를 눈으로 확인하기 어려운 반면 불규칙용언의 각 활용형들은 사용량이나 독립성이 어느 정도 이상임을 보여주는 단서로 해석될 수 있다.

4. 학교 문법의 불규칙 교육에 대한 시사점

3장에서는 한국어의 불규칙활용과 불규칙 현상들이 사용 기반 모형에 의해 타당하게 설명될 수 있음을 살펴보았다. 이 장에서는 현재 고등학교에서 사용되고 있는 '독서와 문법' 교과서에서 불규칙활용에 관련된 기술 내용과 접근 방식을 살펴보고, 학교 문법의 불규칙 교육에서 찾을 수 있는 문제점과 그에 대한 대안을 사용 기반 모형의 토대에서 논의하고자 한다.

〈표 8〉은 〈천재교육〉의 '독서와 문법'에 포함된 불규칙활용에 관한 설명이다.

〈표 8〉 교과서에 제시된 용언의 불규칙활용 (〈천재교육〉 2012: 211)

분류		정의	예
어간 불규칙 활용	'ㅅ' 불규칙	'ㅅ'이 모음 어미 앞에서 탈락하는 현상	짓다→지어
	'ㄷ' 불규칙	'ㄷ'이 모음 어미 앞에서 'ㄹ'로 변하는 현상	묻[問]→물어
	'ㅂ' 불규칙	'ㅂ'이 모음 어미 앞에서 '오/우'로 변하는 현상	돕다→도와
	'르' 불규칙	'르'가 모음 어미 앞에서 'ㄹㄹ'로 변하는 현상	흐르다→흘러
	'우' 불규칙	'우'가 모음 어미 앞에서 탈락하는 현상	푸다→퍼
어미 불규칙 활용	'여' 불규칙	어간이 '하-'로 끝나는 용언 뒤에서 모음 어미 '-아'가 '-여'로 바뀌는 현상	하여
	'러' 불규칙	어간이 '르'로 끝나는 용언 뒤에서 모음 어미 '-아'가 '-러'로 바뀌는 현상	이르다→이르러
	'너라' 불규칙	명령형 어미 '-어라/아라'가 '-너라'로 바뀌는 현상	오너라
	'오' 불규칙	'달-/다-'의 명령형 어미로 '-오'가 나타나는 현상	다오
어간 어미 불규칙 활용	'ㅎ' 불규칙	'ㅎ'으로 끝나는 어간에 '어/아'가 오면, 어간의 일부인 'ㅎ'이 탈락하고 어미도 변하는 현상	빨갛-+-아→ 빨개 까맣-+-아→ 까매

지금 사용되고 있는 4종의 '독서와 문법'에서 〈천재교육〉과 〈비상교육〉에만 불규칙활용에 대한 교육 내용이 포함되어 있고, 그 기술 내용은 거의 같다. 이처럼 교과서는 모두 불규칙활용의 분류와 규칙, 예 등을 표에 정리하는 식으로 간략하게 다루고 있을 뿐이지만, 그 안에서 논의할 만한 몇 가지의 문제점들을 찾을 수 있다.

첫째, 불규칙 현상에 대한 기술에서 생성적이거나 음운론적인 설명 방식이 강하게 드러나고 있는데, 이런 방식이 설명적 타당성이나 학습 효과의 측면에서 지지될 수 없다는 것은 3장에서 논의한 바와 같다. 민현식(1991)에 따르면 1985년을 기점으로 학교 문법이 비자동적 교체만을 불규칙으로 보는 등 생성적 관점을 대폭적으로 수용하는 변화가 시작되었는데, 그 영향은 현재까지도 강하게 유지되고 있음을 확인할 수 있다. 생성적 관점의 영향은 'ㄹ' 불규칙이나 'ㅡ' 불규칙이 교과서에서 사라진 것에서도 볼 수 있지만, 교과서의 기술 방식에서도 찾을 수 있다. 〈천재교육〉과 〈비상교육〉은 둘 다 불규칙 활용에 대해 'X가 Y라는 환경에서 Z로 바뀌는 현상'이라고 정의하고 있는데, 이 정의에 따르면 불규칙이 음운적인 환경에 따라 규칙이 적용되어 형태가 '바뀌는' 공시적인 현상으로 이해될 가능성이 높다. 예를 들어 'ㅅ' 불규칙에 대해 "'ㅅ'이 모음 어미 앞에서 탈락하는 현상"이라는 설명에는 변형이나 음운 규칙의 존재가 전제되어 있으므로, 받침 "'ㅅ'이 모음 어미 앞에서는 나타나지 않는 현상"이라는 설명이 더 적절하다. 또, '러' 불규칙에 대하여 "어간이 '르'로 끝나는 용언 뒤에서 모음 어미 '-아'가 '-러'로 바뀌는 현상"이라는 설명도 "어간이 '르'로 끝나는 용언 뒤에서 모음 어미 '-아' 대신 '-러'가 이어지는 현상" 정도로 표현을 바꾸면 불필요한 가정이나 오해가 덜어질 수 있다.

둘째, 〈표 8〉에서 알 수 있듯이, 교과서에서는 불규칙 활용을 '어간 불규칙 활용', '어미 불규칙 활용', '어간 어미 불규칙 활용'으로 분류하고 있다. 하지만, 2장과 3장에서 논의한 것처럼 어간과 어미는 융합되어 하나의 단위로 등록되는 것이 가능하다. 역사적 과정을 감안한다면, '하여'나 '흘러', '이르러'와 같이 융합된 형태에서 현재 어디까지가 어간이고 어미인지 구분하는 것은 가능하지도 않고 교육적으로도 효과적이지 않다. 어간과 어미에 따른 무리한 분류보다는 오히려 〈그림 7〉이나 〈그림 8〉처럼 불규칙형태들 간의 관련성이 드러나는 네트워크 구조에 따라 묶어서 제시하는 것이 더 의미 있는 학습을 발생시킬 수 있을 것이다.

셋째, 교과서에 제시된 용언의 불규칙활용은 수많은 불규칙 현상들 중 일부일 뿐인데, 왜 그것만을 가르치는지, 그리고 그것을 가르치고자 하는 이유가 무엇인지가 명확하지 않다. 3.3에서 본 것처럼 사동접사나 피동접사, 그리고 문법적인 구성도 규칙과 불규칙의 체계를 가지고 있고, 'ㄹ' 불규칙, 'ㅡ' 불규칙처럼 다른 층위에서 불규칙이 나타나 교과서에서 중도 탈락된 것도 있다. 크게 보면, 남기심·고영근(1993)에서 보충법적 이형태로 제시된 '말아라'도 명령형에서만 '않-'이 나타나지 않는 불규칙으로 볼 수 있다. 또한, '더위', '추위', '가까이'도 'ㅸ'의 음가가 /β/에서 /w/로 변하는 과정을 겪어 생겨났지만, 학교 문법에서 이들을 [형용사어근+접사(이)] 구성인 '왼손잡이'와 대비되는 불규칙 현상으로 가르치지는 않는다. [어간+어미] 구성인 '더워', '추워', '가까워'와 [어근+접사] 구성인 '더위', '추위', '가까이'가 형태변화의 원인은 공유하지만 불규칙에 대한 교육 내용으로는 [어간+어미] 구성만 포함시키고 있는 것이다. 불규칙은 '가까이', '쉬이'와 같은 어근과 접사의 결합, 그리고 '나'와 '의'가 결합한 '내'와 같은 대명사와 조사의 결합에도 나타나는데, 이런 경우에도 더 일반적인 규칙에서 벗어난 형태가 사용되는 이유는 높은 사용 빈도로 인해 그것이 단어처럼 등록되어 있기 때문이라고 할 수 있다.

수많은 불규칙 현상들 중 어떤 것을 교육 내용에 포함시키는 것이 적절한지에 대한 논의는 불규칙 현상이 어떤 교육적 가치를 지니고 있는지에 대한 논의와 연결될 수밖에 없다. 불규칙의 교육적 가치와 관련하여 우리는 불규칙 활용의 습득과 관련된 두 가지 사실을 간과하지 말아야 할 것이다. 하나는 앞서 제시된 교과서의 불규칙 활용형들은 이미 한국어를 모어로 하는 고등학생에게 학습이 완료된 상태라는 것이고, 다른 하나는 개인에 따라 불규칙 활용에 대한 스키마가 다른 모습으로 존재할 수 있다는 것이다. 그렇다면, 이미 평생 동안 반복되는 사용을 통해 습득한 수많은 불규칙의 형태들을 학교에서 생소한 방식으로 다시 배울 필요는 없을 것이다. 하지만, 그럼에도 불구하고 그것을 다시 가르치려 한다면 그 목적도 그만큼 타당성을 지녀야 한다. 결국 성인이 거의 다 된 학생들에게 불규칙을 가르치는 것은 다음과 같은 경우에 한해서 정당화될 수 있을 것이다. 먼저, 불규칙에 대한 교육은 한국어의 언어 구조에 나타나는 일반적인 규칙과 국소적인 규칙의 관계를 탐구하는 것을 일차적인 목표로 해야 한다. 그렇다면, 맞게 분류된 불규칙의 종류를 암기하는 것보다는 불규칙 현상들 간의 네트워크 구조와 불규칙이 발생하는 원인 등에 대해 관찰하고 탐구하는 방식의 수업 내용을 구성할 필요가 있다. 용언의 활용형뿐만 아니라 사동접사나 기타의 문법적 구성 등 불규칙의 교육과 연관시켜 가르칠 내용들을 포함시키는 것이 일반적인 규칙과 국소적인 규칙이 언어 전반에 나타난다는 것을 이해하는 데 더 유익할 것이다. 또한, 평생 동안 불규칙 형태들을 습득했음에도 불구하고, '줍다'와 '줏다'의 혼동처럼 실제 학습자들에게 가끔씩 불안정한 활용형들이 나타나는 경우도 있으므로 규범적인 측면에서의 지도도 필요하다.

그런데, 〈그림 9〉에 보이는 것처럼 모어 화자들은 대부분 국립국어원의 규정과 다르게 '바라'가 아닌 '바래'라는 활용형을 지속적으로 사용하고 있으며, 특히 '바라요'라는 활용형을 실제로 사용하는 사람은 만나기 어렵다.

거성첨보냐? 09.04.11, 16:38

전 바라 싫어여 ㅠㅠㅠㅠㅠㅠㅠㅠㅠㅠㅠㅠ 바래가 좋아 ㅜㅜㅜㅜ

임정희 09.04.11, 16:38

바래가 틀렸다는 걸 알아서 바라로 써요 ㅋㅋㅋㅋㅋ

(http://cafe.daum.net/truepicture/QtD/7420393?docid=1822261592&q)

LG없이는 못 살아

음악프로에서 부르는 건 바래라고 하는데
가사는 바라 라고 나오죠

NO FACE

이것 좀 바뀌었으면 좋겠네요
말이나 글자 원칙은 원칙이겠지만
"~~하길 바래!!!"라고 말하고 다니는 사람이 몇이나 될까요...

(http://ppomppu.co.kr/zboard/view.php?id=freeboard&no=1263380)

〈그림 9〉 종결형 '바라'에 대한 네티즌들의 불만 사례들

　국립국어원에서는 한글 맞춤법 제4장 제5절의 34항에 따라 모음 '바라', '바라요' 등이 맞는 표현이라고 설명하고 있다. 하지만, '하다'의 불규칙적인 활용형 '해', '해요'를 인정하듯이 '바래', '바래요'도 불규칙적인 활용형으로 인정하지 못할 이유는 없어 보인다. '바래'의 불규칙적인 형태는 희원을 나타내는 문장에 나타나는 종결부의 활용형 '원해(요)/기도해(요)/기원해(요)/소망해(요).'에 이끌린 것으로 보이는데, 그래서인지 '바라-'에 '-하여'와 같은 '여' 불규칙은 나타나지 않는다. 사용 기반 모형에 따르면 '바래'나 '바래요'는 충분히 '해', '해요', '하여' 등과 마찬가지로 독립된 단위의 지위를 지니며 그 사용은 정당화될 수 있다. 이처럼 사용 기반 모형에 따른 불규칙의 교육은 일방적인 규범의 준수에서 규범 자체에 대한 원리적 이해와 적용까

지 그 범위를 확장시키는 것이 가능하다.

5. 결론

지금까지 불규칙활용은 교육 방법의 효과나 교육 목적의 정당성에 대한 타당성에 대한 검증 없이 간략한 표와 오해를 불러일으킬 수 있는 기술 방식을 통해 지도되어 온 측면이 있다. 인지 문법의 사용 기반 모형은 실제로 관찰되는 불규칙 현상에 대한 설명력을 갖추었을 뿐 아니라 다양한 영역에서 이루어진 과학적인 연구에 의해서도 뒷받침되고 있어 생성적 관점의 영향을 크게 받은 학교 문법의 교육 내용에 대한 대안을 제공하거나 균형을 맞출 수 있게 해주는 토대의 역할을 충분히 감당할 것으로 보인다. 사용 기반 모형의 관점에서 볼 때, 학교 문법의 교육 내용에는 불규칙활용도 다양한 수준에 존재하는 국소적인 규칙들 중 하나라는 통합적 인식이 결여되어 있었고, 사용의 빈도와 불규칙의 관련성에 대한 인식이 교육적인 맥락에서 활용되고 있지 않았다. 불규칙활용을 포함한 불규칙 현상을 교육 내용에 반드시 넣어야 하는 것은 아니지만, 만약 교육 내용에 포함시킬 경우 언어 사용 능력의 향상보다는 언어에 대한 의미 있는 탐구를 경험할 수 있는 방식으로 내용을 구성할 필요가 있고 불규칙 형태의 혼동에 대한 규범적 접근뿐 아니라 원리적 이해를 다루는 근본적인 처방도 마련되어야 할 것이다.

제4장

주의 이론에 기초한
한국어 주어 현상의 이해

1. 서론

Langacker(1991)는 문법을 기술할 때 직접적으로 필요한 두 개의 '현저성(prominence)' 현상으로 '윤곽 부여(profiling)'와 '탄도체(trajector)/지표(landmark)' 조직을 들었다. 그에 따르면, 탄도체와 지표 조직은 문장의 주어와 목적어가 발생하는 개념적 토대가 된다. 윤곽 부여된 관계에서 일차적인 주의를 받는 참여자는 문장의 주어가 되고 이차적인 주의를 받는 참여자는 목적어가 되기 때문이다.[1]

다음 인용문을 읽어보면, 그의 제안이 인지심리학자들에게 오랜 세월 동안 연구되어 온 '주의(attention)' 현상에 근거한 것임을 알 수 있다. 밑줄

---

[1] Trajector/landmark organization provides the conceptual basis for the grammatical notions subject and object. A subject can be characterized as a nominal expression that specifies the trajector of a profiled relationship, and an object as one that specifies the landmark of a profiled relationship. (Langacker 2009: 10)

친 부분에 사용된 '조명(spotlight)'의 은유에는 초기의 주의 이론이었던 '조명 이론(spotlight theory)'의 내용이 그대로 반영된 것 같다.

> With expressions that profile relationships, a second kind of prominence comes into play. It consists in the degree of prominence conferred on the participants in the profiled relation. There is generally a primary focal participant, called the trajector (TR). This is the participant the expression is concerned with locating or characterizing. Often there is also a secondary focal participant, called a landmark (LM). <u>Metaphorically, we can think in terms of primary and secondary spotlights, which can be directed at different elements within the scene onstage. Trajector and landmark can also be characterized as primary and secondary figures within the profiled relationship.</u> (Langacker 1999, 2001a) (Langacker 2009: 8-9)

그가 창안한 '인지문법(Cognitive Grammar)'은 이처럼 경험과학에서도 확인되는 일반적인 인지능력을 토대로 문법적인 현상을 설명한다는 점에서 차별화될 뿐만 아니라, 종잡을 수 없을 정도로 다양한 '역할 원형(role-archetype)'들이 주어로 나타나는 현상에 대해서도 높은 설명력을 지닌다.2)

---

2) Langacker(2009: 118)은 장소가 주어로 나타나는 문장 (1g)와 (1h)를 각각 그림 (a)와 (b)로 나타내고 있다. 여기서 E는 '경험자(experiencer)'를 의미하는데, (a)에서는 E가 장소의 외부에 존재하고 있는 반면, (b)에서는 E가 무대의 내부에 존재한다.

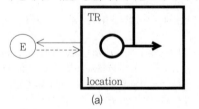

(a)

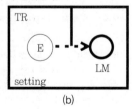

(b)

(1) a. Susan is peeling a banana.

   b. Susan loves banana.

   c. The hammer breaks the glass.

   d. The glass broke.

   e. This truck steers quite easily.

   f. The soup tastes salty.

   g. The garden is swarming with bees.

   h. Florida experiences a lot of hurricanes.

   i. The glass was broken.

Fillmore(1968)가 일반적인 주어 선택의 우선순위를 의미역 위계로 제시하고 있는 반면, Dik(1978)은 화용론적인 관점에서 의미역 위계를 설정했고, Dowty(1991)는 각 의미역 자체가 명쾌하게 변별될 수 없다는 점을 지적했다. 이들은 모두 나름대로의 관점이 있었지만, 결국은 모두 주어로 선택될 수 있는 자격을 논의하였다는 점에서 하나로 묶을 수 있다.[3]

하지만, Langacker가 보기에 주어가 되기 위해 필요한 것은 자격 보다는 선택이었다. 그것은 마치 자격이 부족해도 왕의 선택을 받으면 왕비가 될 수 있는 것에 비유할 수도 있겠다. (1)에서 확인되는 바와 같이 행위자뿐만 아니라 수동자, 도구, 경험자, 더 나아가서는 관계에 참여하지 않는 '장소'까지도 주의의 선택을 받으면 주어가 된다.

그런데, Langacker의 제안이 만약 옳다고 해도 그것이 바로 모든 개별 언어에 대해 만족할 만한 설명이 될 수 있는지는 알 수 없다. 예컨대, 한국어의 주어는 조사 '는'이나 '가'와 결합하는 경우도 있고 조사가 결합하지 않는 경우도 있다.[4] (2)의 세 문장에서 '엄마'는 모두 일차적인 주의의 대상이므로 Langacker의 '인지문법(Cognitive Grammar)'에서 말하는 주어의

---

3) 어떤 '의미역(semantic role)'이 주어로 선택되는지에 대한 언어학계의 논의 과정은 김영화 (2000)에서 엿볼 수 있다.

4) '은'과 '이'는 각각 '는'과 '가'에 대하여 서로 다른 음운론적 환경에서 나타나는 이형태이다.

요건을 만족시킨다.5) 하지만, 주어의 이 세 가지 실현 방식은 의미나 용법, 구문과의 상호작용 등에서 차이를 보인다. 만약 Langacker의 제안이 세 가지 용법의 차이점을 설명해주지 않는다면, 그것은 더 정교화 되거나 수정될 필요가 있을 것이다.

(2) a. 엄마는 오늘 집에 안 오신다.
　　b. 엄마가 오늘 집에 안 오신다.
　　c. 엄마∅ 오늘 집에 안 오신다.

그리고, Langacker의 제안에는 주의 이론 중 '조명 이론(spotlight theory)'을 적용한 것 같은 단서가 있을 뿐, 인지심리학에서 연구되어온 주의 이론이 종합적으로 검토되지는 않았다. 하지만 조명 이론은 주의 현상을 설명하는 초기의 이론에 속하며 그 이후에 더욱 설명력 높은 이론들이 속속 등장하였다. 따라서 주의 이론을 더 상세히 검토하고, 또 그것이 문법 현상을 설명하는 데 올바르게 적용되고 있는지 확인할 필요가 있다.

이 연구에서는 주의 이론을 종합적으로 검토하여 한국어의 주어 현상을 설명할 수 있는 방안을 제시하고, 이를 토대로 한국어에 나타나는 다양한 주어 현상들을 설명해 보고자 한다. Langacker가 활용한 조명 이론 이후의 성과들 중에서 주어 현상의 연구에 적용될 수 있는 것들이 있는지 검토해 보는 것은 의미 있는 작업이 될 것이며, 또한 이를 통해 한국어의 주어

---

5) '는'은 정보구조상 화제(topic) 표지로 문법관계상의 주격 표지인 '가'와 구분해야 한다는 견해가 Lee(1992)를 비롯한 많은 학자들에게 받아들여지고 있다. 반면, 의미가 없는 순수한 문법관계를 인정하지 않는 Langacker(1999, 2001, 2009)는 화제가 참조점(referent point)의 역할을 한다는 점에서 일반적인 주어와 같지만, 스스로 절의 '일부'로 존재하지 않는 차이점이 있다고 말한다(3장 참조). 이와 같은 견해에 따른다면 '는'을 전문적인 화제표지로 볼 수 없으므로 '는'과 '가'의 차이가 잘 설명되지 않는다. 이 글에서는 일단 '내인성 주의'와 '외인성 주의'의 구분을 통해 '는'과 '가'의 차이를 설명함으로써 그러한 취약성에 대한 해결책을 제공하고는 것에 중점을 둔다. 따라서 '는'과 '가'에 대한 이 글의 논의는 앞으로 계속 발전되어야 하며 적절한 용어 선택에 관한 문제도 숙제로 남는다.

현상에 대한 더 과학적인 설명을 찾아낼 수 있을 것이다.

2. 조명 이론 그 이후

'조명 이론(spotlight theory)[6]'으로 잘 알려진 초기 주의 이론은 주의가 무대의 조명과 같이 선택된 공간 안의 정보를 의식에 수용하고 나머지 공간의 정보는 무시하는 것으로 이해했다. 하지만, 조명이라는 은유가 어느 정도는 이해에 도움을 줄지 모르나 그 자체로 완전한 설명이 되지는 못한다.

조명 이론의 문제점은 먼저 주의의 범위에서 발견된다. 조명 이론은 주의가 특정한 공간 영역에 있는 정보를 수용한다는 것을 암시한다. 하지만, 실제로는 특정한 공간 영역이 아닌 하나의 '대상(object)'에 주의가 향하게 된다는 것이 밝혀졌다. 제시된 하나의 상자를 보고 거기에서 두 가지 이상의 속성(크기나 위치, 틈이 어느 쪽에 있는지 등)을 확인하는 데 걸리는 시간은 하나의 속성을 확인하는 데 걸리는 시간과 별 차이가 없으며 결과의 정확도도 높다. 하지만, 두 개의 대상, 즉 상자와 선을 모두 제시했을 경우 각 대상에서 하나씩의 속성(예컨대 상자의 크기와 선의 종류)만 확인하는 데도 훨씬 더 오랜 시간이 걸리며 정확성도 현격히 떨어진다(Duncan, 1984). 한 대상의 모든 부분들은 동시에(simultaneously) 선택되고 처리되지만, 두 개의 (혹은 두 개로 인식되는) 대상은 동시 처리가 안 되는 것이다(Jar-masz et al., 2005).

이러한 '대상 기반 주의(object-based attention)'의 특성은 fMRI와 MEG를 사용한 O'Craven 외(1999)의 실험에서도 확인된다. 이 실험은 주의하는 대상의 특성에 따라 뇌의 특정 영역에서 반응이 나타난다는 점을 이용한 것이다. 실험참가자에게 사람의 얼굴과 집이 투명하게 겹쳐져 있는 그

---

6) '조명(spotlight)'이라는 은유로 주의 현상을 설명한 연구는 Shulman 외(1979) 참조.

림을 보여준다. 이 때 집의 움직임을 증가시키면 실험참가자의 뇌에서 '해마방 장소 영역(parahippocampal place area)'의 반응이 커지고, 얼굴의 움직임을 증가시키면 '방추 얼굴 영역(fusiform face area)'의 반응이 커진다. 해마방 장소 영역은 장소에 대한 정보를 처리하는 영역이고, 방추 얼굴 영역은 얼굴 인식을 담당하는 영역으로 알려져 있다.

한편, 주의는 대상의 분리에 의해 감소하는 만큼 속성의 분리에 의해서도 감소한다. 만약 사람이 많은 곳에서 노란 옷 입은 친구를 찾으려 한다면 다른 사람들의 다른 속성(키, 성별, 나이)은 의식되지 못한다. 운전을 하면서 동시에 휴대전화를 받으면 사고 가능성이 높아진다. 결국 주의는 대상뿐만 아니라 속성에 의해서도 제약을 받는 것이다. '속성 통합 이론(Feature Integration Theory)'은 이와 같은 조명 이론의 문제점을 보강해준다. Treisman & Gelade(1980)의 속성 통합 이론은 조명 이론과 달리 복잡한 정보의 선택과 결속에 주의가 어떤 역할을 하는지에 관심을 두었다. 〈그림 1a〉와 같은 '분리 탐색 시험(disjunctive search trial)'에서 하나의 목표 대상(이를 테면, 동그라미)을 찾는 것이 〈그림 1b〉와 같은 '결합 탐색 시험 (conjunctive search trial)'에서 하나의 목표 대상(이를 테면, 진한 색의 동그라미)을 찾는 것보다 빠르고 정확하다. 이처럼 무시되어야 할 자극인 '방해인자(distractor)'가 많을수록 주의 선택은 더 어려워진다.

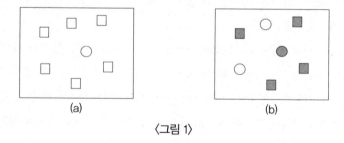

(a)　　　　　　　(b)

〈그림 1〉

속성 통합 이론에서는 방해자가 거의 없는 경우 주의가 개입되지 않은 것으로 보지만, 지금 살펴볼 '통합 경쟁 이론(Integrated Competition Theory)'에서는 방해자가 없는 경우에도 '외인성 자극(exogenous stimulus)'에 의해 촉발된 주의가 개입하고 있는 것으로 본다.

주의란 한정된 양의 인지적 자원을 선택적으로 조절하여 배분하는 현상으로 이해될 수 있다. Desimone & Duncan(1995), Duncan 외(1997)의 통합경쟁이론에 의하면 주의는 모든 처리 단계의 다른 표상들 사이에서 발생하는 서로 다른 입력들 간의 경쟁이다. Desimone & Duncan(1995: 194)은 주의를 다음과 같이 정의한다.

attention is an emergent property of many neural mechanisms working to resolve competition for visual processing and control of behavior

결국, 주의란 조명이나 여과 장치가 아니라 지각이나 인지의 과정 그 자체인 것이다.

전체의 주의 과정은 또한 외인성 자극과 내인성 자극의 상호 작용과 경쟁으로 이루어진다. 예를 들어 길을 걸을 때 갑자기 들리는 자동차의 급제동 소리나 건물이 무너지는 소리 등은 외인성 자극으로 강제로 주의를 이끌어 낸다. 이때는 외인성 자극이 주의 선택의 경쟁 과정에 큰 영향을 준 것이다. 반면, 사람이 많은 서울역 광장에서 친구를 찾을 때는 '목적'이라는 내인성 자극이 크게 작용하게 된다.

외부 세계에서는 현저성이 높은 자극일수록 선택받을 가능성이 높다. 하지만, 목표로 삼은 주의의 대상이 있을 때 외인성 자극은 오히려 '방해 인자(distractor)'가 된다. 길에서 아이를 잃어버렸을 때 아이와 같은 색의 옷을 입거나 연령이 비슷한 다른 아이들은 모두 방해요인이 된다. 이와 같이 외인성 자극과 내인성 자극은 서로 방해하고 경쟁하면서 최종적인 주의 선택에 영향을 준다.

　Kastner 외(1998)의 실험은 외인성 자극과 내인성 자극이 경쟁하는 주의의 선택 과정을 잘 보여준다. 첫 번째 실험은 두 개의 조건으로 나뉘어 이루어졌다. 두 조건 중 하나는 네 개의 복잡한 영상이 영사막의 임의의 장소에 한 번에 하나씩 비춰지는 것이었고, 다른 하나는 그 네 영상들이 한꺼번에 비춰지는 것이었다. 실험 결과 후자의 경우 전자에 비해 '시각 피질(visual cortex)'로부터의 fMRI 신호가 약해지는 것이 관찰되었다. 두 번째 실험에서는 첫 번째 실험의 두 번째 조건과 같은 조건에서 네 개의 영상 중 하나에만 주의를 집중하도록 했는데, 그 결과 첫 번째 실험에서보다 더 강한 fMRI 신호가 관찰되었다. 이 두 실험은 일차적으로 하나의 자극에 대한 주의가 다른 자극에 대한 주의의 방해를 받아 감소되기도 하고 노력에 의해 그것이 극복되기도 한다는 통합 경쟁 이론의 가정을 뒷받침해준다.[7]

　대상 기반 주의와 속성 통합 이론, 그리고 통합 경쟁 이론은 조명 이론의 여러 가지 문제점들을 보완해준다. 대상 기반 주의와 속성 통합 이론이 주의의 작용 범위를 재정립한 것이라면, 통합 경쟁 이론은 주의의 과정에 대한 근본적인 설명을 제공한다. 조명 이론 이후 최근까지 전개된 주의 이론의 내용은 다음과 같이 정리된다.

- 주의는 대상과 속성에 기초한 영역을 토대로 작용한다.
- 외인성 자극이 강하면 '자동적 과정(automatic process)'으로 처리되고, 내인성 자극이 강하면 '비자동적 과정(nonautomatic process)'으로 처리된다. 비자동적 과정은 흔히 말하는 자동적 과정에 비해 더 많은 '의식(consciousness)'과 오랜 처리 시간을 요구한다(Shiffrin &

----

7) 또, Lavie(1995)은 외인성 자극과 내인성 자극의 경쟁이 심할수록 뇌의 활성이 관찰되는 영역이 더 다양해지고 활성의 정도도 강해진다는 것을 확인했는데, 이는 두뇌에서 두 자극을 처리하는 영역 간의 '피드백(feed-back)'이 활발해진 결과로 설명된다. 통합 경쟁 이론은 이밖에도 다양한 실험 연구로 뒷받침된다.

Schneider 1977).

- 경쟁은 많은 자극 중에 원치 않는 자극이 여과되는 과정이며, 이 과정에서 주의의 억압과 '증대(enhancement)'가 발생한다. 예컨대, 소음이 많은 곳에서 노래 가사를 들으려면 주위 소음에 대한 주의의 억압과 함께 노래 소리에 대한 주의의 증대가 있어야 한다.
- 외인성 자극이 경쟁에서 승리하는 과정은 '상향식 과정(bottom-up processing)'이고, 내인성 자극이 승리하는 과정은 '하향식 과정(top-down processing)'이다. 상향식 과정은 주위의 환경에 의존적인 수동적인 과정인 데 반해, 하향식 과정은 목적이나 의도에 의해 주도되는 능동적인 과정이다.
- 하나의 자극에서 다른 자극으로 주의를 돌리는 하향식 과정은 높은 '전환 비용(switching cost)'을 요구한다(Garavan 1998). 예를 들어 숨은 그림 찾기에서 외인성 자극에 현혹되지 않고 여러 개의 목표 대상을 찾는 것은 전환 비용을 요구하는 하향식 과정이라 할 수 있다.

3. 주의 이론에 비추어 본 TR/LM 조직의 재고찰

Langacker(2009: 112)에 의하면 관계에 윤곽을 부여하는 표현에서 그 참여자들은 다양한 수준의 두드러짐을 띠게 되는데, 이 때 주의의 일차적 초점을 받는 참여자를 TR이라 하고, 두 번째 초점을 받는 참여자를 LM이라 한다. (3)은 적어도 TR이 LM을 파괴하기 위한 원인을 제공하는 과정과 LM이 원래의 모양과 기능이 상실되는 변화를 입는 과정이 합쳐진 복합적 과정이다.[8] Langacker에 따르면, '만수'는 최초의 움직임을 발생시킨 외인성 자극이므로 주의의 일차적 초점을 받아 주어가 되고, '항아리'는 두 번째 초점을 받아 목적어가 되는 것으로 설명된다.

---

8) Langacker(2009)의 방식에 따라 이 두 과정은 〈그림 2〉에서 겹줄 화살선과 한 줄 화살선으로 구분하여 나타냈다.

(3) *만수가 항아리를 깼다.*

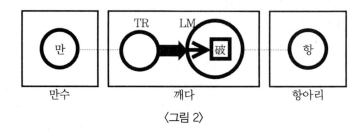

〈그림 2〉

하지만, 2장에서 살펴본 주의 이론과 관련하여 생각해보면 Langacker의 통찰력 있는 설명에 대해 몇 가지의 의문을 싹틔우게 된다. 일차적 초점과 이차적 초점이 구분되는 원리는 무엇일까? 주의의 순서인가 아니면 주의의 강도인가? 그것은 외인성 주의인가, 아니면 내인성 주의인가? Langacker의 논의에서 이 문제가 어떻게 처리되었는지는 알기가 어렵다. 우리는 앞장에서 살펴본 주의 이론에 비추어 Langacker가 제시한 'TR/LM' 조직의 취약점을 파악해 보도록 하겠다.

한 문장에서 서술어((3)에서는 동사)는 '윤곽이 부여된(profiled)' 참여자들 간의 관계에 더 상위의 윤곽을 부여한 것이다(이것은 Langacker의 제안과 다르지 않다). '만수'나 '항아리'는 '깼다'가 나타내는 전체 과정의 참여자 신분으로 주의를 받는 것이다. '대상 기반 주의'에 따르면, '만수가 항아리를 깨는' 전체의 사건이 하나의 '대상'으로 주의를 받는다. 따라서 이 '대상'을 구성하는 요소인 '만수'나 '항아리'에 접근하는 데 필요한 각각의 인지적 노력은 크게 차이가 나지 않는다고 보아야 할 것이다.

따라서, 'TR/LM'대상 기반 주의에 비추어 볼 때, 'TR/LM'의 조직을 '전경/배경'과 비슷한 2원적 체계로 이해하는 것은 문제가 있다. 하나의 서술어로 부호화되는 사건은 종류에 따라 3개 이상의 참여자를 가질 수도 있다. 하지만, 참여자의 수가 아무리 많아도 그것이 하나의 대상으로 처리된 사건의 요소라면 모두 비슷한 수준의 주의를 받는 것이다. (4)가 나타내는 전체 사건은 하나의 대상이며, 움직임의 참여자인 '만수'와 '항아리'와 '벽돌'은 각각 동등한 수준의 주의를 받는다.

(4) **만수**가 **항아리**에 **벽돌**을 던졌다.

만약 Langacker의 'TR/LM' 조직을 '전경/배경'의 조직처럼 이해한다면 참여자들이 동등한 수준의 주의를 받는다는 사실이 납득되기 어렵다. 그러나 많은 연구자들에게 이러한 문제점은 잘 인식되지 못하고 있다.

〈그림 3〉은 전경/배경 역전 현상으로 잘 알려진 루빈의 꽃병이다(Rubin 1921, 2001). 여기서 '꽃병'과 '마주보는 두 사람'은 동등한 수준의 외인성 자극이기 때문에, 미세한 내인성 자극(보는 이의 경험이나 의도)의 변화에 의해서도 최종적인 주의의 선택이 영향을 입어 꽃병이나 얼굴 둘 중 하나만 보이게 된다. Ungerer & Schmid(2006: 167-172)나 Radden & Dirven(2007)는 TR/LM의 조직이 전경/배경 조직에 근원을 둔 것으로 이해한다. Ungerer & Schmid(2006: 166)는 "The balloon is flying over the house"를 나타낸 〈그림 4〉에서 이동체인 기구는 로 전경에 대응하고 집은 LM로 배경에 대응한다고 설명하는 것을 볼 수 있다.

〈그림 3〉

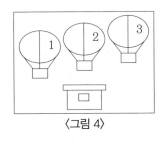
〈그림 4〉

하지만, 〈그림 3〉과 〈그림 4〉에는 중대한 차이가 있다. 〈그림 3〉에서 '꽃병'과 '마주보는 사람'은 서로 독립된 '대상'으로 존재한다. '꽃병'을 인식하면 '사람'을 인식할 수 없고, '사람'을 보면 '꽃병'을 인식할 수 없게 된다. 하지만, 〈그림 4〉에서 기구와 집은 시간에 따라 전개되는 '관계'로 하나의 주의 대상에 속하는 구성 요소로 처리된다.9) 루빈의 꽃병과 달리 "The balloon is flying over the house"를 해석할 때는 기구와 집의 변화하는 관계가 주의의 대상이 되므로 기구와 집에도 비슷한 수준의 주의가 할당되고 있는 것으로 보아야 한다. 'TR/LM'와 '전경/배경'의 공통점은 '1차적 주의와 1차적 주의가 아닌 것의 조직'이라는 것밖에 없다. 게다가, 전경이 Langacker가 말하는 '윤곽(profile)/바탕(base)' 조직의 '모습'에 해당된다면 '관계' 윤곽의 일부인 'LM'가 동시에 '바탕'이 된다는 것은 모순이다.

(5)에 제시된 6개의 문장들은 비슷한 수준의 외인성 자극으로 선택된 '만수'과 '벽돌'과 '항아리'가 이룰 수 있는 문장의 조합이다. 여기서 5장의 어순에 대한 논의를 참고하면, (5a)의 어순이 가장 무표적이라 할 수도 있다. 그러나 여기에서도 서술어가 나타내는 '사건' 혹은 '관계'에 윤곽이 부여되므로, 어순에 상관없이 각 참여자들을 처리하는 데 필요한 의식적 노력의 양에는 큰 차이가 없다고 할 수 있다.

(5) a. **만수가 항아리**에 **벽돌**을 던졌다.
　　b. **만수가 벽돌**을 **항아리**에 던졌다.
　　c. **항아리**에 **만수가 벽돌**을 던졌다.
　　d. **항아리**에 **벽돌**을 **만수가** 던졌다.
　　e. **벽돌**을 **항아리**에 **만수가** 던졌다.
　　f. **벽돌**을 **만수가 항아리**에 던졌다.

그리고, (5)의 어순은 초점과 도상성, 그리고 내인성 주의 등에 복합적으로 영향을 받는다(5장 참고). 하지만, 'TR/LM' 조직은 3개 이상의 참여자

---

9) Humphreys & Riddoch(1993)에 의하면 관계성이 더 많이 인식될수록 두 대상은 더 용이하게 하나의 대상으로 처리될 수 있다.

들이 보여주는 복합적인 관계와 그것이 문장으로 실현되는 과정에 대해 별다른 설명을 해주지 못한다.

또, Langacker(2009: 114)는 영어의 피동 구문을 〈그림 5〉와 같이 원형적으로 LM이 될 참여자가 TR로 선택된 것이라 설명하는데, 그것은 결국 (6)의 주어로 선택된 *glass*에 '행위자(agent)'보다 많은 양의 주의가 할당되었다는 말로 풀이될 수 있을 것이다. 하지만, 여기서 *glass*에 할당된 주의에 외인성 자극이 더 크게 작용했는지 아니면 내인성 자극이 더 크게 작용했는지는 고려되지 않는다.

(6) The glass was broken

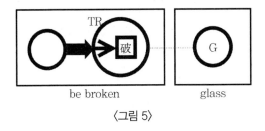

〈그림 5〉

이처럼 Langacker는 외인성 자극이나 내인성 자극의 구분이 문법 조직과 어떻게 관련되어 있는지에 대해서는 특별히 언급하지 않고 있으며, 이 글에서도 아직 그것에 대해서는 이야기하지 않았다. 하지만, 그가 설명한 (7)의 '화제 구문(topic construction)'은 내인성 자극의 우세가 문법 조직에 반영되는 하나의 좋은 예가 된다.

(7) a. **Your uncle,** he really should get married.
  b. **That color,** I just don't like it.
  c. **The lottery,** I never have any luck.

Langacker(2009: 48)는 (7)의 선행 명사가 참조점의 역할을 하는 것으로 본다. 하지만, 화제와 마찬가지로 일반적인 수어 역시 참조점의 역할을 한다. 그 둘의 차이점은 무얼까? 화제와 달리, 일반적인 주어는 절의 일부로 존재한다. 하지만, (7a)와 (7b)에서 참조점의 역할을 하는 화제는 절의 일부로 존재하는 것이 아니라 그 일부에 대응하거나, (7c)처럼 아예 정확한 대응점이 없다. 게다가 구문의 화제와 절 사이에는 억양 단절이 있어 Chafe(1994)나 Langacker(2001b)는 화제 구문에 연속적인 두 개의 '주의 창문(windows of attention)'있다고 주장한다.

이 글에서는 내인성 자극이 (5)와 같은 일반적인 문장의 어순에 작용하는 것보다 현격히 크게 작용할 경우에 (7)과 같은 화제 구문이 사용된다고 제안한다. 만약 화제에 작용하는 내인성 자극이 증폭된다면, 화제가 참조점의 역할을 할 때 일반적인 주어보다 큰 활성영역을 갖게 되는 현상이 설명된다. 의식적인 노력이 개입될수록 더 약한 외인성 자극들 간의 관계도 주의의 선택을 받을 수 있고, 관계성이 더 많이 인식될수록 두 대상은 더 용이하게 하나의 대상으로 처리될 수 있다(Humphreys & Riddoch 1993). (7)에서 화제와 뒤따르는 문장이 나타내는 장면은 일반적으로 분리된 두 개의 대상으로 처리되지만, 내인성 주의가 강해지면서 하나의 대상에 가깝게 처리됨을 볼 수 있다. 또한, 화제와 뒤따르는 문장 사이의 '억양 단절(intonation break)'은 바로 내인성 주의의 비자동적 과정이 요구하는 처리 시간으로 인해 생긴 것으로 설명될 수 있다.

4. 주의 이론으로 보는 한국어의 주어현상

3장에서는 Langacker의 인지문법에서 주장하는 TR/LM 조직의 문제점을 살펴보고, 내인성 자극이 일반적인 어순에 관계하는 수준을 넘어설 때 영어의 화제 구문과 같은 문법 조직으로 부호화된다고 제안했다. 내인성 자극에 의해 주도되는 비자동적 주의 과정이 문법적으로 구분되는 현상은 언어 보편적으로 관찰될 것으로 예상된다. 이 장에서는 한국어의 주어도 일정 수준 이상의 내인성 자극에 의해 주도될 경우 '는'으로, 그렇지 않은 경우 '-가'로 구분되어 실현된다는 것을 살펴보겠다.

먼저, 조사 '는'이 내인성 자극의 우세로 선택된 주어를 표시한다는 근거는 다음과 같이 제시될 수 있다.

- '는'은 의식적으로 어떤 대상에서 다른 대상으로 주의를 전환할 때 사용된다. 하향식 과정은 높은 전환 비용을 요구하는데(Garavan 1998), 두 대상에 번갈아 주의하는 과정도 내인성 자극이 주도하는 하향식 과정이다.
- '는'은 선택된 대상에 대한 관심을 확대하거나 강조할 때 사용된다. 이것은 많은 자극 중에 원치 않는 자극을 걸러내며, 선택된 자극에 대한 주의만을 증대시키는 내인성 자극이 주도하는 주의 과정이다.
- '는'은 유목적적으로 주의하는 모든 대상에 사용될 수 있는데, '목적'이라는 내인성 자극에 의해 주도되는 주의 과정은 '하향식 과정(top-down processing)'이다.
- '는'은 CVC의 음운구조로 CV인 '-가'보다 더 지속 시간이 길고 유표적이며 영어의 화제와 마찬가지로 억양 단절을 동반한다. 내인성 주의는 '비자동적 과정(nonautomatic process)'이며, 비자동적 과정은 더 긴 처리 시간을 요구하기 때문이다(Shiffrin & Schneider 1977).

〈그림 6〉은 (8a)의 해석에 요구되는 주의의 전개 과정을 나타낸다. 〈그림 6〉에서 최초의 주의 대상(O_1)은 시야 속에 들어온 교실((8a)에서 '교실'은 화자와 청자에게 현시된 공간이므로 생략되어 있다.)의 공간인데, 그 안에 있는 작은 원들은 어느 하나도 내재적으로 더 두드러진 속성을 지니고 있지는 않다. 따라서 O_1에 포함된 다른 대상에 주의를 하기 위해서는 의식적인 노력이 필요하다. O_1은 초기 상태에서 외인적 주의를 받는 두드러진

영역이므로 겹줄로 표시되었고, O_1에서 두드러짐이 없는 O_2로 주의가 옮겨지는 과정은 의식적 노력에 의한 내인성 주의 과정이므로 O_1에서 O_2로 향하는 화살선이 겹줄로 표시되었다.

흔히 '대조(contrastive)'라고 불리는 '는'의 기능 역시 일반적인 내인성 주의의 특성을 모두 포함하고 있다. 〈그림 7〉은 (8b)의 해석에 요구되는 주의의 전개 과정을 나타낸다. 〈그림 7〉에는 O_1와 O_2에 번갈아 가면서 주의하는 과정이 나타난다. 이 과정에 나타나는 선택된 대상에 대한 주의의 증폭, 하나의 자극에서 다른 자극으로의 주의 전환 등은 모두 내인성 주의에 속하므로 주어는 '는'으로 부호화 된다. 따라서 (8b)의 두 '학생'은 '-은'과 결합한다.

(8) a. (이 교실) 뒤에서 2번째 줄에 빨간 옷 입은 **학생은** 앞으로 나오세요.
 b. 아까 나왔던 **학생은** 덩치가 크고, 그 옆에 앉은 **학생은** 가냘파 보인다.

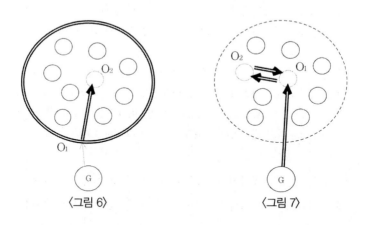

〈그림 6〉   〈그림 7〉

이미 주의하고 있는 대상에 대해서도 주의를 증폭시키는 경우에는 '는'이 사용될 수 있다. (9)와 같이 주어에 대한 자세한 정보를 제공하는 것이 텍스트의 목적인 경우 주어는 항상 '는'과 결합한다. 내인성 자극에 의해 주도되는 주의의 증폭이 이루어지고 있기 때문이다.

(9) 가정은 가족이 안주할 수 있는 장소를 가리키되 오직 물질적인 환경만
을 의미하는 것이 아니라 가족구성원들이 건전하게 성장·발달할 수
있도록 기본적인 생존욕구를 충족시켜주고, 안식과 애정을 제공하는
보금자리이다. (브리태니커 백과사전)

〈그림 8〉은 (9)에 나타나는 내인성 주의 과정을 형상화한 것이다. 첫 번
째 주의의 대상(O_1)인 '가정'에 대한 주의가 증폭되면서 그것의 구성 요소인
'안주할 수 있는 장소', '안식과 애정을 제공하는 보금자리' 등 '가정'에 연관
된 다양한 속성들 사이로 주의가 활발하게 운동하게 된다. O_2와 O_3는 내인
성 주의, 즉 의식적으로 노력을 통해 접근되는 대상인데, 여기서 각 대상에
연결되는 겹화살선은 의식적 노력에 의해 주도되는 주의를 나타낸다.

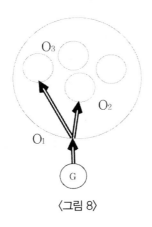

〈그림 8〉

이 외에도 '는'은 주어가 의식적으로 접근되는 대상을 나타내는 모든 경우
에 사용될 수 있다. 일반적인 관찰자의 입장에서 (10a)와 (10b)는 모두 사
용 가능한 문장이다. 하지만, 심리적인 차이는 있다. 화자가 만수에게 의식

적으로 관심을 가지고 정신적으로 다가가는 경우에 (10a)가 사용된다면, 만수가 화자의 관심을 이끌어낸 경우 (10b)가 사용되는 것이다. 하지만, 이러한 구분 자체가 절실하지 않은 상황에서는 '는'과 '-가'의 혼용이 문제되지 않는다.

> (10) a. **만수는** 병원에 가고 있다.
>   b. **만수가** 병원에 가고 있다.

한편, 조사 '-가'가 외인성 자극이 우세한 주의에 의해 선택된 주어를 표시한다는 근거는 다음과 같이 제시될 수 있다.

- '-가'는 의식적인 주의의 전환이나 증폭을 통해 접근되는 대상이나 속성이 아닌, 외부에 현저하게 나타나는 대상이나 속성에 사용된다.
- '-가'는 선택된 대상에 대한 관심을 확대하거나 강조할 때 사용되지 않는다. '-가'가 사용된 문장의 내용은 주어가 지시하는 대상과 함께 자동적으로 인지되는 외인성 자극들만을 포함한다.
- '-가'는 주어가 의식적 주의를 받지 않는 대상을 나타내는 경우 항상 사용될 수 있는데, 의식이 개입되지 않은 주의는 외인성 자극에 의해 주도되는 '상향식 과정(bottom-up processing)'이기 때문이다.
- '-가'는 CV의 음운구조로 CVC인 '는' 보다 지속 시간이 짧고 무표적이다. 이것은 외인성 주의가 '자동적 과정(automatic process)'이며 별도의 처리 시간을 요구하지 않는다는 것과 연관된다.

내인성 자극의 주도로 선택된 대상은 '-가'로 표시되는 주어가 되지 못한다. 따라서 (8a)의 주어 '학생'에 '는' 대신 '-가'를 결합시킨 문장 (11)이 어색하게 느껴지는 것은 당연하다. (11)의 밑줄 친 부분은 교실이라는 첫 번째 주의 대상(O_1)에서 목표대상인 학생에 접근하는 데 필요한 정보를 제공하고 있다. 반면 (12)와 같이 맥락 정보를 통해 주의 선택의 영역이 충분히 한정된 상황에서라면 '-가'가 사용된다.

(11) 선생님: <u>뒤에서 2번째 줄에 빨간 옷 입은</u> **학생이**(?) 앞으로 나오세요.
(12) 학 생: 저희 둘 다 **빨간 옷** 입었는데요?
선생님: 아, 그렇군요. 둘 중에 키가 더 큰 **학생이** 앞으로 나오세요.

'-가'로 표시되는 주어는 (13)과 같이 대조를 나타내는 경우에 사용되지 못한다. 대조의 과정에는 주의의 전환이나 증폭과 같은 의식적 노력이 필요하기 때문이다.

(13) *아까 나왔던 **학생이** 인사를 잘 하는데, 그 왼쪽에 앉은 **학생이** 인사를 잘 안 하더라.

'-가'로 표시되는 주어는 (14)와 같이 이미 지정되어 있는 대상에 대한 주의를 증폭시키는 경우에도 사용될 수 없다.

(14) ***가정이** 가족이 안주할 수 있는 장소를 가리키되 오직 물질적인 환경만을 의미하는 것이 아니라 가족구성원들이 건전하게 성장·발달할 수 있도록 기본적인 생존욕구를 충족시켜주고, 안식과 애정을 제공하는 보금자리이다. (브리태니커 백과사전)

우리의 목적이나 목표가 분명해서 정확히 어떤 정보에 집중해야 할지 알고 있다 하더라도 다른 정보가 너무나 현격해서 우리의 주의를 사로잡고 원하는 곳에 집중하지 못하도록 흐트러뜨릴 수 있다. (15)를 보면 의식적으로 주의를 기울이고자 하는 대상은 '는'으로 표시되지만, 의지와는 상관없이 그 현격한 두드러짐으로 인해 주의의 선택을 받는 대상은 '-가'로 표시되고 있다. '-가'와 결합한 '경보', '연기', '왼쪽 유리창', '파편', '밟히는 것' 등은 만수가 본능적으로 주의할 수밖에 없었던 대상이지만, '는'과 결합한 목걸이는 그가 의식적으로 찾고 있던 대상이며 그것에 대한 주의는 증폭된다.

(15) **만수는** 계단을 올라올 때 흘린 목걸이를 찾기 위해 방향을 돌렸다. 그 때 어디선가 화재를 알리는 **경보가** 울렸다. 창밖을 보니 **연기가** 피어오르고 있었다. **왼쪽 유리창이** 깨지면서 **파편이** 튀었다. 일단 살아야겠다는 생각에 미친 듯이 계단을 뛰어 내려갔다. 몇 걸음이나 갔을까? 왼쪽 발에 뭔가 **밟히는 것이** 있었다. **그것은** 그가 찾던 목걸이었다.

외인성 자극이 주도하는 주의 선택의 과정은 〈그림 9〉와 같이 나타낼 수 있다. 여기서 O_1은 점선으로 표시된 주의 가능 영역에 들어있는 다른 대상들보다 현격히 두드러지며, 그로 인해 자동적인 주의의 선택을 받게 된다.

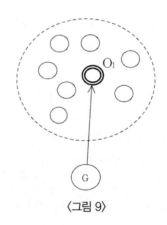

〈그림 9〉

피동 구문의 주어도 '-가'로 표시될 수 있는데, 그것은 '피행위자(patient)'가 '행위자(agent)'와 동등하거나 더 두드러진 외인적 자극이 될 수 있기 때문이다. 3에서 논의한 바와 같이 수동구문은 외인성 자극과 내인성 자극의 구분이 아닌 가장 우선적인 주의를 받는 참여자의 역할과 관계된 문법조직이다. 한국어의 수동구문 역시 피행위자(patient)가 일차적인 주의를 받을 때 사용되지만, 그 주의가 외인성인지 내인성인지는 '-가'와 '는'의 사용으로 구분된다. (16a)의 '토끼'와 (16b)의 항아리는 외인성 주의를 받아 '-가'와 결합했지만, 내인성 주의를 받는 경우 '는'과의 결합도 가능하다.

(16) a. **토끼**가 사자에게 잡아먹혔다.
　　 b. **항아리**가 깨졌다.

(17)과 같이 주어가 어떤 질문이 요구하는 정보를 나타낼 때도 항상 '-가'와 결합한다. (9)의 경우 서술부가 주어에 대한 상세한 정보를 제공하고 있어 주의가 증폭되지만, (17)에서는 주어 자체가 질문이 요구하는 정보를 모두 제공하고 있어 더 이상의 주의 증폭을 요구하지 않기 때문이다.

(17) 선생님: 내 책상에 꽃을 갖다놓은 사람이 누구죠?
　　 학　생: 아까 보니까 **동수가** 그런 것 같던데요.

(18)과 같은 '는데, 갑자기' 구문에서도 후행문의 주어는 항상 '-가'와 결합한다. 갑작스럽게 발생하는 외부의 자극은 의식적 노력과 관계없이 주의를 끌기 때문이다.

(18) a. 만수를 찾고 있는데, 갑자기 **지호가** 나타났다.
　　 b. 전화를 받고 있는데, 갑자기 물 끓는 **소리가** 들렸다.
　　 c. 책을 읽고 있는데, 갑자기 **불이** 꺼졌다.

지금까지 '는'은 내인성 자극이 주도하는 주의 과정을 부호화하고, '-가'는 외인성 자극이 주도하는 주의 과정을 부호화한다는 것을 다양한 언어 현상을 통해 살펴보았다. 그런데, 주어에 결합하는 조사가 없는 경우는 어떻게 설명될 수 있을까? 주어의 무조사 현상은 내인성 자극이나 외인성 자극의 강도가 아닌 자극과 화자의 심리적 거리와 관계되어 있는 것으로 보인다. 유동석(1984)은 무조사 주어가 '현장 지시성'의 의미를 갖는다고 하였고, 김지현(2007)은 '현장성'의 의미를 갖는다고 지적했는데, 그것은 주어 명사구가 가리키는 대상이 발화 현장에 존재하는 경우 무조사가 쓰이는 경향이 있다는 것이다. 하지만, 이와 같은 선행 연구에는 몇 가지 보완되어야 할 부분이 있다.

첫째, 무조사 주어는 발화시 담화 현장에 존재하고 있지 않으나 으레 존재할 것으로 예상되는 대상에도 사용된다. (19a)의 '만수'는 담화에 참여하는 청자일 수도 있지만 현장에 없는 존재일 수도 있다. 그리고 (19b)의 '만수'는 발화 현장에는 없는 존재이다. 두 경우에서 모두 '만수'는 으레 담화 현장에 존재하리라 생각되는 대상이라 할 수 있다. 일반적으로 무조사 주어가 사용되는 상황에서는 '는'이 결합하는 주어도 허용된다. 하지만, '-가'는 지시 대상이 발화 현장에 있는 경우에는 사용되지 않으므로, 만약 '만수'가 발화 현장에 있는 것을 의미한다면 (20a)는 비문이 된다.

(19) a. **만수(는)** 밥 먹었니?
　　 b. **만수(는)** 어디 갔어?

(20) a. * **만수가** 밥 먹었니?
　　 b. **만수가** 어디 갔어?

둘째, 무조사 주어는 (21)과 같이 담화 현장이 아닌 현재 열려 있는 '정신 공간(mental space)[10]' 속에 존재하고 있는 대상을 가리킬 때도 사용될 수 있다. (21a)의 김연아 선수나 (21b)의 환자는 현재 화자의 정신 공간을 점유하고 있는 대상이므로 '는'과 결합한 주어가 될 수 있다.

---

10) 대화가 전개되고 사고가 진행됨에 따라 정신 공간은 새로 형성되거나 확산되는 과정을 반복한다. 정신 공간의 기초적인 개념은 나중에 '혼성 이론(blending theory)'에서도 그대로 사용된다. (Fauconnier 1994, Fauconnier & Turner 2002) 참조.

(21) a. **김연아 선수(는)** 어떻게 되었어요?

   b. 어제 수술 받았다던 **그 사람(은)** 살아났을까?

5. 논의와 결론

이 글에서는 주의 이론의 연구 성과를 검토하고, 이를 토대로 주의 현상이 한국어 주어의 문법 조직에 어떤 식으로 반영되는지 살펴보았다.

초기 주의 이론 이후에 전개된 주의 이론의 성과를 살펴본 결과, 주의가 대상과 속성에 기반하여 작용한다는 것과 내인성 자극과 외인성 자극의 경쟁으로 발생한다는 것을 확인할 수 있었다. Langacker의 인지문법은 조명 이론 이후의 성과가 반영되어 있지 않을 뿐 아니라 그것의 핵심적인 제안인 TR/LM의 이원적 체제도 심리학적 토대와 설명력의 한계를 드러내는 것이 지적되었다. 대상 기반 주의에 따르면, 한 서술어의 모든 참여자는 비슷한 수준의 의식적 노력으로 선택될 수 있다. 또, 일단 선택된 참여자는 할당된 외인성 자극과 내인성 자극의 정도에 따라 어순상의 적절한 위치를 차지하게 된다. 어떤 역할의 참여자에 더 많은 주의가 할당되느냐가 수동태 구문과 같은 문법 조직에 반영될 수 있다는 것은 Langacker에 의해서도 언급되었지만, 외인성 자극과 내인성 자극의 구분이 문법 조직에 반영된다는 것은 밝혀지지 않았다.

'는'이 내인성 자극에 의해 주도되는 주의 과정을 부호화하고 '−가'가 내인성 자극이 우세하지 않은 과정을 부호화한다는 제안은 주의 이론의 다양한 발견과 부합한다는 점에서 언어가 '몸 인지(embodied cognition)'의 모의 체험에 의해 처리된다는 '시뮬레이션 의미론(simulation semantics)[11]'의 가정과 선명하게 연결된다.

---

11) 시뮬레이션 의미론에 대한 자세한 내용은 Bergen 외(2003), Bergen(2005), 정병철(2008), 임지룡 · 정병철(2009) 참조.

'는'이 화제 표지로서 '-가'와 구분된다는 주장들[12]은 '화제(topic)가 무엇인가?'라는 본질적인 문제에 답해야 할 것이다. '화제'란 무엇인가? 그것은 본질적으로 의식적인 노력에 의해, 또는 내인성 자극의 우세로 인해 선택된 주의의 대상이라는 의미로 사용될 수 있을까? 만약 그렇다면 우리는 그 용어를 인지적인 토대에서 사용할 수 있게 될 것이다. 하지만, '-가' 역시 주의에 의해 선택된 대상을 나타낸다는 점에서 본다면, '는'과 '-가'는 같은 범주에 속한다. 따라서 화용적 층위와 자율적인 통사적 층위, 혹은 정보구조와 의미가 없는 순수한 격을 구분한다는 의미에서 '화제'와 '주격 표지'를 구분하여 사용하는 것은 인지언어학의 기본 가정이나 이 글이 시사하는 바와는 거리가 멀다.

'는'의 원형 의미 〈●〉를 [비자동적이고 하향적인 의식적 주의 과정]으로 본다면, 〈❶〉[주의의 전환]이나 〈❷〉[주의의 증폭]과 같은 정신적 경험에도 이러한 주의 과정이 동반되므로 '는'은 〈그림 10〉과 같은 의미망으로 표상되는 다의적 체계를 가진 것으로 볼 수 있다.[13] 소위 문법 형태소인 '는'이 다의적 체계를 가진 의미망으로 표상된다는 사실은 의미 없는 형태는 존재하지 않는다는 인지언어학의 기본 가정에 부합하는 것이다.

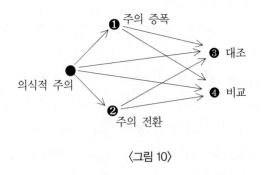

〈그림 10〉

---

12) 전영철(2009)에서는 '는'과 함께 '-가'도 주제(이 글에서는 화제) 표지의 기능을 한다는 일각의 주장에 '는'은 주제 표지이지만 '-가'는 주제 표지가 아님을 재확인했다.

13) 시뮬레이션 의미론에 기초한 의미망 분석 방법에 대한 더 자세한 설명은 정병철(2008), 임지룡·정병철(2009) 참조.

의미 마디 〈❸〉[대조]나 〈❹〉[비교]는 〈●〉, 〈❶〉, 〈❷〉가 복합적으로 동반되어 형성되는 것을 볼 수 있는데, 이러한 복잡성은 억양 곡선이나 처리 시간의 변화를 발생시킬 수 있다. Lee(2005)와 김정란(2009)에 따르면 '는'은 그 의미에 따라 성조의 높이와 컨투어 등에서 차이를 나타낸다. 이 글에서 제시된 '는'의 의미에 따르는 음성적 자질의 변화나 처리 시간에 대해서는 적절한 후속 연구가 필요할 것이다.

또한, 한국어의 주어를 '는'과 '-가', 그리고 무조사 주어의 세 가지로 분류한다면, 유표성이 큰 형태로 실현될수록 인지적인 노력이 많이 드는 시뮬레이션 과정에 대응한다는 사실을 발견할 수 있다. 이런 대응 관계는 인지적인 처리 과정의 복잡성이 형태의 복잡성에 반영되는 '도상성(iconicity)'의 또 다른 예로 설명될 수 있을 것이다(Clark & Clark 1977, Haiman 1980, 1983).

이 글의 초점은 주로 Langacker의 제안으로 포착되지 않는 한국어의 주어 현상을 설명하는 데 모아졌다. 하지만, 궁극적으로는 이 글에서 다루어지지 않은 다른 주어 현상들 혹은 선택적 주의와 관련된 다른 언어 현상들에 대해서도 설명할 수 있어야 할 것이다. 글을 마치기 전에 몇 가지 추가적인 현상들에 대한 설명의 가능성을 제안해보고자 한다.

외인성 주의와 내인성 주의는 각각 '→◎', '⇒○'와 같은 간단한 도형의 묶음을 사용하여 표시하였다. (화살선의 굵기는 내인성 자극의 크기와 비례하고 동그라미 선의 굵기는 외인성 자극의 크기와 비례한다고 보면 될 것이다.) 하지만, 이와 같은 간단한 표상들 사이의 관계에는 더 많은 규칙과 함의들이 숨어 있다.

첫째, 굵은 선 도형과 가는 선 도형의 묶임에는 선택 관계가 있다. 굵은 선 동그라미에 접근하기 위해서 가는 화살선이 사용되지만, 가는 동그라미에 접근하기 위해서는 굵은 화살선이 필요하다.

둘째, 화살선이 굵을수록 주의의 선택 영역은 더 넓어지지만, 능동적인 주의의 선택 영역이 좁아지면 (내인성 자극이 약해지므로) 화살선도 가늘 어진다.

셋째, 첫 번째 주의의 대상(O_1)이 외인성 주의를 받는 경우 그 이후에 주 의를 받는 O_2는 O_1와 관계된 영역을 벗어나지 못한다. '그것은 대상 기반 주의'에 따라 하나의 대상을 구성하는 것으로 인식되어야 동등한 외인성 자 극이 발생하기 때문이다.

이와 같은 규칙과 함의들은 다음과 같은 문제들에 대한 실마리를 제공해 준다.

(i) '는'과 '-가'의 활성 범위 차이: "생선은 도미가 최고다.", "커피는 잠이 안 온다."는 가능하지만, "$^?$생선이 도미가 최고다.", "$^{??}$커피가 잠이 안 온다."는 어색하다. 이것은 '는'과 '-가'의 활성영역 크기의 차이에서 비롯된 것으로 볼 수 있다. 내인성 주의는 자동적으로 인식되는 대상 의 영역을 넘어설 수 있으므로, 하나의 문장 속에 포함된 참여자가 아 니어도 선택이 가능하다.

(ii) '는'이 기본 의미로 사용될 때 문두에 오는 현상: "영희가 **얼굴은** 예쁘 다."에서 '얼굴'은 비교, 혹은 대조의 대상이 될 수 있으므로 문두에 위 치하지 않을 수 있다. 전술한 바와 같이 O_1이 외인성 주의를 받는 경우 이어지는 O_2는 그 관계 영역 안에서만 선택된다. 이 때, O_2는 외인성 주의를 받을 수도 있는데("영희가 **얼굴이** 예쁘다."), 비교나 대조가 진 행되는 경우에는 O_1의 활성 영역이 고정된 상태에서도 내인성 자극이 발생한다. 하지만, O_1이 내인성 주의를 받는 경우에는 문장 전체의 참 조점 역할을 하므로(Langacker 2009: 45~50), 문두에 오는 것이 자연스럽다.

(iii) '-가'와 달리 '는'은 목적어 등 다양한 문장성분에 자유롭게 결합하는 현상: 주지하다시피 '는'은 "영희가 **탁구는** 열심히 친다.", "영희가 탁 구를 **열심히는** 친다." "영희가 탁구를 열심히 **치기는** 한다."와 같이 다 양한 성분과 결합한다. 하지만, '-가'는 그렇지 않은데, 그 이유는 외

인성 주의가 의식의 개입 없이 외적인 자극에 의해 촉발되기 때문이다. 반면, '는'은 내인성 주의를 나타내므로 자격과 상관없이 의식적인 노력에 의해 대상을 선택할 수 있다.

(iv) '단계 층위(stage-level)' 서술어에는 '-가'가 나타나고 '개체 층위(individual-level)' 서술어에는 '는'이 나타나는 현상 : 이정민(1992)에서는 소위 화제 표지인 '는'이 한정성이 있거나 총칭성, 혹은 발화상황에 닻내리기(anchor) 등을 통해 한정성에 육박한 명사구에 결합한다고 하였다. 한 예로 (22a)와 (22b)는 발화 상황에 닻내리기를 통해 한정성에 육박하여 '는'이 사용되지만, 수식절이 없는 비한정 명사구는 (22c), (22d) 등과 같이 '는'의 사용이 어색해진다(이정민 1992: 401).

(22) a. <u>내가 아는 선생님</u> **한 분**은 90이 넘었는데도 정정하시다.
　　 b. <u>우리 옆집에 있는</u> **개 한 마리**는 나만 보면 짖는다.
　　 c. ?***개 한 마리**는 나만 보면 짖는다.
　　 d. ?***노래 여러 곡**은 철수가 지었다.

이 문제에는 앞선 (11)과 (12)에 대한 설명이 동일하게 적용된다.

(11) 선생님: <u>뒤에서 2번째 줄에 빨간 옷 입은</u> **학생이**(?) 앞으로 나오세요.
(12) 학　생: 저희 둘 다 빨간 옷 입었는데요?
　　 선생님: 아, 그렇군요. 둘 중에 키가 더 큰 **학생이** 앞으로 나오세요.

내인성 자극의 주도로 선택된 대상만이 '는'로 표시된다. 따라서 (11)의 '학생'에는 '는'이 결합되는 것이 맞다. (11)의 밑줄 친 부분은 교실이라는 첫 번째 주의 대상(O_1)에서 목표대상인 학생에 접근하는 데 필요한 정보를 제공하고 있다. 이정민(1992: 401)에서 말한 닻내리기란 내인성 주의에 따라 목표 대상을 찾아가는 과정이라 할 수 있다. 반면 (12)와 같이 맥락 정보를 통해 주의 선택의 영역이 충분히 한정된 상황에서라면 '-가'가 사용된다. 선택 가능 영역이 충분히 한정된 상황에서는 굳이 내인성 주의가 발생하지 않아도 되기 때문이다.

이정민(1992: 407)의 또 다른 예를 보면, 영어의 경우 부정관사 명사구가 화제로 허용되지 않는 것이 지적되었는데, 이에 대해서도 부정관사 명사구가 불특정한 대상을 나타내므로 내인성 주의의 대상이 될 수 없기 때문이라는 설명이 가능하다.

(23) The lion/Lions/*A lion will become extinct/die soon.

(ⅴ) "Contrastive Topic and/or Contrastive Focus": (24)는 Lee (2003)에 제시된 '대조 화제(Contrastive Topic)'의 예이다. (24)를 보면, 화자의 정신 공간은 '유미가 시간을 잘 안 지키는' 상태로 초기화(default)되어 있다. 이런 초기화된 상태 O_1에서 유미가 시간을 잘 지키는 '가끔'을 떠올리려면 의식적인 노력이 필요하고 이는 곧 내인성 주의를 동반하게 된다.

(24) 유미가 시간을 **가끔은** 잘 지킨다.

한편, Lee(2003)에서는 '대조 초점(Contrastive Focus)'의 예로 (25)가 제시되었다. (25a)가 (25b)의 경쟁적인 상황에서 발생했는데, 대조 초점은 '-가'로 표시되는 특이성이 지적되었다. (이런 현상은 일본어에도 나타난다.)

(25) a. 내CF가 낼게.
    b. 네CF가 낼래, 내CF가 낼까?

하지만, 본고의 제안에 따르면 (25)는 경쟁자가 두 사람으로 제약된 상황이므로, 별 무리 없이 외인성 주의의 '-가'가 사용될 수 있다. 만약 특별 행사로 대접받은 식사여서 두 사람 다 돈을 안 내는 것이 기대되는 상황이라면, 의식적인 노력으로 초기의 기대 상황을 벗어나므로 "**나는** 낼게."의 사용도 가능하다.

(vi) 초점: 내인성 주의/외인성 주의는 '초점(focus)'과는 어떤 관계에 있는 것일까? '초점'이란 거칠게 말해 담화 맥락에서 새롭거나 주목할 만하다고 여겨지는 부분이다. 따라서 '는'과 '-가'의 용법이 초점과 어떤 관련성이 있으리라는 예상도 해봄직하다. 하지만, '는'이나 '-가' 중 어느 하나가 초점을 나타낸다는 식의 단순한 관계는 성립하지 않는다.

Langacker(2009: 348)는 초점이 문장 성분을 건너뛰거나 분절되어 나타나는 (26)과 같은 예를 보여준다. 이런 경우에 '는'이나 '-가'가 초점을 표시하는 것을 상상하기는 어렵다.

(26) a. Jack drinks beer. He also drinks **red wine**.
　　 b. Jack drinks whisky with ice. He drinks **gin without it**.
　　 c. jack likes whisky. **Jill** prefers **gin**.

담화 맥락에서 비교가 되고 있을 때, 비교의 기준과 다른 부분은 초점이 된다. 한국어에서는 이런 경우 (27)과 같이 '는'이 사용되기도 하지만, '-를', '-도', '-까지' 등 다른 다양한 조사들도 사용될 수 있다. 또한, 질문에 답을 하는 경우에 (28)과 같이 '-가'가 사용되는 이유는 (17)에 대해 설명한 바와 같이 주어 자체가 질문이 요구하는 정보를 모두 제공하고 있어 더 이상의 주의 증폭이 이루어지지 않기 때문이다.

(27) a. 철수는 소주를 좋아한다. **영수는 막걸리를** 좋아한다.
　　 b. 철수는 맥주를 마신다. 철수는 또한 **적포도주도** 마신다.
　　 c. 철수는 차를 팔았다. 철수는 또한 **집까지** 팔았다.

(28) 선생님: 누가 칠판에 낙서했지?
　　 학　생: **제가** 그랬습니다.

Kim(1985)에 따르면, 한국어의 경우 동사의 바로 앞이 '초점 자리(focus position)'로 헌납되어 있다. 또한, Chung 외(2003)에 따르면 강세를 받는 성분이 초점이 되기도 한다. 초점을 부호화하는 이 두 가지 방식은 모두 활발하게 사용되고 있다. 하지만, 어떤 특정한 조사가 전문적으로 초점을 나타내는 데 사용되는 것은 아니며, 단지 상황에 따라 초점을 동반하는 경우가 있을 뿐이다. 그러므로 어떤 상황에서 초점을 동반하는지에 대한 연구가 더 필요할 것으로 보인다.

> (vii) 어순: 한국어의 어순은 다양한 요인에 의해 결정된다. 앞에서 논의한
> 초점 현상도 그런 요인 중의 하나다. 예를 들어, "만수가 어디에 벽돌
> 을 던졌니?"라는 질문에 대해 강세의 위치에 의한 초점 표시("만수가
> **항아리에**$_F$ 벽돌을 던졌어요.")와 어순에 의한 초점 표시("만수가 벽돌
> 을 **항아리에**$_F$던졌어요.")가 모두 가능한데, 후자가 바로 어순 결정의
> 요인이 된다.

인지언어학에서는 도상성 등의 다양한 원리들로 어순을 설명하기도 한다. 예를 들면 '근접성 원리(proximity principle)'에 따라 목적어와 동사의 개념적 거리가 가장 가깝기 때문에 통사적 구성에서도 서로 가깝게 나타난다는 설명이 있다(김진우 1984: 14). 이처럼 한국어의 어순은 다양한 요인들과 관계되어 있어 단일한 인과관계로 풀이하기는 어려울 것이다.

그런데, 인터넷에서 검색한 (29)와 (30)을 보면 목적어와 동사 사이에 다른 성분이 있다. 이렇게 목적어가 무표적인 어순을 벗어난 원인은 무엇일까?

> (29) 볼을 치는 과정이 급하네요. 급하지 않게 할 때는 볼을 잘 맞추지만 급
> 하게 스윙할 때는 볼이 맞지 않습니다. 천천히 치는 연습부터 하겠습
> 니다. **볼을** 바닥에 내려놓고 치기 시작합니다.

(30) 티에서 칠 때는 **공을** 지면에 그냥 놓든가 경기자가 만든 성토(盛土)위
　　에 놓든가 지면으로부터 공을 높이 놓기 위해 티나 모래나 다른 물건
　　위에 놓을 수 있다. (이하 **공을** 티 위에 놓는 것을 '티업'이라 한다)

　(29)와 (30)은 모두 골프를 지도하며 계속해서 '볼'에 주의를 기울이고 있
는 상황이다. '볼'은 중요한 주의의 대상이므로 높은 내인성 주의를 받는다.
(31)에서 목적어가 문장의 첫머리에 놓인 것도 내인성 주의에 의한 것일 수
있다.

　(31) a. **그의 그런 표정을** 사람들은 좋아했다.
　　　 b. **편지를** 책상 위에 놓을 것이 아니라 어디다가 잘 보관해 놓아야지.

　'대상 기반 주의'의 원리에 따르면, 한 문장의 참여자들은 비슷한 수준의
외인성 주의를 받는다. 따라서 내인성 주의의 변화가 민감하게 감지될 수밖
에 없고, 어순 조정이 그것을 표출하는 하나의 방법으로 사용되고 있을 가
능성을 확인해 볼 필요가 있다.
　한국어가 외인성 주의와 내인성 주의의 대상의 구분을 전담하는 문법 체
계를 가지고 있다는 사실을 받아들인다면, '가'를 주격 조사로, '는'을 보조
사로 나누는 문법 교과서의 기술 방식에 대해서도 대안적인 새로운 접근을
시도해야 할 것이다.

제5장

인지언어학으로 보는
한국어의 조사
: 조사 '에'를 중심으로

1. 서론

한국어의 조사는 학교 문법과 많은 국어학 연구에서 문법적인 형태소로 부각되어 다루어졌다. 하지만, 앞의 1장과 4장에서 살펴본 바와 같이 조사도 도식성과 추상성의 정도가 다르기는 하지만 실질적인 의미를 가지고 있고, 의미가 확장되는 방식도 일반적인 어휘들과 차이가 없다. 이 장에서는 인지문법과 '시뮬레이션 의미론(Simulation Semantics)'의 관점에서 조사 '에'의 의미와 구문을 통합적으로 기술하고, 거기서 도출할 수 있는 교육적 함의를 제시하고자 한다.

한국어에서 '탄도체(TR)'와 '지표(LM)'의 위치 관계를 나타내는 데 가장 많이 사용되는 '조사(particle)'는 '에'이다. 세종계획 말뭉치에 기반을 둔 말뭉치 활용 시스템 '꼬꼬마'를 보면, '에'가 총 531,836회 출현하여 전체의 1.68%를 차지하고, 그 다음으로 '로'가 (그 이형태인 '으로'를 합쳐서) 총

345,060회 출현하여 전체의 1.09%를 차지하는 것으로 나타난다. 정병철(2010b)에서는 시뮬레이션 의미론에 기초하여 조사 '로'의 의미와 구문이 통합적으로 기술된 바 있는데, 출현 빈도만을 놓고 볼 때 '에'에 대한 연구의 필요성은 '로'에 뒤지지 않는다. 하지만, 아직 '에'의 시뮬레이션 모형이나 다의적 구조, 그리고 그에 기초한 의미와 구문의 관계는 설명된 바가 없어 이에 대한 통합적인 연구가 필요하다.

'에'를 통합적으로 연구한다는 것은 여러 가지 각도에서 이해될 수 있다. 이론적 정합성과 실제에의 적용이라는 목적의 통합, 심리적 구조와 현상적 구조라는 설명 대상의 통합, 그리고 의미에 대한 설명과 형태에 대한 통합 등이 그것이다. 특히, 인지문법과 시뮬레이션 의미론의 관점에서는 Chomsky(1965: 3~15)가 주장하는 '언어 능력(competence)'과 '수행(perform-ance)'의 구분을 인정하지 않고 언어의 모든 사용 층위에 인지적인 동기가 개입된다고 보므로, 이러한 통합적 연구의 가능성은 더 크게 부각된다. 이 글에서는 '에'에 대한 심리적으로 타당한 분석이 형태와 의미에 대한 타당한 분석으로 이어지고, 올바른 교육적 함의를 찾을 수 있게 해준다는 점에 중점을 두고 논의를 진행하고자 한다.

2. 조사 연구의 인지적 토대

Langacker(2002: 234~285)는 '격(case)'이 의미가 들어 있지 않은 순수한 문법적 구성소라는 전통적인 견해의 문제점을 지적한다. 추상성의 정도가 다를 뿐, 소위 '문법 형태소'에도 의미가 있기 때문이다. 정병철(2010b)에서는 조사 '로'가 기본 의미를 가지고 있을 뿐 아니라 일반적인 어휘형태소와 마찬가지로 다의 체계를 가지고 있음을 밝힌 바 있다. 그러면, 시뮬레이션 의미론에서 말하는 '의미'라는 것은 무엇일까? 한국어의 조사는 어떤 의미에서 '의미'가 있는 것일까? 우리는 이 장에서 시뮬레이션 의미론이 말하는 언어 의미의 발생 원리를 살펴보고, 이를 바탕으로 한국어 조사 연구에 적용될만한 시사점을 찾아보도록 하겠다.

인지언어학에서는 Chomsky(1965)가 제안하는 자율적인 통사 규칙을 인정하지 않고 문법도 의미 단위와 음운 단위가 직접적으로 연결되는 상징적 체계로 구성된다고 제안한다(Langacker 1987: 77). 그에 따르면, 단어 뿐 아니라 문법 역시 의미 단위와 음운 단위가 결합된 상징적 체계이므로 문법은 특정한 형태(형태소, 구조 등)와 그에 대응하는 추상적 의미(혹은 해석 규칙)의 짝이라 할 수 있다. Goldberg(1995)의 '구문 문법(Construction Grammar)'이나 Langacker(1987, 2002, 2008)의 '인지 문법(Cognitive Grammar)', Croft(2001)의 '급진적 구문문법(Radical Construction Grammar)' 등은 모두 의미 단위와 음운 단위 사이의 관계를 서로 다른 각도에서 부각시키고 있지만, 근본적으로 언어가 상징적 체계라는 점에 대해서는 이견을 보이지 않는다.

하지만, 상징 단위의 한 쪽을 이루는 의미 단위를 이루는 실체가 무엇인지에 대한 논의는 최근에 와서야 본격적으로 이루어지기 시작했다. 시뮬레이션 의미론에서는 〈그림 1〉에서와 같이 '개념 체계(Conceptual System)'에 속하는 '인지 모형(Cognitive Model)'이 언어 체계에 속하는 상징적 단위의 어휘적 개념(의미 단위)과 연결되어 있음을 제안한다(Evans 2009: 28). 시뮬레이션 의미론은 기본적으로 '지각적 상징체계(perceptual symbol systems)'가 인간에게 내재된 언어 구조의 실체라는 Barsalou(1999)의 제안을 받아들이고 있는 것이다[1].

---

1) Barsalou는 미국 에모리(Emory) 대학의 심리학과 교수이다. 50권이 넘는 인지심리학과 인지 과학 분야의 책을 저술하였으며, 인간의 지식과 언어, 기억, 사고 등의 본질을 지각적 시뮬레이션의 토대에서 설명하는 대표적인 학자로 오랫동안 주목받고 있다.

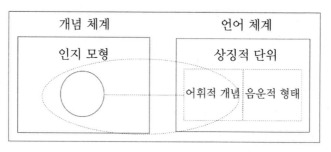

〈그림 1〉 개념 체계와 언어 체계의 관계 (Evans 2009: 28)

Barsalou(1999)에 따르면 지각(知覺)과 함께 발생하는 신경 활동이 '지각적 상징(perceptual symbol)'이 되며, 뇌의 '감각운동구역(sensorimotor-area)'에서 발생하는 활동 패턴이 지각 중 '연합구역(association area)'에 기록되는데, 개념은 연합구역이 감각운동 경험을 재생하기 위해 감각운동 구역을 부분적으로 재활성하는 과정에서 생겨난다. 여기에서 기록된 신경의 활동 패턴이 재활성되는 과정을 시뮬레이션이라 하는데(Barsalou 1999, 2003; Glenberg and Kaschak 2002; Zwaan 1999, 2004), 이것이 사실이라면 우리가 언어를 사용할 때 음운적 형태와 짝지어진 개념은 뇌 속에 저장되어 있던 신체적인 경험을 재생함으로써 얻어진다는 결론에 이르게 된다.

시뮬레이션 의미론을 뒷받침해주는 가장 중요한 경험과학의 성과는 바로 신경의 '거울 활동(mirror activity)'에 대한 발견이다. 원숭이의 경우 다른 동족이나 사람이 어떤 움직임을 수행하는 것을 지각하면 스스로가 그런 움직임을 수행할 때와 같은 두뇌 활동이 관찰된다. 인간에게는 이러한 반응이 국부적으로 나타나는 것이 아니라 보다 넓은 범위에서 '거울 활동'의 패턴이 나타난다(Tettamanti 외 2005, Buccino 외 2001). 이와 같은 거울 활동은 우리가 언어를 통해 의미를 상호 전달할 수 있는 생물학적 토대가 된다.

이미 많은 대표적인 인지언어학자들이 시뮬레이션 의미론을 받아들이고 있고(Bergen 2005, Langacker 2008, Evans 2009), 시뮬레이션 의미론을 뒷받침해주는 연구 성과들도 뇌 영상 촬영 기술의 발달에 힘입어 점점 증가하는 추세이지만[2], 이에 반대하는 강경한 입장도 아직은 존재한다(Fodor 외 1980, Fodor 1980, 1998, 2010). 예를 들어 Fodor 외(1980: 286)는 '할머니'가 '부모의 어머니'이고, '총각'이 '결혼하지 않은 남자'이며, '죽이다'가 '죽게 하다'를 의미하는 흔한 예들을 감각운동에서 발생하는 개념으로 설명할 수 없다고 주장한다. 최근까지 이에 대해 Barsalou(1999)는 추상적인 개념과 생산적으로 합성된 개념들, 그리고 추론 등이 시뮬레이션의 다양한 방식에 의해 발생할 수 있다고 반박한다. 시뮬레이션은 감각운동 경험뿐만 아니라 '자기수용감각(proprioception)'과 '자신의 정신작용을 관찰하는 경험(introspection)'을 활성화시킬 수도 있다. 따라서 '진실'과 같은 추상적인 개념도 묘사된 상황과 지각되는 상황에 대한 비교를 통해 이해할 수 있으며, 지각되는 다양한 정신적 경험을 토대로 다른 복잡한 개념들도 구성해 낼 수 있다는 것이다.

한편 *over, above, in, behind*와 같은 '위치 표현(locative terms)'들은 어휘 발달에서 내적인 요인의 역할을 밝혀내는 데 필요한 검증 대상이 될 수 있다. 만약 Chomsky(1991: 33)의 진화론적인 관점에 따라 인간이 생존을 위해 내재하게 된 언어의 개념이라는 것이 존재한다면, 인간의 보편적인 경험과 관련된 위치 표현도 당연히 거기에 포함되어야 할 것이다. 하지만, 인지언어학과 시뮬레이션 의미론에서는 인간에게 내재된 것이 단어의 개념이 아니라 그러한 개념의 발생을 가능케 하는 지각적 경험의 시뮬레이션 능력이라고 보는데, 언어 전 단계에서 나타나는 공간에 대한 지각 능력이 '위치 표현(locative terms)'의 습득을 예견할 수 있게 해준다는 적지 않은 실험적 증거들은(E. V. Clark 1973, H. Clark 1973, Huttenlocher et al.

---

2) 시뮬레이션 의미론을 뒷받침해주는 연구 결과들은 Bergen(2005), 정병철(2009), Evans (2009) 등을 참고.

1983) 이러한 인지적인 관점을 뒷받침하는 것으로 해석될 수 있다.

인간에게 어휘적 의미가 내재되어 있다는 견해보다 덜 극단적인 '원소론적 접근(atomistic approach)'을 제안하는 Jackendoff(1983)는 예컨대 *in*은 의미 원소인 IN(CONTAINMENT)에 대응하고, *on*은 의미 원소인 ON(또는 SUPPORT)에 대응한다는 식의 설명을 펼친다. 하지만, 원소론자들이 제시하는 대부분의 의미 원소들은 연구자 자신이 습득한 언어를 반영한다는 점이 문제로 지적되고 있다(Bowerman 1996: 160).

인지 문법, 혹은 시뮬레이션 의미론의 관점에서 볼 때, 각각의 언어는 지각되는 공간을 서로 다른 방식으로 개념화하는 것이 당연하다. 지각되는 경험 그 자체가 언어의 개념이 되는 것이 아니라, 지각되는 경험과 언어의 개념은 서로 상호작용을 하고 있기 때문이다. Choi와 Bowerman(1991)은 영어를 사용하는 유아와 한국어를 사용하는 유아가 공간을 개념화하는 방식에 차이가 있음을 밝혀낸 바 있다. 영어에서는 *in*이나 *on*과 같은 전치사로 '포함(CONTAINMENT)'이나 '지지(SUPPORT)' 관계를 구분하지만, 한국어의 '끼다', '붙이다', '꽂다'처럼 TR과 LM 구체적인 형상의 차이를 구분하지는 않기 때문이다. 또한, Tzeltal어의 경우에는 포함, 지지 등의 관계가 늘 모양, 크기, 방향, 착탈성, 주어의 범주 등과 같은 더 구체적인 정보와 함께 표시되어 영어와 매우 큰 차이를 보인다(Brown 1994: 760). 이처럼 전문적으로 공간 관계만을 나타내는 표현은 범언어적으로 찾아보기 어려우며, 위치에 대한 정보는 다른 다양한 지각 경험과 함께 전달되는 것이 일반적이다. 한국어의 조사 역시 예외는 아니다. '에'와 '에게', '한테' 등의 조사는 위치에 대한 정보만을 나타내는 것이 아니라 그 위치가 무정물인지 유정물인지, 그리고 발화가 문어인지 구어인지도 구분해준다.

영어에서는 *over, at, on, under, in* 등의 전치사를 통해 TR와 LM의 다양한 위치 관계를 나타낸다. 예컨대, 'The lamp is above the table'에 사용된 *over*는 시간의 흐름 속에 전개되는 TR와 LM의 수직적 상하 관계를 나타낸다. 하지만, 한국어에서는 (1)과 같이 위치를 나타내는 명사와 조사가 결합을 해야 이러한 다양한 위치 관계를 표시해줄 수 있다.

(1) a. 방송국 철탑 위에 풍선 하나가 매달려 있다.
b. 매표소에서 앞에 선 사람
c. 극장 안에 들어갔다.

  '위', '앞', '안', '아래', '옆'과 같은 위치 명사의 개념은 TR와 LM의 위치 관계에 '윤곽(profile)'을 부여한다. 반면에, 조사 '에', '에게/한테'는 위치나 유정물을 나타내는 명사에 의해 윤곽 부여된 영역과 TR의 관계에 윤곽을 부여할 뿐, TR와 LM의 구체적인 형상과 위치 관계는 '명시(specify)'하지 않는다. 이것이 조사가 위치 명사와 합성되어야 다양한 위치 관계를 표시할 수 있는 이유다. 〈그림 2〉는 '식탁 위에 전등이 있다'라는 문장을 나타낸 영상인데, 여기에서 '위'는 〈그림 3〉과 같이 전등이 식탁보다 높이 있다는 관계성에 윤곽을 부여하는 요소이다. '위에'는 명사 '위'와 조사 '에'의 의미로 구성된 합성구조인데, 여기에 사용된 '에'는 TR가 LM의 영역을 벗어나지 않는 관계를 나타내므로 〈그림 2〉에서와 같이 시간의 흐름에 따라 위치가 변하더라도 TR가 LM를 기준으로 더 높은 위치에 있기만 하면 적절한 용법으로 인정될 수 있다.

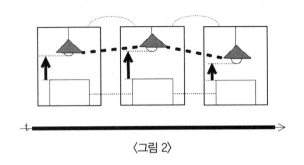

〈그림 2〉

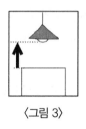

〈그림 3〉

　조사 '로'의 경우도 마찬가지다. 조사 '로'는 〈그림 4〉와 같이 시간의 흐름에 따라 변화하는 TR와 LM의 관계를 나타낸다(정병철 2010b: 225). 〈그림 4a〉는 인지주체 자신이 경로를 따라 이동하는 경험을, 〈그림 4b〉는 경로를 따라 이동하는 지각 대상에 대한 경험을 나타내는데, 신경의 거울 활동을 통해 두 경험의 지각적 상징은 서로를 활성화할 수 있는 관계에 놓인다.

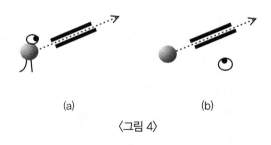

(a)　　　　　　　　　　(b)

〈그림 4〉

　'로' 역시 위치 표현 명사와 결합하면 TR과 LM의 더 구체적인 위치 관계를 나타낼 수 있게 된다. (2)에서 '위로', '밑으로', '옆으로'는 각각 '로'가 위치 관계를 나타내는 명사와 결합하여 더 다양하고 구체적인 이동의 경로를 표시할 수 있게 된 것이다.

　(2) a. 철수가 철봉 위**로** 걸어갔다.
　　 b. 철수가 철봉 밑**으로** 걸어갔다.
　　 c. 철수가 철봉 옆**으로** 지나갔다.

대표적인 위치 표현 조사들은 명사와의 합성을 통해 영어 전치사와 비슷한 수의 구체적인 위치 관계를 나타낸다는 특성이 있다. 하지만, 한국어 조사가 영어 전치사보다 더 다양한 정보를 전달하는 측면도 있다. (3)을 보면 '에게'는 문어체에서 유정물과 결합하고, '한테'는 구어체에서 유정물과 결합하며, '께'는 행위주가 존대하는 대상과 결합한다. 또한, '에다가'는 '에'와 바꿔 쓸 수는 있지만 대상에 뭔가가 더해진다는 의미를 더 부각시킨다.

(3) a. 누나가 동생**에게** 용돈을 주었다.
b. 누나가 철수**한테** 용돈을 주었다.
c. 누나가 할머니**께** 용돈을 드렸다.
d. 누나가 그림**에다가** 덧칠을 했다.

이처럼 한국어에 공간적인 관계만을 전문적으로 부호화하는 조사는 찾아보기 어려우며, 보편적인 의미 원소가 존재한다는 Jackendoff(1983)의 제안은 잘못된 것이거나 증명하기 매우 어려운 것임을 알 수 있다. 하지만, 시뮬레이션 의미론의 관점에서 조사의 의미 현상은 어렵지 않게 설명된다. 공간적인 관계에 대한 지각적 경험이 매우 원초적인 것이기는 하지만 다른 종류의 지각 경험들도 신경의 활동 패턴으로 기록되어 재활성화 될 수 있다. 따라서 공간적인 관계가 중요하기는 하지만, 조사가 그것만을 표시해야 한다는 제약은 애초에 생길 수 없다. 빈번하게 발생하는 신체적인 경험이라면 무엇이든 조사와 같은 문법적인 형태에 의해 부호화 될 가능성이 있기 때문이다.

3. 조사 '에'의 의미와 구문

임지룡 · 정병철(2009)에서는 시뮬레이션 의미론을 적용하여 '장기기억 (long term memory)'에 저장되는 독립적인 의미와 즉석에서 발생하는 맥락 의미를 구분하였다. 만약 시뮬레이션을 통해 즉석에서 발생이 가능하다면 장기기억에 기록될 필요가 없다는 원리이다. 이로써 다의성 오류와 장기기억의 무리한 부담을 줄여줄 수 있다.

"독립된 의미 단위 판정의 원리" (임지룡 · 정병철 2009: 206)
(i) 시뮬레이션을 통해 B가 A와 같은 범주로 인식된다면 B는 A와 독립된 의미가 아니다.
(ii) 시뮬레이션을 통해 B가 A와 같은 범주로 인식될 수 없다면 B는 A와 독립된 의미이다.

그러면, 장기기억에 기록되는 독립된 의미는 어떤 과정을 통해 생기는 것일까? 생물학적으로 장기기억은 단기기억의 일시적인 신경 결합이 반복이나 의미 있는 결합의 과정을 거쳤을 때 만들어진다(Kandel 2001). 그리고 〈그림 5〉에 제시된 ANN(Artificial Neural Network)이라는 '신경망 모형 (neural network modeling)'은 뉴런 세포가 다른 뉴런 세포에 신호를 전달하는 연결 부위에서 흥분이나 억제 신호가 충분히 반복적으로 나타나면 새로운 연결망이 형성된다는 것을 보여주고 있다.

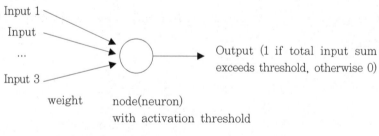

〈그림 5〉 ANN의 formal neuron (Ahlsén 2006: 170)

정병철(2009, 2010a, 2010b)은 동사와 보조동사, 그리고 조사 '로'의 의미 구조를 동반 경험을 통해 형성된 의미망으로 설명한 바 있다. 언어의 기본의미가 지시하는 것에 동반되는 경험이 새로운 의미로 독립되는 현상은 장기기억이 형성되는 생물학적인 과정을 통해 이루어진다고 보는 것이다. 이와 같은 '동반 경험 망 모형(AENM: Accompanied Experience Network Model)'은 언어의 의미구조가 발생하는 과정에 대한 생물학적인 설명과 실제 언어 현상에 대한 누락 없는 설명을 동시에 추구한다.

이와 함께 이 연구에서는 인지문법과 ECG(Embodied Construction Grammar)의 관점에 따라 언어 단위 '에'의 각 의미가 특정한 구문들과 상호작용하는 것을 살펴볼 것이다(Langacker 2005, Bergen & Chang 2005). '구문(constructions)'은 '신체화된 의미 구조(embodied semantic structure)'와 묶여있는 심리적 단위로(Bergen & Chang 2005: 185), 언어를 이해하거나 생산하는 과정의 효율성을 극대화 해준다. 따라서 '에'의 시뮬레이션 과정과 '에'를 포함한 구문의 시뮬레이션 과정은 통합적으로 다루어질 필요가 있다. 이 장에서는 정병철(2010b)에서의 '로'에 대한 연구와 마찬가지로 AENM을 적용하여 조사 '에'의 의미망을 분석하고, 그 의미와 구문의 상호작용 양상을 살펴볼 것이다.

(가) 기본의미 [❶]: 이동에 의한 접촉 영역[3]

'에'의 기본 의미 [❶]는 이동에 따른 접촉에 대한 다양한 경험이 발생시키는 신경의 다양한 거울 활동으로 구성된다. 〈그림 6〉의 시뮬레이션 영상에서 (a)는 인지주체가 직접 목표 영역에 접촉하는 경험을, (b)는 지각되는

---

[3] 기본의미는 다른 확장의미들이 발생하기 위해 필요한 동반경험으로 구성되며, 방사상으로 된 전체 의미망의 중심에 위치한다. 확장의미는 기본의미에 의존하고 있는 반면, 기본의미는 확장의미 없이 존재할 수 있으며, 전체 의미망 분석이 끝난 후에 그 존재가 더 여실히 확인될 수 있다. 이 글에서는 〈그림 16〉에서 기본의미가 방사상으로 된 의미망의 중심에 놓인 것을 확인할 수 있다.

대상이 목표영역에 접촉하는 경험을 보여준다. 신경의 거울 활동을 통해 (b)의 인지주체는 (a)의 지각적 상징을 활성화시킬 수 있게 되어 (a)와 (b)는 연결된다. 인지주체가 직접 지각 대상을 조작해서 목표영역에 접촉시키는 (c)도 같은 방식으로 (a)와 연결된다. (a), (b), (c)는 목표영역에 접촉하는 움직임이라는 공통된 추상적 속성으로 묶여져 기본 의미를 구성한다.

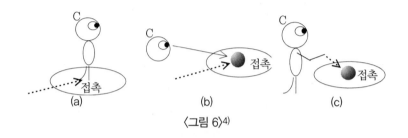

〈그림 6〉4)

(4a)는 [❶a]를, (4b)는 [❶b], (4c)는 '에'가 [❶c]로 사용된 예를 보여준다. 각 의미는 시뮬레이션 영상에 대응하는 적절한 구문과 상호작용한다. [❶a]는 [NP에 VP이동], [❶b]는 [NP에 NP가 VP점착], [❶c]는 [NP에 NP를 VP조작] 구문과 상호작용하는 것을 확인할 수 있다.

(4) a. **학교에** 가다. / 동생은 방금 **집에** 갔다. / 지금 **산에** 간다. / 나는 **생각에** 잠겼다.
  b. **옷에** 먼지가 묻다. / 기획자의 땀이 **곳곳에** 배어 있다.
  c. 물을 호수로 만들고는 그곳에 있던 집을 통째로 **언덕에** 옮겨다 놓는 인간들.

---

4) 〈그림 6〉에서 (a)는 지각경험의 주체가 직접 이동을 통해 목표 영역에 접촉하는 경험을 나타낸다. 이런 경험의 시뮬레이션은 (b)와 같이 지각되는 대상이 이동을 목표 영역에 접촉하는 것을 지각할 때 신경의 거울 활동을 통해 함께 발생하며, 마찬가지로 (c)와 같이 지각경험의 주체가 지각 대상을 목표 영역에 접촉시키는 경험에서도 발생하게 된다. 이와 같은 설명은 인지 과학의 주요 성과와 일치하며 한국어의 말뭉치 분석 결과와도 어긋나지 않는다.

(나) 확장의미 [❶]: 이동이 완료된 후의 접촉 영역

목표영역에 접촉하는 움직임에는 움직임이 끝난 후 접촉된 상태에 대한 경험이 동반된다. 이는 〈그림 7〉과 같은 시뮬레이션 영상으로 나타낼 수 있다. 〈그림 7〉은 〈그림 6〉과 비슷하지만, 이동이 끝난 후의 상태라는 점이 다르다. 여기서 접촉은 것은 위상학적(topological)5) 의미로 사용된다. (5)에서 철수는 버스 정류장에서 버스를 기다리고 있다. 하지만, 많은 버스 정류장들은 정확한 경계선이 표시되어 있지 않다. 여기서 위상학적인 버스 정류장의 영역은 버스가 왔을 때 타고 내릴 수 있는 곳을 말한다. 설사 경계선이 있다 하더라도 한두 발짝 나와 있는 것은 상관이 없다.

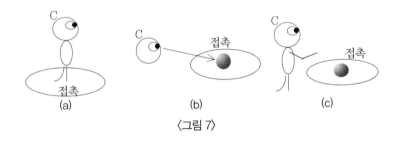

〈그림 7〉

(6)에는 각각의 시뮬레이션 영상에 대응하는 '에'가 사용된 예문들이 제시되어 있다. [❶a]는 [NP에 VP상태], [❶b]는 [NP에 NP가 VP상태], [❶c]는

---

5) (a)와 같이 바나나가 실제로 용기의 경계 안에 들어있지 않아도 'The banana is in the bowl.'이라고 말하는 반면, (b)에서는 바나나가 실제로 용기의 경계선 안에 들어있는데도 'The banana is in the bowl.'이라 하지 않고, 'The banana is under the bowl.'이라는 표현을 사용한다. 그 이유는 인간이 위치 관계를 객관성에 기대지 않고 가변적인 위상학적 속성으로 파악하기 때문이다(Herskovits 1985).

[NP에 NP를 VP상태] 구문과 상호작용하는 것을 확인할 수 있다. 각 의미와 상호작용하는 구문들은 상태를 나타내는 동사가 사용된다는 점만 빼면 기본의미 [❶]와 상호작용하는 세 구문과 비슷하다.

(5) 철수는 지금 **버스 정류장에** 있다.

(6) a. 뭍을 호수로 만들고는 **그곳에** 있던 집을 통째로 언덕에 옮겨다 놓는 인간들.
   b. **집에** 바퀴벌레가 있다.
   c. **건물 안에** 폭탄이 설치되어 있다.

'살다', '계시다', '많다' 등의 동작성이 없는 동사나 형용사가 공기한다.

(다) 확장의미 [❷]: 주의의 대상 영역

[❶c]에 동반되는 경험에서 발생한다. 〈그림 8〉과 같이 조작 대상을 어떤 영역에 접촉시키려면 선택적 주의의 과정이 요구된다. (7)에 사용된 '에'의 기본적인 해석은 [❶c]이지만, 고도의 주의가 동반된다는 맥락의미가 발생할 수 있다. [❶c]에 이어지는 맥락의미의 고착화와 동반경험은 각각 [❷]가 발생하는 독립된 조건이라 할 수 있다. 어느 한 경로가 막히면 다른 경로를 통해 확장의미가 발생할 수 있다. 만약 (7)과 같은 예들의 맥락의미가 충분히 강력하지 않다면 동반경험에 의해 새로운 의미가 생겼다고 보아야 할 것이다. 그 증거로 우리는 [❷]가 독립적으로 사용된 (8)과 같은 예들을 쉽게 찾을 수 있다. [❷]는 〈그림 8〉의 구성요소를 표현할 수 있는 타동사 구문, [NP에 관해], [NP에 대해], [NP에 있어서] 등과 상호작용하는 것이 관찰된다.

(7) 영희는 **바늘에** 실을 꽂으려다 손을 찔렸다.

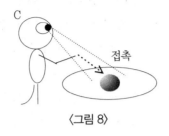

〈그림 8〉

(8) a. 주변 인물의 **시문에** 집착한 것은 조금이라도 더 들러붙기 위함이었다.

  b. 이 **문제에 관한** 보고서를 작성해 오시오.

  c. 한국의 **정에 대해** 이야기하는 외국인

  c. 이 점이 사상을 신술하는 데에 있어서 가장 중시되어야 할 사항이다.

(라) 확장의미 [❸]: 작용의 수용 영역

[❷]와 마찬가지로 [❶c]에 동반되는 경험에서 발생한다. 조작 대상을 어떤 영역에 접촉시키는 것은 그 영역에 어떤 영향이나 작용을 미치기 위해서인 경우가 많다. (9)에서 산딸나무에 복합비료를 준 것은 산딸나무가 잘 크게 하기 위해서이다. 여기서 '에'는 맥락적으로만 작용의 대상 영역을 나타낼 수 있다. (10)은 맥락의미 또는 동반경험이 장기기억으로 변환되어 [작용의 수용 영역]을 나타낼 수 있게 된 것을 보여준다. [❸]은 [NP에 AP_{효능}], [NP에 VP_{작용}]같은 구문과 상호작용한다.

(9) **산딸나무에** 복합비료를 주었다.

(10) a. **몸에** 좋은 보약

  b. 이 약은 **감기에** 잘 듣는다.

  c. 잘 먹고 잘 자는 게 **건강에** 최고

  d. 이걸 **어디에** 쓸 것인가?

(마) 확장의미 [❹]: 더함을 받는 대상

이 확장의미는 [❶c]에 동반되는 경험에서 발생하는 것으로 추정된다. 조작 대상 A를 다른 대상 B에 놓는 행위는 A를 B에 추가하기 위한 목적으로 이루어지는 경우가 많다. 〈그림 9〉는 [❶c]와 같은 상황에 더함이 동반되는 경험을 보여주는 시뮬레이션 영상이다[6]. (11)은 [더함]의 의미가 [❶c]에 대한 맥락의미로 발생하는 경우를 예시한다. 맥락의미의 고착화와 함께 동반 경험의 반복은 [❹]가 의미망에서 독립된 의미마디를 구성할 수 있게 해준다. (12)는 [❹]의 의미가 독립적으로 사용되는 예를 보여준다. [❹]는 기본적으로 (12a)와 같이 [NP에 NP를 VP추가] 구문과 상호작용하지만, 특유의 해석 규칙이 있는 [NP₁에 NP₂에] 구문과 상호작용하기도 한다. [NP₁에 NP₂에]구문은 문장의 나머지 구문과 의미적으로 합성되지 않고, 그 자체만으로 양이나 종류가 많음을 나타내준다.

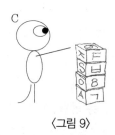

〈그림 9〉

(11) **하층기단**에는 각면에 팔부신중을 양각으로 묘사해 놓았는데, 그 조각
    이 투박하고 익살스럽다. **하층기단 위에**는 다시 2단의 기단을 올려놓
    았고, **그 상부에** 탑신을 올려놓았다.

---

6) 〈그림 9〉에서 하나의 블록에 다른 블록을 쌓아올리는 것은 하나의 블록에 다른 블록을 추가하
는 행위를 수반한다. 이와 같은 경험은 건설 현장에서 자재를 쌓아올리는 경우, 문서를 정리할
때 종이 위에 종이를 얹는 경우, 음식 위에 음식을 더 올리는 경우, 물건을 팔 때 덤을 추가하는
경우와 같은 다양한 상황에서 경험된다.

(12) a. **3에** 4를 더하다.

   b. **자장면 한 그릇에** 짬뽕 하나요.

   c. 아버지가 **책에, 연필에, 장난감에** 이것저것 많이 사 주셨다.

   d. **밥에, 떡에, 술에** 아주 잘 먹었다.

(바) 확장의미 [❺]: 판가름 영역

[❺]도 [❶c]에 동반되는 경험에서 발생한다. 휴지통에 쓰레기를 던져서 휴지통 안에 들어가면 성공이고, 넣지 못하면 실패다. 농구를 할 때, 농구공이 골대 안으로 들어가면 성공이고 들어가지 못하면 실패다. 그 외에도 어떤 영역이 성공과 실패를 판가름하는 기준으로 경험되는 사례는 셀 수 없이 많다. 〈그림 10〉은 이런 경험들을 나타내는 시뮬레이션 영상이다. 그림에 표시된 목표영역의 안에 조작 대상이 들어갈 경우 성공으로 인식되고 벗어날 경우 실패로 인식된다.

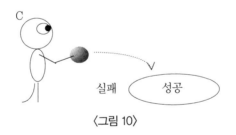

〈그림 10〉

〈그림 10〉에 표상된 동반경험이 장기기억에 기록되거나 (13)과 같은 문장의 맥락해석이 고착화되면서 '에'에 [판가름 영역]이라는 새로운 의미 마디가 발생하게 된다. (14)는 '에'가 [판가름 영역]으로 해석되는 독립된 용법을 예시해준다.

(13) 휴지가 **쓰레기통에** 못 미쳐 떨어졌다.

(14) a. 그것은 **예의에** 어긋나는 행동이다.

　　 b. 한국은행 금보유고 절대적으로 부족. 독일의 **1/240에 불과**한 것으
　　　 로 나타났다.

(사) 확장의미 [❻]: 대응 영역

이것 역시 [❶c]에 동반되는 경험에서 발생한다. 목표 영역의 후보가 다
수일 때, 조작 대상을 어디에 놓을지 결정해야 한다. 분리수거를 할 때, 플
라스틱은 여러 개의 수거함 중에 플라스틱류 수거함에 넣어야 한다. 볼펜은
책상 위에 굴러다니게 하는 것보다 연필꽂이에 넣으면 좋을 것이다. 이처럼
조작 대상을 적절한 영역에 위치시키는 경험들을 추상화하면 〈그림 11〉과
같은 시뮬레이션 영상으로 제시될 수 있다. 〈그림 11〉에서 목표영역은 여러
개로 나뉘어 있는데, 조작 대상은 그 종류에 따라 알맞은 대응 영역으로 운
반되어야 한다.

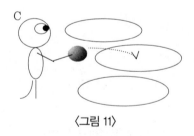

〈그림 11〉

[대응 영역]은 [❶c]에 동반되는 경험뿐만 아니라 (15)와 같은 문장의 맥
락의미가 사용에 의해 강화되면서 독립된 의미 마디를 형성하게 된다. (16)
은 '에'가 맥락의미로 해석되지 않고도 [대응 영역]으로 사용된 예를 보여준
다. '그'는 반장, '성희'는 춘향, '춘수'는 이 도령이라는 역할에 선정된 것이
다. 확장의미 [❻]은 [NP에 NP가 VP선정(수동태)], [NP를 NP에 NP선정(타동사)],

154

[NP에 NP이다] 등의 구문과 상호작용하는 것을 볼 수 있다.

(15) a. 고기는 (냉장고의) **육류칸에**, 야채는 **특선실에** 보관하세요.
   b. 세제는 **세제 투입구에** 넣으세요.

(16) a. **반장에** 그가 뽑혔다.
   b. 울도 군수(鬱島郡守) 구연수(具然壽)를 **경무사(警務使)에** 임명하고
   c. **춘향에** 성희, **이 도령에** 춘수였다.

(아) 확장의미 [**❼**]: 단위 영역

[**❻**]과 같은 상황에서 여러 [대응 영역]에 조작 대상을 동등하게 나누어 준다면, [대응 영역]은 일정 배당량에 대응하는 [단위 영역]이 된다. 〈그림 10〉은 이런 종류의 상황에 대한 경험에서 추출한 시뮬레이션 영상이다. 이 경우 조작 대상을 목표영역에 배분하는 목적은 [**❻**]의 경우처럼 조작대상의 종류대로 목표영역을 대응시키는 것이 아니라 종류와 상관없이 각 영역에 조작대상을 일정한 분량으로 배분하는 것이다. 흔히 말하는 '한 사람 앞에 하나씩'이라는 인류 보편적인 분배의 정의가 구현되는 상황이라 하겠다.

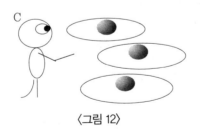

〈그림 12〉

(17)에서 '에'의 의미가 [**❻**]으로 사용되었다 해도, 최종적으로는 [**❼**]이 맥락의미로 발생할 수 있다. 따라서 (17)에서 [**❼**]은 맥락의미로 발생한 것일 수도 있고, 독립된 의미일 수도 있다. 하지만, (18)에서의 '에'는 [**❻**]으

로 해석되지 않으므로 [❼]이 독립적으로 사용되고 있는 개별적인 의미 단위라는 것을 보여준다. 확장의미 [❼]은 수량사(quantifier)와 명사가 합성된 [Quant + N에 + Quant...] 구문과 상호작용한다.

(17) **두 사람에** 하나씩 나눠 가져라.

(18) **쌀 한 말에** 얼마지요?

(자) 확장의미 [❽]: 상황

[❶a]나 [❶b]에 동반되는 경험에서 발생한다. 인지주체는 자신이 위치하고 있는 영역의 조건에 필연적으로 영향을 받는다. 추운 곳에 있으면 추위에 떨게 되고, 좋은 나라에 살면 복지 혜택을 누리게 되는 것이다. (19)에서 '에'는 기본적으로 [❶a]나 [❶b]로 해석되지만, 맥락을 통해 [상황]으로 해석될 수 있게 된다. 동반되는 경험의 누적과 맥락의미의 강화로 인해 [상황]의 의미는 고착화되어 독립적인 사용이 가능해지는데, 그 결과 '에'는 (20)과 같이 [❶a]나 [❶b]로의 해석을 거치지 않고 인지주체를 제약하는 상황으로 해석될 수 있게 된다. 한편, (20c)에서 시간을 나타내는 명사와 결합한 '에'도 [❽]에 속하는 것으로 볼 수 있는데, 그것은 시간이 환유를 통해 상황을 나타내기 때문이다. '에'가 확장의미 [❽]로 사용될 때 상호작용하는 구문은 제한되어 있지 않으며, 이 때 'NP에'는 '부가어(adjunct)'로 어떤 구조의 문장과도 자유롭게 결합할 수 있다.

(19) a. 폭풍우가 치는 **바다에** 돛단배가 떠 있다.
　　 b. **사막에** 핀 꽃 한 송이

(20) a. **이 무더위에** 어떻게 지냈니?
　　 b. **충청권 비상시국에** 골프 친 ○○○의원은 사죄하라
　　 c. **잔칫날에** 왜 울상을 짓고 있느냐?

(차) 확장의미 [❾]: 가능 토대

[❶a]나 [❶b]에 동반되는 경험에서 발생한다. 콩이 나는 것을 가능하게 해주는 토대는 콩을 심을 수 있는 장소이다. 좋은 토양은 좋은 곡식이 자랄 수 있게 해주는 토대이다. 또한, (21)에서 '에'는 [❶a]나 [❶b]로 사용되다가 맥락의미로 [❾]를 발생시킬 수 있다. 이처럼 확장의미 [❾]는 동반경험과 사용의 고착화 두 경로를 통해 발생할 수 있음이 확인된다.

> (21) a. 콩 심은 곳에 콩 난다.
> b. 좋은 토양에 좋은 곡식이 자란다.
> c. 아니 땐 굴뚝에 연기 나랴?

(22)는 이와 같은 의미가 고착화되어 독립적으로 사용된 예문들이다. 자동사 구문 [NP에 NP(가) VP_{자동사}]과 상호작용함을 볼 수 있다.

> (22) **바람에 꽃이 지다.** / 그는 **요란한 소리에** 잠을 깼다. / **그까짓 일에** 너무 마음 상하지 마라. / **그의 거짓말에** 속지 마시오.

(카) 확장의미 [❿]: 포함 영역

[❶b]에 동반되는 경험에서 발생하는 의미이다. 유유상종이라는 말도 있지만, 어떤 개체는 같은 종의 다른 개체와 공동으로 서식하는 것을 흔히 관찰할 수 있다. 식물을 보면, 클로버들은 같은 지역에 모여 있고, 꽃들도 같은 종이 모여 있다. 뿐만 아니라 마트에 가면 같은 회사 같은 상품들끼리 진열이 되어 있다. 이렇게 비슷한 물체들의 집합은 형태심리학적으로 하나의 영역을 형성하게 된다. 〈그림 13〉은 이런 경험들을 토대로 추출한 시뮬레이션 영상이다.

이런 동반 경험을 통해 발생한 [포함 영역]은 (23)과 같이 독립적인 의미로 사용되고 있음을 볼 수 있다. 확장의미 [❿]은 [NP에 NP가 VP_{존재}], [NP 중에 NP가 가장/제일 AP] 등의 구문과 상호작용한다.

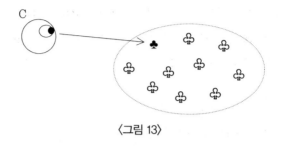

〈그림 13〉

(23) a. **갑각류에** 무엇이 있지?
b. **곶감 중에** 상주 곶감이 가장 맛있다고 한다.

⒁ 확장의미 [⓫]: 묶인 대상

[❶b]에 동반되는 경험에서 발생한다. [❽]에 대한 시뮬레이션 영상에서 볼 수 있듯이, 비슷한 대상들은 가까운 거리에 붙어있는 경우가 많다7). 또한, 어떤 조작 대상 A를 목표 대상 B에 비교하거나 대응시키거나 연관시킬 때(예컨대, 두 그림에서 다른 점 찾기 놀이를 하거나 두 사람의 키를 비교하는 경우), 우리는 A를 B에 최대한 가까이 위치시키려 하게 된다. 〈그림 14〉는 이런 의미를 발생시킬 수 있는 장면 중 하나에 대한 시뮬레이션 영상이다. 이러한 의미가 맥락의미의 고착화에 의해 생긴다는 것을 보여주는 용례는 확인되지 않는다. 어쩌면, 이것이 맥락의미의 고착화 없이 동반경험만으로 새로운 의미마디가 생길 수 있다는 것을 보여주는 것일 수도 있다.

---

7) 식물과 동물들은 비슷한 종끼리 군집생활을 하는 경우가 많이 관찰된다. 해양에서는 따개비, 담치, 굴 따위가 군집생활을 하며, 육지의 개미나 코끼리, 물소 등도 군집생활을 한다. 그 외에도 곰팡이나 은하계, 인간의 사회 등 이러한 동반경험이 발생하는 예는 수없이 찾을 수 있다.

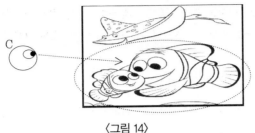

〈그림 14〉

(24)와 같이 [묶인 대상]이라는 의미로 사용되는 '에'는 [그 NP1에 그 NP2]라는 형태의 구문과 상호작용하는데, NP2이 NP1과 비슷하거나 잘 어울리는 대상인 경우 이런 구문을 사용할 수 있다.

(24) a. 그 아버지에 그 아들 / 그 스승에 그 제자 / 그 나물에 그 밥
b. **그 식당에 그 종업원 / 그 나라에 그 국민 / 그 회사에 그 사원**

(파) 확장의미 [⑫]: 작용 토대

[❶c]에 동반되는 경험에서 발생한다. [⑫]의 '에'는 [❾]와 마찬가지로 [토대]의 의미를 가진다. 하지만, [⑫]의 토대가 되는 동반경험이[❶c]이기 때문에 그것은 능동적인 작용의 토대가 된다. 예컨대, 불 위에 음식을 올려 놓고 굽는 경우, 불은 요리를 하는 작용의 토대가 되는 것이다. 우리는 현재 "프라이팬에 계란을 놓고 부쳤다."라는 표현 대신 "프라이팬에 계란을 부쳤다."라는 표현을 일반적으로 사용하므로, 말뭉치에서 이 확장의미가 맥락의미 사용되고 있는 흔적은 찾기 어렵다. 만약 그런 과정이 없었다면 이 확장의미가 단지 동반경험에 의해서만 발생한 것으로 볼 수 있을 것이다. [⑫]가 독립적으로 사용되는 것을 보여주는 (25)와 같은 예들은 쉽게 찾을 수 있다. 확장의미 [⑫]는 능동적인 조작의 주체를 개념적 '바탕(base)'에 포함하며, 그에 따라 [NP에 NP를 VP조작(타동사)] 구문과 상호작용한다는 점에서 [❾]와 구분되는 특성이 있다.

(25) **찜통에** 만두를 쪘다. / 우리는 **햇볕에** 옷을 말렸다. / 예전에는 **등잔불에** 글을 읽었다. / 뉴브리지는 은행을 단돈 **6천억 원에** 인수했다.

(하) 관용구에 사용된 '에'의 의미

〈그림 15〉는 '에'에 [의존 대상]의 의미가 발생할 수 있는 동반 경험들을 예시해준다. 〈그림 15a〉의 가방은 나뭇가지에 달려있어서 나뭇가지가 부러지면 땅에 떨어지게 된다. 또, 〈그림 15b〉에서는 어린 아이가 아빠의 '팔에' 매달려 있는데, 아빠가 팔을 내리면 아이도 따라 내려가게 된다.

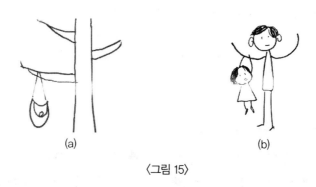

(a)   (b)

〈그림 15〉

후자는 전자와 달리 아빠의 의지가 개입되지만, 두 경우 모두 매달린 것의 운명은 의존 대상의 상태에 의해 결정된다. [의존 대상]은 [❶a]나 [❶b]가 〈그림 15〉와 같은 비교적 구체적인 동반경험을 토대로 발생했을 가능성이 엿보인다. [의존 대상]이 독립적으로 사용되는 예들은 쉽게 찾을 수 있으며 (26)에 제시되어 있다.

(26) a. 아이 언어 능력 **엄마에게 달려있다.**
　　 b. 코 성형-코의 모양의 성패는 **코 보형물에 달려있다.**
　　 c. 3D PC의 운명은 **콘텐츠에 달려있다.**

[의존 대상]은 [NP1주어 NP2에 달려있다] 혹은 NP2가 유정물일 경우 [NP1주어 NP2에게 달려있다] 형태의 구문과 상호작용하는 특징이 있다. 이 때의 '에'는 '달려있다'라는 한 동사의 과거 시제하고만 언어 관계를 이루면서 관용구로 발전하게 된 것일 수도 있다. 그런데, 문제는 여기서 과연 [의존 대상]을 '에'의 의미로 볼 수 있느냐는 것이다. '에'가 항상 '달려있다'하고만 공기하는 것을 볼 때, [~에 달려있다]라는 구문 전체가 [~에 의존한다]라는 의미와 연결되어 있을 가능성이 더 높아 보인다. 따라서 관용구에 사용된 '에'의 의미는 다른 확장의미들과 동등한 것으로 취급하지 않기로 하였다. (27)은 '에'가 들어있는 다른 관용구들이다. 지면의 문제와 연구 방법의 차이로 인해 이 글에서는 모든 관용구들을 다루지 않고 [의존 대상]만을 예로 들어 설명하였다. 관용구에서 원래의 맥락의미를 추정할 수 있는 경우 시뮬레이션 영상으로 표시하는 것이 가능하다. 영상도식을 활용한 관용구의 교육이 효과적이라는 연구 결과가 있는데(이지용 · 심지연 2010), 그 연구의 결과는 시뮬레이션 영상의 교육 효과에도 동일하게 적용될 수 있다.

(27) a. 네오위즈, 차세대 성장 **모바일에 걸었다.**
    b. LG, **특허경영에 시동 걸었다.**

4. 언어 교육에의 시사점

시뮬레이션 의미론과 3장에서 이루어진 '에'의 분석에서 언어 교육에 시사하는 점들을 찾아보면 다음과 같다.

첫째, 조사 '에'의 의미(기본의미를 포함하여)는 지각적(혹은 체험적)인 방식으로 학습해야 할 필요성이 있다. 그것은 곧 우리에게 내재되어 있는 개념적 원소를 찾아 대응시키는 것으로 조사의 의미 학습이 완성되지 않는다는 것을 뜻한다. 2장에서 논의한 바와 같이, 한국어에는 IN, OUT과 같은 개념적 원소로 추정되는 의미를 전담하는 문법 형태소가 존재하지 않는다. '에'와 영어 전치사의 차이점은 2장에서 논의되었지만, 영어보다 훨씬 포괄적인 위치 관계를 나타낸다. 3장에서 보았듯이, 기본의미의 지각적 속성은 동반되는 경험의 속성에 영향을 주며, 그 결과 전체 의미망의 구조가 달라질 수 있다.

둘째, 외국인 학습자들은 모어 화자와 비슷한 학습과정을 자연적인 상태에서 제공받기 어렵다. 모어 화자들은 생활 속에서 자연스럽게 동반되는 경험을 통해 '에'의 의미망과 같은 구조를 강화시키게 된다. 하지만, 외국인 학습자들이 일반적으로 사용하는 사전으로는 이와 같은 동반경험을 강화받기 어렵나. 이런 상황에서 3장에 제시된 확장의미의 시뮬레이션 영싱은 외국인 학습자들에게 부족한 동반 경험을 강화시키기 위한 학습 자료로 활용될 수 있다. 〈그림 16〉은 3장에 제시되었던 시뮬레이션 영상들 중 일부를 의미망 구조에 맞추어 한 곳에 배열한 것이다. 〈그림 16〉만으로도 학습사는 각각의 확장의미들과 기본의미의 동기화된 관계를 파악할 수 있어 학습에 도움을 받게 된다. 최근 언어 학습자들에게 언어의 동기화(motivated) 된 속성을 알게 해주는 것이 단어나 구절의 이해와 학습에 도움을 준다는 경험적인 연구 성과들이 많이 보고되고 있다(Csábi 2004, Tyler & Evans 2004, Boers 외 2008). 특히, 그림을 통해 제시된 설명이 더 높은 학습 효과를 야기한다는 Boers 외(2008)의 실험 결과는 이 연구가 제안하는 바를 뒷받침해준다. 모어 화자와 더 유사한 학습의 조건을 만들어주기 위해서는 더 구체적이고 때로는 흥미로운 다양한 상황을 시뮬레이션 영상으로 제시해주면 좋을 것이다. 다양한 상황과 다양한 맥락에서 발생하는 동반경험을 제시함으로써 학습자가 확장의미의 추상적인 도식을 습득하는 데 도움을 줄 수 있고, 이를 통해 귀납과 연역이 상호작용하는 학습이 이루어질 수 있다. 교사들은 상황에 맞게 동반경험을 제시하는 다양한 방식을 개발하고 그 효과를 검증할 필요가 있을 것이다.

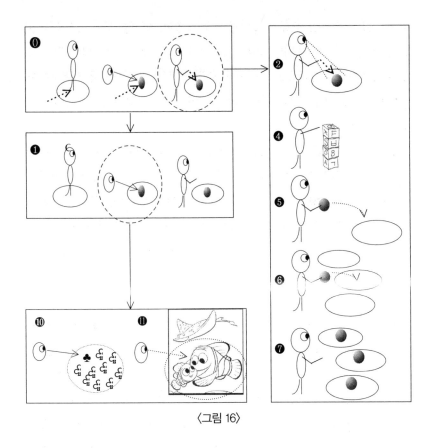

〈그림 16〉

또한, 모어 학습자들에게도 '에'의 체계적 다의성과 의미와 구문의 상호작용을 지도해야 하는 상황이 발생할 수 있다. 만약 Chomsky(1965: 3~15)의 주장을 받아들인다면 '에'의 의미가 언어 능력에 포함되는 것인지조차 분명하지 않다는 문제가 발생한다. 하지만, 이 연구에서는 언어 능력과 수행의 구분 없이 '에'의 의미가 지각경험을 통해 학습되는 것임을 살펴보았다. 따라서 그 기본적인 습득의 과정은 한국어를 외국어로 배우는 학습자들과 다르지 않다. 필자가 지도하는 대학생들의 작문에서도 다양한 조사의 사용이 오류를 보이는 빈도가 매우 높은 편이다. 어떤 학생의 경우 10번 중 7번의 동일한 조사 사용 오류가 확인된 경우도 있다. 이처럼 모어 화자도 다양한 원인으로 잘못된 의미망 체계를 형성하고 있을 수 있으며, 이런 경우 오류가 반복적이고 체계적으로 나타나게 된다. 모어 화자에게도 시뮬레이션 영상과 의미망 구조를 제시함으로써 자신의 오류를 인지적으로 점검하도록 하는 처방을 제공할 수 있다.

셋째, 학습자들은 시뮬레이션 영상에서 윤곽 부여된 부분을 상호작용하는 구문의 논항에 대응하며 구문의 패턴을 학습할 수 있다. 예컨대, 확장의미 [❶b]와 [❿], [⓫]은 시뮬레이션 영상의 바탕에 능동적인 행위자가 없으며, 그 결과 타동사 구문과 상호작용하지 못한다는 것을 쉽게 파악할 수 있다. 시뮬레이션 모형에 의한 통합적 연구 성과는 이와 같이 학습자들이 한국어 조사 '에'를 총체적으로 학습하는 데 도움을 줄 수 있다.

〈표 1〉은 각 개별의미의 사용빈도를 세종 말뭉치에서 무작위로 검출해본 결과이다. 총 100개의 용례들은 모두 이 글에서 제시된 12개의 개별의미에 포함되며, [❻]과 [❼]의 용례는 말뭉치 안에 들어있지 않았다. [❻]과 [❼]의 용례는 인터넷상에서 쉽게 찾을 수 있지만, 12개 이외의 다른 개별의미가 존재하는지 확인하기 위해서는 더 많은 용례를 검사해보아야 할 것이다. 하지만, 우리는 일단 시뮬레이션 모형에 기초한 분석이 일상적으로 접하는 '에'의 기본적인 용례들에 대한 충분한 설명을 제공해준다는 것을 확인할 수 있다.

〈표 1〉

의미	❶a	❶b	❶c	❶a	❶b	❶c	❷	❸	❹	❺	❻	❼	❽	❾	❿	⓫	⓬
횟수	11	4	6	4	6	4	16	21	1	2	0	0	13	4	2	4	2

5. 결론

외국어 학습자들은 다의어를 접하면서 많은 혼란을 경험하게 된다. 하나의 형태가 수없이 많은 의미로 사용된다는 것은 기억에 큰 부담을 주기 때문이다. 또한, 모어 화자들도 다의성을 가진 조사의 사용에 오류를 보이기도 하며, 그에 대한 체계적인 이해를 원하는 경우가 있다. 이런 상황에서 최근 언어의 동기화 된 속성, 즉 의미의 연관성을 가르치는 것이 학생들의 다의어 학습에 도움을 준다는 연구 결과들이 발표되고 있다. 국내에서도 다의성의 체계에 대한 인지적 연구가 적지 않게 이루어져 왔지만, 한국어 조사에 대해서는 그 '체계적 다의성(systematic polysemy)'이 밝혀지지 않아언어 교육의 다양한 상황에 적용될 수 없었다.

조사의 교육 문제는 언어의 의미가 무엇인지에 대한 근원적인 시각과 연관되어 있다. '에'는 인간의 지각적 경험과 관련 없는 개념적 원소를 나타내는가? 아니면, 다른 모든 단어와 마찬가지로 지각적 경험을 통해 두뇌에 기록되고 다시 시뮬레이션 되는가? 이 연구에서는 모형화 작업을 통해 후자의 가정이 실제 언어 사용에 대한 99%이상의 설명력을 제공한다는 것을 살펴보았다. 이러한 결과가 언어 교육에 시사해주는 바는 무엇인가? 그것은 바로 '에'의 의미나 그것과 상호작용하는 구문의 규칙이 인간에게 내재되어 있는 것이 아니라, 세상과의 상호작용을 통해 경험되고 학습되어야 하는 대상이라는 것이다.

이론적인 측면과는 별개로, 조사의 의미를 의미 원소로 분해하는 방식이 학생들에게 그 의미와 구문 규칙을 경험할 수 있는 방식으로 제공해줄 수 없다는 사실은 교육적으로 매우 큰 손실이다. 이 글에서 살펴본 바와 같이 시뮬레이션 모형에 기초한 설명과 영상은 학생들이 '에'와 같은 조사의 의미를 지각적으로 경험되는 방식으로 학습하고, 조사의 체계적 다의성과 구문과의 상호 작용을 이해하는 데 도움을 줄 수 있다. 하지만, 다의적 체계와 구문과의 상호 작용을 지도하는 다양한 방법과 효과가 앞으로 더 연구되어야 할 필요가 있다. 특히, 이 글에서는 아직 구체적인 학습의 모형을 제시하지는 않았으며, 학습 모형의 개발과 적용을 위한 연구의 토대를 제공하고 그 가능성을 살펴보는 것에 그쳤을 뿐이다. 언어 교육의 궁극적인 목적은 이 글에 제시된 지각적 의미 체계를 이해하는 것이 아니라 그것을 가지게 하는 것임을 생각할 때, 이 연구는 언어 교육의 방향을 제시했을 뿐 그 구체적인 실현 방법을 제시한 것은 아니다. 이 글에 제시된 언어 교육의 방향을 실현하기 위해 우리가 할 수 있는 것이 무엇인지 앞으로 더 진지하게 고민해봐야 할 것이다.

제6장

시뮬레이션 모형으로 보는
한국어 보조동사의
의미 해석 과정

1. 서론

한국어의 보조동사에 대해 지금까지 이루어진 논의의 양은 모두 헤아리기 어려울 정도로 많다. 그럼에도 불구하고 한국어 보조동사의 정의나 범주에 대한 완전한 합의는 아직도 이루어지지 못했다(민현식 1999). 보조동사에 대한 접근 방법부터가 다양했다. 전통문법적인 연구에서는 대체로 보조동사의 범주를 인정하는 태도를 보이는 데 반해, 초기의 변형생성문법적인 연구에서는 보조동사를 복합동사의 후행성분으로 보거나 아니면 내포문을 가진 모문의 서술어로 보아 본동사와 특별히 구분하지 않았다(양인석 1972, 박병수 1974, 이선웅 1995). 하지만, 김기혁(1987)에서는 보조동사가 쓰인 구성이 동사구 VP와 동사 V 사이의 중간범주인 V′라고 했다가 Chomsky의 이론 변화와 발맞추어 김기혁(1995)에서는 다시 I′에 속하는 구조로 제시하기도 하였다. 또, 이관규(1992)에서는 보조동사를 주체의 심리 상태를 나타내는 양태(M: modality)로 보았고, 손세모돌(1996)이나 박선옥(2005)에서도 명제가 아닌 화자의 심리적 상태를 나타내는 서법(敍法, M)에 속하는 구조로 보았다. 한편, 최근에는 인지언어학적 관점에서 한국어의 보조동사를 '문법화(grammaticalization)'의 관점에서 설명하려는 시도도 있었다 (김문기 2008).

이처럼 한국어의 보조동사에 대해 수많은 학자들이 다양한 설명을 시도해 왔다. 하지만, 종래의 연구들이 주로 보조동사가 '무엇'인지, 혹은 그 의미가 '무엇'인지에 초점을 두었던 것에 반해, 그것이 인지 체계에서 '어떻게' 발생하고 해석되는지는 충분히 주목하지 않은 것 같지 않다. 특히, 인지신경과학의 관점에서 본다면, '의미'란 고정된 것이 아닌 물결치는 두뇌의 전기 신호로 실현되는 것이다. 따라서 한국어 보조동사의 본질은 그 의미가 발생하고 해석되는 생물학적 과정의 모형을 통해 보다 과학적으로 규명될 수 있을 것이다.

이를 위해 이 연구에서는 경험과학적인 연구 결과를 토대로 한 '시뮬레이션 의미론(simulation semantics)'에 기초하여 한국어 보조동사의 해석 모형을 제안하고, 실제 언어 자료들의 말뭉치 분석을 통해 제안된 해석 모형의 설명력을 확인해보도록 할 것이다. 의미란 그것이 만들어지고 해석되는 역동적인 인지 과정의 산물이다. 따라서 최종적으로 산출되는 의미를 독립적으로 완전히 규명하거나 예상하는 것은 한계가 있을 수밖에 없다. 하지만, 거꾸로 그 과정을 이해한다면 결과에 대해서도 더 정확하고 풍성한 설명을 기대할 수 있을 것이다. 그것은 마치 물리 법칙으로 모든 현상을 예측하지는 못하더라도 어느 정도의 설명은 가능한 것과 같다.

Chomsky를 정신을 계승한 논의에서는 보조동사가 V와 VP, I, M 등의 구조 중에서 무엇에 속하는지가 중요하게 다루어졌지만, 인지적인 관점에서는 보조동사를 해석할 때 우리의 두뇌에서 일어나는 작용, 즉 의미의 해석 과정에 더 관심을 두게 된다. 한편, 보조동사의 통사적인 구조는 '도상성

(iconicity)'의 원리(Haiman 1985), 혹은 처리 부담을 줄이는 최적의 배열로 설명될 수 있는데(O'Grady 2008), 이 때 설명력은 제공되지만 예측력은 제공되지 않기 때문에 한국어의 보조동사가 Chomsky가 제시하는 것과 같은 어떤 구조에 일치하기를 기대할 필요는 없다[1].

인지언어학에서는 시제·법·양태 등이 〈그림 1〉과 같이 세상에 '접지(grounding)'하는 경험적 구조를 반영하는 구조에 속한 것으로 설명한다. 이 체계는 사건이 화자와 어떻게 관련되어 있는지를 보여주는데, 사건이 '현재 여기'에 있는 화자에게 어떻게 지각되는지는 progressive, perfective, tense 등으로 나타나고, 사건에 대한 태도는 modal[2]로, 어떤 의사소통적 의도가 실현되느냐는 mood[3]로 나타나는 것이다. '접지하기'가 인간이 접근할 수 있는 정신적 경험의 일부이긴 하지만, 이것으로도 한국어 보조동사의 의미는 완전히 설명되지 않는다.

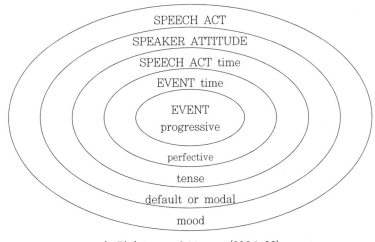

〈그림 1〉 Dirven & Vespoor(2004: 96)

---

1) 영어나 따갈로그어 등의 '조동사(auxiliary verb)'가 일반적으로 시제·법·양태 등에 대한 정보를 전하는 반면, 한국어의 보조동사는 그것만으로 완전히 설명되지 않는다.
2) modal은 사건에 대한 화자의 태도를 표현하는 문법적 방법이다.
3) mood는 평서법, 명령법, 의문법 등과 같이 의사소통적 목적 실현을 위해 사용된다.

언어가 음운 구조와 의미 구조의 결합으로 이루어진 '상징체계(symbolic system)'라는 인지문법의 기본 가정을 따른다면, 보조동사의 의미를 규명하는 것이 곧 보조동사에 대한 본질적인 설명이 된다. 하지만, 아직까지 엄밀한 의미에서 보조동사를 완전한 상징체계로 파악하는 연구는 나타나지 않았다. 따라서 이 연구에서는 보조동사의 '의미 구조'를 시뮬레이션을 통해 접근할 수 있는 모든 정신적인 경험으로 보고 이러한 시뮬레이션이 이루어지는 과정을 살펴보고자 하는 것이다.

이 글에서는 이런 특징이 나타나는 'V1어 V2'의 구문의 'V2' 자리에 오는 보조동사 '놓다'와 '두다'로 연구의 대상을 한정할 것이다[4]. 보조동사 '놓다'와 '두다'는 기능적 유사성으로 인해 자주 비교되곤 하므로, 시뮬레이션 모형의 설명력을 확인할 수 있는 좋은 연구 대상이라 판단된다.

2. 시뮬레이션 의미론과 동사의 의미 해석 모형

현재 인지언어학이 Chomsky 언어학에 내포된 문제점을 인식하고 그에 대한 대안이나 해결책을 모색하는 데는 어느 정도의 성공을 거두었다 하더라도, 그것이 인지언어학의 진정한 '인지적(cognitive)' 기반에 대한 회의론을 완전히 잠재우기에 충분하지는 않았다. 인지언어학의 이론적 가정과 설명들은 아직 부분적으로만 인지과학이나 인지심리학과 같은 경험과학의 연구 성과에 의해 뒷받침되고 있기 때문이다. 또한, 만일 인지언어학이 언어 현상에 대한 설명적 타당성을 제공하여 이론적인 우위를 점했다 하더라도 그것이 과학적인 검증에 의해 뒷받침된다면 더 좋을 것이다.

인지언어학의 궁극적인 목표와 가치는 다른 언어 이론에 대한 비교 우위

---

4) 정병철(2007a)에서는 은유적인 영상의 시뮬레이션을 통해 해석되는 보조동사로 '가다', '오다', '나가다', '들어가다', '빠지다', '지다' 등을 제시한 바 있는데, '놓다'와 '두다'는 다른 이런 부류에 속하지 않는 보조동사이기 때문에 어떻게 설명되어야 할지 관심을 끈다.

를 차지하는 것이 아니라 인간의 실제적인 언어 처리 과정에 부합되는 설명을 제공하는 것에 있다. 따라서 인지언어학은 급속도로 발전하고 있는 인지과학의 경험적 성과들을 예의주시할 수밖에 없다. 최근 Bergen 외(2003) 등이 제안하고 있는 '시뮬레이션 의미론(Simulation Semantics)'은 인지과학의 성과와 인지언어학을 접목시키려는 본격적인 시도 중 하나이다.

2.1. 시뮬레이션 의미론의 도입

시뮬레이션 의미론은 세상과 상호작용하는 신체적 경험이 언어표현의 의미를 창조하고 해석하는 모든 과정에 관여한다는 것을 기본 가정으로 하여, 그 구체적인 과정의 실체를 일반 과학의 경험적인 방법을 통해 하나씩 증명해가고 있다. Langacker(2008: 535)는 언어의 의미 처리에 관여하는 시뮬레이션 과정을 〈그림 2〉를 통해 설명하고 있다.

시뮬레이션 의미론의 연구는 호환 효과5) 실험, 간섭 효과6) 실험, 그리고 PET(Positron Emission Tomography 양전자 방사 단층 촬영)나 fMRI (functional Magnetic Resonance Imaging: 기능성 자기공명영상) 등을 이용한 두뇌의 직접 관찰 등의 방식으로 이루어지고 있다.

---

5) 만약 어떤 문장을 이해하는 것이 그 문장과 관련된 수행을 더 빠르게 한다면, 이것을 호환 효과라고 할 수 있다. 예를 들어 "옆 사람에게 사과를 주어라."라는 문장을 읽을 때 팔을 앞으로 내미는 것을 담당하는 신경이 활성화되기 때문에, 이 문장을 읽은 사람이 "팔을 앞으로 내밀라."는 지시를 듣고 팔을 내미는 속도는 문장을 읽지 않은 사람보다 더 빠를 것이다. 이러한 방식을 사용한 연구로 Barsalou(1999), Barbey, Simmons, Ruppert & Barsalou(2002), Glenberg & Kaschak (2002), Stanfield & Zwaan(2001)과 Zwaan 외(2002), Spivey & Geng(2001), Boroditsky & Ramscar(2002), Richardson & Matlock(2007) 등 참조.

6) 동일한 신경 구조(neural structure)가 동시에 두 개 이상의 과제를 수행하도록 요구될 경우 점화가 이루어지는 것이 아니라 반대로 활성화 시간은 더 오래 걸리게 되는데 이를 간섭 효과라 한다. Perky(1910), Craver, Lemley & Arterberry(2001), Richardson 외(2003) 등 참조.

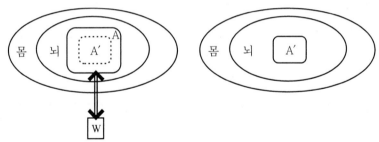

(a) 세상과 접속된 인지 모형   (b) 세상과 접속되지 않은 인지 모형

〈그림 2〉 시뮬레이션 과정의 인지 모형(Langacker 2008: 535)

인지신경과학이 밝혀낸 중요한 성과 중 하나는 두뇌의 '거울 활동(mirror activity)'에 대한 발견이다. 거울 신경은 원숭이의 대뇌 피질에 존재하는 세포들인데, 이 신경은 특별한 움직임을 수행할 때 선택적으로 활성화될 뿐만 아니라 다른 사람이나 원숭이가 같은 일을 하는 것을 지각할 경우에도 활성화된다. 인간에게는 원숭이와 같은 단일한 거울 신경은 아니지만, 거울 신경에 해당하는 '거울 활동'의 패턴이 뇌 영상 촬영 기법을 통해 확인된 바 있다(Tettamanti 외 2005). 또, Buccino 외(2001)에 따르면 인간의 거울 활동 패턴은 대뇌 피질의 '전운동(pre-motor)'영역과 '두정엽(parietal cortex)'에 있는 '신체부위 대응조직(somatotopic organization)'까지 확장되는데, 입, 다리, 손 등에 의해 수행되는 행동을 목격하는 것만으로도 대뇌피질의 전운동영역에 있는 배-등-연결 영역의 특정 부분이 활성화되며, 적절한 목표물을 보여주면 두정엽의 신체부위 대응조직도 그에 맞게 활성화된다고 한다. 이러한 거울 활동 패턴은 인간의 언어 처리 과정 전반에 관여하는 것으로 이해되고 있으므로, 시뮬레이션 의미론이 성립하는 데 핵심적인 역할을 한다.

시뮬레이션 의미론은 다양한 경험과학적 접근을 통해 점점 더 분명히 확인되어 가고 사실들을 통해 인간의 언어 사용 능력을 설명할 수 있는 하나의 유력한 가설이다. 영화는 시각적 자극을 통해 원래의 신체적 체험에 더 가까운 시뮬레이션을 가능하게 한다. 반면, 언어 표현은 신체적 체험과의 연결은 더 약하나, 더 유연하고 시각적 영상에 제약되지 않는 시뮬레이션을 통해 해석된다. 또한, 시뮬레이션은 우리가 경험한 세계뿐 아니라 경험하지 못한 가상적인 세계를 만들어 내기도 한다. 가령, 마사유키 감독의 애니메이션 '피아노의 숲'을 보면 피아노 콩쿨에 참가한 마루야마 다카코는 피아노를 치면서 긴장감을 떨치기 위해 변기에 앉아 강아지 '웬디'를 쓰다듬는 상상을 한다. 이 장면은 푸른 초원 위에서 소녀가 피아노 의자 대신 변기에 앉아 있고, 강아지가 주위에서 뛰어노는 영상으로 처리된다. 게다가 피아노와 소녀가 앉은 변기는 풀밭 위를 날아다니기까지 한다. 중요한 것은 이와 같은 비현실적이고 혼성적인 시뮬레이션 과정이 언어를 해석하는 과정에서도 마찬가지로 작용한다는 사실이다. 소위 '혼성이론(blending theory)'이라는 것도 이러한 인간의 사고 과정 전반을 설명하려는 시뮬레이션 모형의 일종이다(Fauconnier & Turner 1998, 2002).

그러면, 시뮬레이션은 인간이 동사를 사용하고 해석하는 과정에 어떤 방식으로 개입하고 있을까? 2.2에서는 시뮬레이션 의미론의 성과를 비롯한 인지신경과학과 심리학 등의 연구 성과를 토대로 동사의 의미 해석 과정 모형을 제시한다.

2.2. 동사의 의미 해석 과정 모형

동사가 실제로 사용될 때 최종적으로 해석되는 의미는 원형의미를 통해 즉석에서 접근될 것일 수도 있고, 장기기억에서 불러온 것일 수도 있다. 전자는 우리가 흔히 말하는 맥락의미이며, 후자는 의미망에서 독립된 마디를 구성하는 확장의미이다(정병철 2008, 임지룡·정병철 2009).

동사의 의미 해석 과정을 이해하기 위해서는 우선 동사의 원형의미와 맥락의미, 그리고 확장의미가 무엇이며 이들이 어떤 과정을 통해 발생하고 해석되는지 살펴볼 필요가 있다. 이 글의 연구 대상이 보조동사로 사용되는 '놓다'와 '두다'이므로, 본동사로 사용될 때의 '놓다'와 '두다'의 예를 중심으로 사용하도록 하겠다.

21세기 세종계획 말뭉치나 인터넷 등에서 '놓다'의 용례를 검색하면 구체적인 동작을 나타내는 것들 중에서 (1)과 같은 예문들을 쉽게 찾을 수 있다. (1a)는 조작 대상의 위치 선정에 별로 신경 쓰지 않는 상황을 나타내며 (1b)은 중력에 저항하며 들고 있던 대상을 떨어뜨리는 상황을 나타낸다.

(1) a. 이나영 남장했을 때 정신줄 살짝 놓았다.
 b. 놀란 루미기 강마에의 팔을 확 놓았다.

위와 같은 '놓다'의 다양한 용례들을 살펴보면, 〈그림 3〉과 같은 시뮬레이션 영상을 추정할 수 있다. 이기서, 개구리나 물고기 같은 포획된 동물을 방생(放生)할 때 '놓아주다'라는 표현을 쓰는 이유를 알 수 있다. 이런 경우 '놓다' 대신 '두다'를 사용하는 것은 허용되지 않는다. 이 영상에서 손은 어떤 지점에서 대상에 대한 통제를 포기하고 있다. 따라서 일반적으로 대상이 최종적으로 도달하게 될 지점에 대한 정확한 예측은 보장되지 않는다. 하지만, 종착 지점이 가까이 있을 경우 최종 상태에 대한 예측은 어느 정도 가능할 수도 있다.

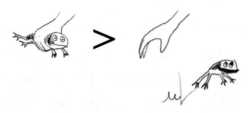

〈그림 3〉 '놓다'의 시뮬레이션 영상

한편, '두다'의 용례들을 검색해보면 '놓다'와는 달리 동작주가 조작 대상이 목표지점에 안정적으로 위치하기를 원하고, 또 그 상태가 일정 시간 동안 계속 유지되기를 희망하는 상황이 많다. '두다'와 '놓다'는 서로 대체될 수 있는 경우가 많으나 조작 대상이 목표지점에서 일정 기간 유지되는 (2)의 세 문장에서는 모두 '두다'가 '놓다'로 대체될 수 없다.

(2) a. 오래오래 **두고** 풀어야 할 이 숙제는…
  b. 일본인이라는 환상에 기반을 **둔** 유사 가족적인 공동 환상일 뿐이다.
  c. 한나라당 의원들도 지역구가 어디냐에 따라 YS와의 거리를 두는 방식이 다르다.

위의 분석을 바탕으로 시뮬레이션 영상을 추출하면 〈그림 4〉와 같다. '두다'의 시뮬레이션 영상에서는 대상을 목표 지점으로 끝까지 옮긴 후에야 그것에 대한 통제를 포기한다. 장기나 체스 놀이에 '두다'를 사용하는 이유도 여기서 찾을 수 있을 것이다. 이런 경우 '두다' 대신 '놓다'를 사용하는 것은 허용되지 않는다.

구체적인 사물의 조작을 나타내는 경우에 '놓다'는 【…을】 구문으로 실현되기도 하지만 (예를 들면 '영희가 엄마의 손을 놓았다'와 같은 경우), '두다'는 항상 【…을…에】 구문으로 실현된다. 이것은 이러한 두 동사의 의미 차이가 구문의 구조에 반영된 것이라 할 수 있다. '놓다'의 목표지점은 선택 사항이지만, '두다'는 의미상 목표지점을 요구하기 때문이다.

〈그림 4〉 '두다'의 시뮬레이션 영상

이 영상들 자체가 동사의 원형의미는 아니다. 원형의미는 이러한 구체적인 상황에서의 경험들이 추출되어 구성되므로, 직접적인 경험 그 자체보다는 더 추상적인 수준으로 존재하게 된다. 원형의미의 추상성을 어느 정도 수준으로 보아야 할까?

앞서 언급한 대로 신경의 '거울 활동(mirror activity)' 패턴은 다른 대상의 비슷한 움직임을 지각할 때도 활성화된다는 것을 기억할 필요가 있다. 또한, 임지룡·정병철(2009)에서 제안한 것과 같이 동사는 '사물(thing)'과 '사물(thing)'의 '관계(relationship)'를 나타내는 범주이므로 기본적으로 명사보다는 더 추상성이 높다. 이 말은 곧 시뮬레이션을 통해 다양하게 해석될 수 있는 맥락 유연성이 더 크다는 것을 뜻한다.

따라서, '놓다'가 나타내는 움직임의 주체는 (3)과 같이 사람, 동물, 로봇이 될 수도 있다. 이러한 가소성은 신경의 거울 활동에 의해 허용된다. 더나아가, 동작을 수행하는 신체 기관은 꼭 손이나 그에 대응하는 부위가 아니어도 상관없다. (3b)를 보면 새가 손이 아닌 부리를 사용하는 것을 볼 수있다.

(3) a. 영수는 책상 위에 사과를 **놓**았다.
　　b. 새는 둥지 위에 물어온 나뭇가지를 **놓**았다.
　　c. R2는 선반위에 연장통을 **놓**았다.

한편, (4)와 같이 '놓다'가 나타내는 움직임의 대상은 손에 잡을 수 있는 물건(a)일 수도 있지만, 잡을 수 없는 물질(b), 짐승(c)이나 사람(d), 혹은 추상적인 개념(e, f)일 수도 있다.

(4) a. 돈 **놓**고 돈 먹기.
　　b. 아궁이에 불을 **놓**았다.
　　c. 경찰은 들판에 개를 **놓**아 범인을 추적했다.

d. 두 집안 사이에 중매쟁이를 **놓아** 혼사를 주선했다.

e. 그는 정신을 **놓고** 한동안 창밖을 바라보았다.

f. 제가 다 알아서 할 테니 마음 푹 **놓으세요**.

   이 외에도 움직여지는 대상이 위치하는 장소나 경로 등도 모두 신경의 거
울 활동과 동사라는 범주의 추상성에 의해 다양하게 실현될 수 있다. 이와
같은 양상은 동사 '두다'의 경우에도 동일하게 나타난다. '두다'가 나타내는
움직임의 주체로는 (5)와 같이 사람, 동물, 로봇 등 신경의 거울 활동을 촉
발할 수 있는 모든 대상이 허용된다.

   (5) a. 이 사과는 냉장고에 오래 **두었다** 먹어도 맛있어요.

     b. 새는 물어온 나뭇가지를 발밑에 **두었다**.

     c. R2는 선반 위에 **두었던** 연장통을 가져왔다.

   '두다'가 나타내는 움직임의 대상 역시 (6)에서처럼 구체적인 사물(a)일
수도 있지만, 조직이나 기구(b), 사건(c)이나 사람(d), 혹은 추상적인 개념
(e)이나 감정(f)일 수도 있다.

   (6) a. 쌀가마를 창고에 **두었다**.

     b. 산 밑에 본진을 **두었다**.

     c. 이번 일을 염두에 **두지** 마라.

     d. 나를 혼자 **두고** 내빼기는 어디로 내빼?

     e. 승리를 눈앞에 **두었다**.

     f. 떠난 사람에게는 미련을 **두지** 말아라.

   '두다'가 나타내는 움직임의 대상뿐만 아니라 그것이 놓이는 장소도 그렇
다. (6a)처럼 구체적인 대상을 구체적인 장소에 놓는 경우도 있지만, (7)과
같이 추상적인 개념이 움직임의 대상이나 장소를 대신하기도 한다.

(7) a. 자연 보호에 목적을 두다.

   b. 기준을 어디에 두느냐에 따라 결과는 달라진다.

   c. 자유와 제한 중 어느 쪽에 더 중점을 두느냐에 따라 자유 무역주의와
   보호 무역주의로 나눌 수 있다.

지금까지 살펴본 바와 같이 동사의 원형의미는 신경의 거울 활동과 동사
라는 범주 자체의 높은 추상성, 그리고 그 의미가 발생하는 상황 속에서의
신체적인 경험 등에 의해 특성화된다. 중요한 것은 이 전체적인 과정은 시
뮬레이션 모형에 대입될 수 있다는 것이다. 2.1에서 언급했듯이 시뮬레이션
은 실제로 경험했던 세계만을 그대로 재생해내는 것이 아니다. 그것은 추상
적인 개념을 영상화하는 과정(징병철 2008)과 그 영상들을 자유롭게 정신
적으로 조작하는 과정을 포함한다.

한 예로 '경제 문제에 초점을 두다.'라는 문장을 살펴보자. 초점은 하나의
점이지만 실제로는 어느 정도의 면적을 가지고 있다. 그것은 광학 용어로
사용되기도 하지만, 인간의 주의가 집중되는 부분을 의미하기 한다. 하지
만, 정신적인 초점 작용은 시뮬레이션을 통해 시각적인 초점 작용처럼 변환
될 수 있다. 〈그림 5〉는 이 문장의 추상적 개념을 영상화하여 시뮬레이션
함으로써 이루어지는 해석 과정을 보여준다.

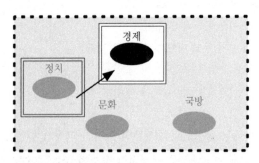

〈그림 5〉 '경제 문제에 초점을 두다'의 시뮬레이션 영상

'경제'라는 추상적 개념의 모체를 시각적인 영상으로 변환하고, 정신적인 초점 작용을 시각적인 초점 작용으로 변환해도 이 문장은 올바른 최종적인 해석에 도달하게 된다. 경제에 광학적인 초점이 맞추어지면 그것은 더 분명하고 자세하게 보이게 된다. 또한, 이런 원리로 '이야기의 초점을 정치 문제에서 경제 문제로 옮기다.'라는 표현도 순조롭게 해석될 수 있다.

지금까지 동사의 원형의미가 시뮬레이션 되어 맥락의미가 발생하는 과정을 살펴보았다. 그러면, 의미망에서 독립된 마디를 구성하는 확장의미는 어떻게 발생하는 것일까? 임지룡·정병철(2009: 206)에서는 다음과 같은 독립된 의미 단위 판정의 원리를 제시한 바 있다.

"독립된 의미 단위 판정의 원리"
(i) 시뮬레이션을 통해 B가 A와 같은 범주로 인식된다면 B는 A와 독립된 의미가 아니다.
(ii) 시뮬레이션을 통해 B가 A와 같은 범주로 인식될 수 없다면 B는 A와 독립된 의미이다.

이 원리가 제시하는 바와 같이 원형의미에 대한 직접적인 시뮬레이션을 통해 도달할 수 있는 의미는 장기기억에서 독립된 의미 마디를 차지할 가능성이 낮아진다. 그러면, 장기기억에 저장되어 있는 확장의미는 어떻게 발생하는 것일까? 그것은 바로 시뮬레이션의 '결속(association)'에 의해 가능하다(정병철 2008).

Chao & Martin(2000)의 실험에서는 망치를 본 참가자들의 두뇌에서 물건을 조작할 때 활동하는 영역이 활성화되는 것이 fMRI를 통해 확인되었다. 망치를 보는 것은 시각 피질 영역만을 활성화시키지 않고 그에 이어지는 행위까지 연상하게 만든다. Barsalou(1999)는 실험 참가자들이 손을 돌리는 동작을 할 때 수도꼭지를 더 빨리 범주화한다는 것을 발견했다. Barbey, Simmons, Ruppert & Barsalou(2002)는 실험 참가자들이 그들의 손을 안쪽으로 잡아당기는 동작을 할 때 양말, 스웨터 등의 옷장과 관련된 것들을 회상하는 것이 더 빨랐다는 결과를 얻었다. 또, Kourzi & Kanwisher(2000)는 fMRI로 사진을 보고 있는 참가자를 촬영했는데, 한 장은 운동선수가 공을 막 던지려는 듯 하는 사진이었고 다른 한 장은 두 팔을 늘어뜨리고 있는 사진이었다. 이 중 공을 던지려는 듯 하고 있는 사진을 볼 때 움직임을 처리하는 시각 관련 영역이 활성화되는 것이 관찰되었다. 이런 실험들은 특정한 경험에 대한 시뮬레이션은 그와 연속적으로 동반되는 경험에 대한 시뮬레이션을 자동적으로 촉발한다는 것을 보여주는데, 이것이 바로 시뮬레이션의 '결속(association)'이다.

시뮬레이션의 결속은 최근 들어 인지언어학에서 더욱 주목하고 있는 '환유(metomymy)'를 발생시키는 신경 단위의 실체라 할 수 있다. 많은 인지언어학자들이 환유는 동일한 영역(domain), 혹은 ICM 내에서 발생하는 사상이라고 설명한다(Lakoff 1987, Radden과 Kövecses 1999). 하지만, '경험적 동반성(experiential accompaniment)'은 환유가 발생하는 '매체(vehicle)', 혹은 '참조점(reference point)'과 '목표(target)'의 관계를 더 정확하게 제약해준다(정병철 2007b). 이처럼, 환유는 의식의 대상이 자동적으로 참조점에서 목표로 옮겨지는 현상이며, 이것은 앞에서 본 시뮬레이션의 결속이 활성화 되는 과정과 다르지 않다. Kandel(2007)에 의해 널리 알려진 바와 같이 한 번의 경험은 신경망의 연결을 지속시키지 못하지만, 반복되는 경험은 신경망의 연결을 강화시켜 장기 기억을 발생시킨다. 이러한 장기기억의 발생 과정 역시 동반경험에 의해 환유가 발생할 수 있는 매체와 목표의 관계가 형성되는 과정을 설명해준다. Pavlov(1927)가 제창했던 조건반사 역시 동반경험에 기초해 발생하는 환유의 한 전형이라 할 수 있다. 또한, 역으로 환유의 발생 기제가 조건반사로 설명될 수도 있다. 개가 고기를 보고 침을 흘리는 것은 아직 조건화되지 않은 최초의 반응이다. 머지않아 개는 먹이를 주는 연구소 직원의 모습만 봐도 침을 흘리게 되는

데, 그 이유는 개에게 그 연구소 직원이 고기가 주어지는 상황과 결속되어 침을 흘리는 반응을 일으킬 수 있는 '자극(stimulus)'이 되었기 때문이다. 이처럼 조건반사란 동물이 그 환경에 적응하기 위하여 후천적으로 획득하는 획득반사인데, 획득반사가 많이 형성될수록 미래의 불확실성에 대처하기 위해 이용할 수 있는 자원이 많아지는 것이고, 그러한 원리는 인간의 언어 습득에도 부분적으로이긴 하나 그대로 적용된다.

동사의 의미가 확장되고 해석되는 시뮬레이션 과정을 종합하면 〈그림 6〉과 같이 나타낼 수 있다. 〈그림 6〉에서 동사의 의미가 지시하는 원래의 사건이 초기의 제 1영향권(D1)이자 참조점(R)이라면, 그에 동반되는 사건은 정신적으로 접근할 수 있는 제 2영향권(D2)이자 환유가 발생할 때의 잠재적인 목표(T)가 된다. 이 과정에서 제 2영향권(D2)의 사건에 참여하는 실재의 수와 관계는 초기 영향권(D1)의 사건에 참여하는 실재의 수나 관계와 달라질 수도 있다.

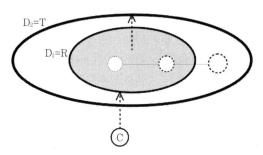

〈그림 6〉 동사의 의미 확장 과정 (정병철 2008:176)

동사의 확장의미에 대한 자세한 분석은 정병철(2008)에 제시되어 있다. 여기서는 보조동사 용법과의 비교를 위해 '놓다'와 '두다'의 확장의미가 발생하는 과정을 몇 가지만 간략하게 살펴보도록 하자.

〈표 1〉에는 '놓다'의 확장의미 일부가 제시되어 있다.

확장의미 〈❶ 중단하다〉는 손에 있던 것을 놓으면서 그것에 대한 물리적인 개입이 중단되는 경험에서 발생한다. 확장의미 ❶이 발생하는 장면에서 대상의 위치는 주의 할당의 영역에서 벗어나므로 【…을】 구문이 실현된다.

확장의미 〈❷ 설치하다〉도 동반 경험이 환유의 목표로 활성화되어 발생한 것이다. 목적어인 '다리', '구들', '전화', '덫', '그물', '쥐약' 등은 또 다른 목적(개울을 건너거나 쥐를 잡는 등)을 위한 도구의 역할을 하며 그 자체가 보전의 대상이 되지는 않는다. 이것 역시 '놓다'의 시뮬레이션 영상과 결속되는 경험의 특성이다. 확장의미 ❷에서는 대상이 놓이는 위치에 주의가 할당되므로 【…에 …을】 구문이 실현된다.

〈표 1〉 '놓다'의 확장의미

확장의미 (동반경험)	해당 예문들7)
❶ (작업을) 중단하다	건강이 좋지 않아 일을 놓고 있다. / 자랏골 사람들은 모두 일손을 놓고 묏등이 파헤쳐지는 것을 먼발치로 보고만 있었다.
❷ (도구를) 설치하다	개울에 다리를 놓다. / 방에 구들을 놓다. / 집에 전화를 놓다. 산에 덫을 놓다. / 강에 그물을 놓다. / 여기저기 쥐약을 놓았다.
❸ -으로 이익을 보려 하다	신혼부부에게 전세를 놓다. / 학생에게 방을 놓다. / 중소기업에 사채를 놓다. / 세를 놓고 다달이 월세를 받는 사람. / 좋은 값을 놓기가 어렵겠다.

확장의미 〈❸ -으로 이익을 보려 하다〉는 확장의미 〈❷ 설치하다〉를 발생시킨 동반경험에 이어지는 또 다른 동반경험을 기초로 발생한다. 예컨대, 강에 그물을 놓거나 쥐약을 놓는 것은 고기나 쥐를 잡으려는 의도가 표출된 것이다. 따라서 확장의미 ❸이 실현되는 구문 역시 【…에 …을】로 ❷와 동일하다.

---

7) 해당 예문들은 대부분 《표준국어대사전》에서 가져왔으며, 필요한 경우 인터넷으로 검색된 자료에 의해 보완되었다.

확장의미 **❶**, **❷**, **❸**과 원형의미 **●**의 의미망은 〈그림 7〉과 같다. 이 의미망에서 각각의 확장의미가 고착화된 정도는 표시되지 않았으며, 점선으로 둘러싸인 영역은 의미 확장에 관계된 동반경험을 표시하므로 **❷**와 **❸**의 영역이 중복된 것을 볼 수 있다.

여기서 의미망의 전체가 제시된 것은 아니지만, 《표준국어대사전》에 나온 다수의 의미들은 의미망에서 독립적인 위치를 차지하지 않는다. 예컨대, [마음을 놓다]나 [정신을 놓다] 등은 '마음', '정신'과 같은 추상적인 개념을 영상화하여 시뮬레이션 한 결과 [*안심하다*], [*방심하다*]와 같은 의미로 해석되는데, 이 해석은 동반경험에 의존해 확장된 것이 아니라 일종의 창조적인 혼성 과정에 의해 만들어져 전체 구문에 귀속된다. 이런 표현과 의미가 언어 공동체 전체에 용인될 정도로 자주 사용된 결과 [[마음을 놓다]/[*안심하다*]], [[정신을 놓다]/[*방심하다*]]와 같은 구문의 상징적 결합이 이루어지는 것이다8).

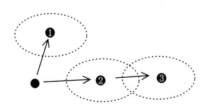

〈그림 7〉 '놓다'의 의미망

한편, 〈표 2〉에는 '두다'의 확장의미 일부가 제시되어 있다. '두다'와 '놓다'의 확장의미에서 발견되는 차이점은 곧 각 동사의 원형의미에 결속되어 시뮬레이션 될 수 있는 경험에서 비롯된 것이라 할 수 있다.

---

8) Langacker(1987: 77)에 따라 [[고양이]/[고양이]]는 의미극을 이루는 구조 [고양이]와 음운극을 이루는 구조 [고양이]가 연합되어 고착화된 구문을 나타낸다.

<표 2> '두다'의 확장의미

확장의미 (동반경험)	해당 예문들
❶ 보관하다	그것을 잘 두었다가 요긴할 때 써라. / 두 다리는 두었다가 뭐 할래? / 당신을 내 마음에 두었다.
❷ (그대로) 유지하다	아이를 그 상태로 두어서는 안 됩니다. / 건드리지 말고 가만히 두시오, / 말썽을 부리면 너를 그냥 두지 않겠다. / 여름에 음식을 그냥 두면 썩고 만다.
❸ (조직, 기구 등을) 설치하다	세계 각지에 지사를 두다. / 국회는 여러 분야에 자문 위원회를 두고 있다. / 이사회에 사외 이사를 두어야 한다.

앞에서 본 〈그림 4〉는 조작 대상이 최종저인 목표 지점에의 안착하는 것을 나타내고 있다. 이러한 행동은 대상의 위치가 그만큼 더 유지되거나 더 나아가 그 대상의 상태가 보호되기를 바랄 때 이루어지는 경우가 많으므로, 확장의미 〈❷ 유시하다〉와 〈❶ 보관하다〉의 발생이 신명된다.

확장의미 〈❸ (조직, 기구 등을) 설치하다〉는 '놓다'의 확장의미 〈❷ (도구를) 설치하다〉와 일견 비슷해 보이나, 전자의 조직이나 기구가 그 자체로 보전될 가치를 지닌 것인 반면, 후자의 도구는 그렇지 않다는 점에서 원형 의미와의 연관성이 다시금 확인된다.

지금까지 동사 '놓다'와 '두다'의 의미가 맥락의미와 확장의미로 해석되는 과정을 살펴보았다. 여기서 한 가지 유의할 것은 맥락의미와 확장의미는 시뮬레이션 되는 방식에 따른 분류일 뿐이며, 그 둘이 동일한 의미로 드러날 수도 있다는 사실이다. 다시 말해, 〈표 1〉과 〈표 2〉에 제시된 확장의미들은 원형의미를 맥락 정보에 맞게 시뮬레이션 하는 과정을 통해서도 일부 얻어질 수 있다. 하지만, 장기기억에 자리 잡고 있는 확장의미는 맥락 정보가 시뮬레이션 되는 과정에서 활성화 되어 올바른 해석에 더 빠르고 완전하게 접근할 수 있게 해 준다. 또한, 맥락 의미가 최종 해석에 기여한다 하더라도 그것만으로는 완전한 해석에 이르지 못하는 경우가 빈번하다는 점에서 확장의미의 독립성을 알 수 있다.

그러면 보조동사의 의미는 어떤 과정을 거쳐 발생하고 해석되는 것일까?

3. 보조동사의 의미 해석 과정: '놓다'와 '두다'

보조동사의 의미가 발생하고 해석되는 과정은 앞에서 살펴본 본동사의 경우와 근본적으로 다르지 않다. 시뮬레이션 의미론의 기본 가정에 따르면 보조동사 역시 시뮬레이션을 통해 그 의미가 해석되어야 한다. 그러므로 보조동사 역시 본동사와 마찬가지로 맥락의미가 발현되거나 동반경험에 의해 형성된 의미망, 혹은 장기기억을 이루는 신경 회로가 활성화되면서 해석된다고 가정할 수 있다. 이번 장에서는 보조동사 '놓다'와 '두다'의 예를 통해 이런 해석 과정 모형의 타당성을 말뭉치 자료를 통해 검증해 보도록 하겠다.

3.1. 보조동사 '놓다'

2.2에서는 본동사로 사용되는 '놓다'의 말뭉치 자료를 통해 의미 발생의 신체적 경험을 나타내는 시뮬레이션 영상 〈그림 3〉을 제시하고, '놓다'의 원형의미가 다음과 같은 주체의 경험과 결속되어 있음을 확인하였다.

(8) '놓다'와 연결된 주체 경험
① 대상에 대한 통제력을 포기한다.
② 대상의 상태가 그대로 유지될 것으로 기대하지 않는다.
③ 대상의 정확한 (최초가 아닌) 최종 위치는 계획하지 않았다.

임지룡·정병철(2009)에서 논의되었듯이, 현재 언어학에서 사용하는 '원형의미'는 인지심리학에서 사용하는 '원형'과 부합되지 못하는 측면이 있다. 인지심리학자인 Barsalou(1990), Barsalou & Hale(1993), Smith &

Minda(2002)의 연구에 따르면, 원형은 구성원의 자격을 판단하기 위한 '참조점(reference point)'의 역할을 하므로 구성원들의 특성과 비율이 달라지면 그것에 맞춰 변화하는 역동적인 성질을 가지고 있다. 이런 사실들을 '놓다'의 의미 범주에 적용해보면, (8)의 ①, ②, ③은 '놓다'의 원형의미 형성에 차등적으로 기여하고 있는 것이며, 이를 〈그림 8〉과 같이 나타낼 수 있다.

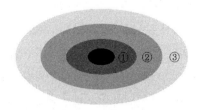

〈그림 8〉 '놓다'의 원형의미

〈그림 8〉에서 가장 짙은 색으로 표시된 원형의미의 핵은 신체의 동작 그자체를 나타낸다. 엄격한 잣대로 따진다면 이 부분만이 원형의미에 속할 것이다. ①은 신체적인 동작과 거의 항상성에 가까운 동반 관계를 이루지만②는 항상성 동반 관계에는 조금 못 미친다. 한편, 조작 대상의 최종 위치는계획되지 않은 경우도 있지만 그렇지 않은 경우도 있으므로 이것은 선택적인 자질이다. 따라서 ③의 참조점 기능은 ①과 ②에 비해 많이 떨어진다. 하지만, ③을 '놓다'의 원형의미에서 배제시키기보다는 상대적으로 기여도가낮다고 하는 것이 더 사실에 가까울 것이다.

한편, 목적어로 올 논항의 참여자가 명시되지 않았을 때, '놓다'가 지시하는 행위에 동반될 수 있는 상황들을 추정해보면 (9)와 같다. 목적어 논항을명시하지 않는 이유는 보조동사 V2가 아닌 V1의 의미가 목적어 논항의 명시를 일차적으로 요구하기 때문이다. 2.2에서는 동사의 의미에 따라 그것이 실현되는 구문의 구조가 달라진다는 것을 보았는데, 보조동사 역시 실현되는 구문의 구조에 대응하는 의미를 가져야 하는 것이다.

(9) (논항 참여자가 명시되지 않은) '놓다'의 주체 동반경험
   A. 행위의 결과를 의도하지 않은 경우: 대상의 최종 위치나 상태를 의
      도하지 않은 채 대상의 통제를 포기함
    −A1. A의 결과가 좋은 경우: 안도감, 기쁨 등
    −A2. A의 결과가 좋지 않은 경우: 불안감, 우울함, 절망 등
   B. 행위의 결과를 의도한 경우: 대상의 상태가 최대한 의도대로 되었을
      때 대상의 통제를 포기함
   C. B의 전 과정 자체를 또 다른 목적을 위해 수행한 경우

  (9)에 제시된 '놓다'의 동반경험들은 (8)에 제시된 원형의미의 속성과 잘
연결된다. 대상에 대한 통제력을 포기한다는 속성 ①은 동반경험 (9A)와 연
결되고, 대상의 상태가 그대로 유지될 것을 기대하지 않는다는 속성 ②는
동반경험 (9C)와 연결된다. 또한 ③은 선택적인 속성이므로, (9D)와의 연결
이 허용될 수 있다.

  (10)~(14)에는 (9)에 제시된 각각의 동반경험이 활성화되는 것으로 보이
는 예문들이 순서대로 제시되어 있다. (이 예문들은 21세기 세종계획 말뭉
치와 인터넷에서 검색되었다.)
  동반경험 A가 확장의미로 나타난 (10)의 예문들을 살펴보자. (10a)에서
도로공사와의 경기가 남게 된 것은 현대건설 팀이 의도한 바가 아니며,
(10b)에서 수요가 증대된 것도 누군가가 의도하지 않았다. 또, (10c)는 경영
자가 어떤 결정이 기업에 막대한 영향을 끼칠지 스스로도 깨닫지 못할 수
있다는 것을 말하고 있다.

(10) a. 현대건설은 도로공사와의 경기를 남겨 **놓고** 두 팀 가운데 한 팀을
        결승상대로 선택할 수 있는 입장이었다.
     b. 돈이 많이 풀려나 수요를 증대시켜 **놓은** 것이 더 큰 원인이 되었다
        고 할 수 있다.

c. 경영자들의 하나의 결정이 기업의 미래를 완전히 뒤바꿔**놓**을 수
　　　도 있다.

　　A1과 A2는 동반경험 A에 후속되는 동반경험인데, 사건 A가 밋밋해서 별로 주의를 끌지 못하므로 주의는 후속되는 동반경험 A1, A2까지 이어질 수 있을 것이다. (11)은 A1, (12)는 A2가 확장의미로 실현된 예문들이다. (11)에서 '여러 가지 작용', '한국팀의 선전', '촌부촌부의 전화' 등은 주체가 예상했거나 의도하거나 계획했던 것이 아니지만 모두 긍정적인 결과로 귀결되고 있으며 심리적인 만족감을 느낀다는 뉘앙스가 담겨있다. 한편, (12)의 예문들도 역시 행위의 결과가 의도된 것은 아니지만, 좋지 않은 결과로 이어져 그에 따른 부정적인 감정이 발생하는 것으로 해석된다.

(11) a. 이와 같은 여러 가지 작용은 인체가 지니는 자연치유력을 불러 일으켜 신체의 이상을 정상상태로 되돌려 **놓**게 된다.
　　 b. 한국팀의 선전이 축구뿐만 아니라 생활 전반에 걸쳐 인식을 바꿔**놓**고 있다.
　　 c. "저녁이라도 한끼 대접하고 싶다"는 촌부촌부(村夫村婦)의 전화 등은 마음을 조금씩 돌려 **놓**았습니다.

(12) a. 인간은 혼자만 변해 가는 것으론 부족해서 자연까지도 그 형체를 바꿔**놓**고야 만다.
　　 b. 장중 20포인트 이상 올랐던 주가를 5포인트 하락으로 되돌려 **놓**았다.
　　 c. 순환도로는 북한산 국립공원을 잘라**놓**을 뿐만 아니라 북한산을 가로지르는 굴을 뚫어서 지나도록 되어 있다.

　　(13)은 동반경험 B에서 발생한 확장의미의 예들이다. (13a)에서 '타수 차이를 벌린 것'과 (13b)에서 '한글 이름을 새긴 것', (13c)에서 '할 말을 다 한 것'은 모두 그 자체가 처음부터 의도했던 행위이다.
　　(14)는 동반경험 C에서 발생한 확장의미의 예들이다. (14a)에서 축구팀이

칼럼니스트들과 다진 인간관계는 기사를 작성하는 더 큰 목적을 위해 계획된 것이다. (14b)에서 물량을 확보하는 것은 소매상들까지 그것이 공급되게 하기 위함이다. 또 (14c)에서 옵션을 받은 것은 그것을 행사해 이익을 챙기기 위함이다.

(13) a. 전날 워낙 타수 차이를 벌려 **놓기**는 했으나...
     b. 사장은 명함에 '노태덕(盧太德)'이라는 한글 이름을 새겨 **놓고** 있다.
     c. 할 말 다 해 **놓고** 이견이 없다니 무슨 소리냐?

(14) a. 또 축구팀이 2년쯤 전부터 많은 시간과 노력을 투자해 다져**놓은** 국내 최고 축구칼럼니스트들과의 인간관계도 지면을 기획하고 기사를 작성하는 데 큰 도움이 되었다.
     b. 이들이 대규모 물량을 확보해 놓으면, 중간상인을 거쳐 소매상들에게까지 '물건'이 공급된다.
     c. 오래 전 받아**놨던** 옵션을 행사해 7억600만달러(8470억원 상당)를 챙겼다.

지금까지 동작주의 관점에서 발생하는 '잡다'의 확장의미들을 살펴보았는데, 객체, 즉 관찰자의 경험에서 발생하는 확장의미도 생각해볼 필요가 있다. (9)의 A와 B는 관찰자에게 예상치 못했던 불행과 거기에서 비롯된 동작주에 대한 적대감을 경험하게 할 수 있다. 예컨대, (15a)에서 여우의 행동은 여우의 의도와는 상관없이 관찰자의 입장에서는 무책임하고 비난받을만한 행동이다. 또, (15b)에서 정부, 재벌, 금융기관 등의 행위는 관찰자인 국민들에게 무책임하고 비난받을 행동으로 여겨진다.

(15) a. 여우란 짐승은 용케도 알아차리고 산소를 파헤쳐 **놓고** 해골을 다 파먹고 여우구덩이를 만들기 일쑤였다.
     b. 정부, 재벌, 금융기관 등이 저질러**놓은** 부실을 메우기 위해 허리가 휠 지경이다.

(15)에 나타난 관찰자 경험의 확장의미를 D라 한다면, 보조동사 '놓다'의 전체 의미망을 〈그림 9〉과 같이 제시할 수 있다. A의 경우 의도되었던 행동이 아니기 때문에 자연히 A1과 A2까지 주의의 선택을 받을 가능성이 높다. 반면 B의 경우 의도되었던 행동이기 때문에 그 후속 경험이 독립적인 의미 마디를 형성하기는 어렵다. 이와 같은 사실은 말뭉치에 나타난 빈도에서도 확인된다. 또, 21세기 세종계획 말뭉치에서 '놓다'가 활용되는 100개의 예문을 검색한 결과 A가 3개, A1이 0개, A2가 6개, B가 31개, C가 20개 검출되었고, 나머지 40개는 본동사로 사용된 예문들이었다. D는 A와 B를 관찰자의 입장에서 볼 때 발생하는데 8개가 검출되었다. 이와 같은 빈도수는 고착화의 정도를 나타내는 실선의 굵기에 반영되었다.

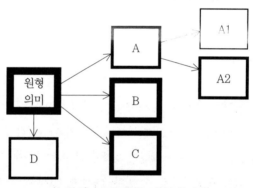

〈그림 9〉 보조동사 '놓다'의 의미망

그런데, 여기에 제시된 보조동사의 의미들이 맥락의미가 아니라 '놓다'의 의미망을 이루는 확장의미라는 것을 어떻게 알 수 있을까? 맥락의미는 원형의미를 맥락 정보에 맞게 시뮬레이션 한 결과로 발생한다. 그런데, 이미잘 알려진 바와 같이 보조동사 V2는 원형의미로 해석되지 않으며, 원형의미로 해석될 수 있는 자격은 V1에만 주어진다. (16)에서 원형의미로 해석되는 것은 모두 V1인 '읽다', '치다', '먹다'이며, V2인 '보다'는 원형의미로 해석되지 않으므로 V2의 원형의미를 시뮬레이션 하며 나타나는 맥락의미 역시 발생할 수 없다.

(16) a. 영희는 '꺼벙이'라는 만화책을 읽어 **보**았다.
　　b. 영희는 샌드백을 쳐 **보**았다.
　　c. 영희는 '베이징 카오야'를 먹어 **보**았다.

그러면, (16)에 쓰인 보조동사의 의미는 어디에서 온 것일까? 그것은 역시 '보다'가 나타내는 시각적 경험에 동반되는 경험을 토대로 발생하는 확장의미 '경험하다', '확인하다', '시험하다' 등에서 온 것이라 할 수 있다.

(17a)에서 '보다'는 원형의미로 해석될 뿐만 아니라 상황에 맞게 시뮬레이션 되는 과정에서 새로운 맥락 의미를 발생시킨다. 영희가 그 남자를 보았다면 그에 대해 전보다는 더 많은 것을 인식하고 평가하게 될 것이다. 이러한 맥락 의미는 (17b)에 사용된 보조동사 '보다'에도 나타난다. 다만, 이번에는 그 의미가 즉석에서 발생한 것이 아니라 장기기억에 저장되어 있는 '보다'의 의미망에서 왔다는 점이 다를 뿐이다.

(17) a. 영희는 그 남자를 **보**았다.
　　b. 영희는 그 남자를 만나 **보**았다.

〈그림 10〉과 〈그림 11〉은 각각 지금까지의 논의를 바탕으로 본동사 구문과 보조동사 구문의 의미 해석 과정을 나타낸 것이다. 여기서 타원은 의미극의 구성요소를, 상자는 음운극의 구성요소를 나타낸다.

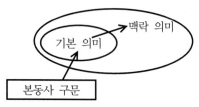

〈그림 10〉 본동사 구문의 의미 해석 과정

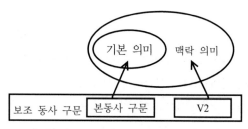

〈그림 11〉 보조동사 구문의 의미 해석 과정

본동사 구문에서는 〈그림 10〉과 같이 기본적인 의미의 시뮬레이션을 통해 자연스럽게 맥락 의미에 도달하는 반면, 보조동사 구문에서는 V2의 확장의미가 내포된 본동사 구문의 시뮬레이션 과정에서 발생하는 맥락 의미를 대신하게 된다. 물론 여기서 선택되는 V2의 의미도 전체적인 맥락 정보에 맞는 것이어야 한다.

한편, 우리는 보조동사가 '상(aspect)'을 나타내는 문법요소라는 주장을 어떻게 처리해야 할지도 생각해볼 필요가 있다. 우리는 '놓다'의 동반경험을 시간적 순서대로 살펴봄으로써 이 문제를 해결할 수 있을 것 같다. 〈그림 12〉는 '놓다'의 확장의미를 구성하는 동반경험들이 시뮬레이션 되는 과정을 공간적 구조로 변환한 것이다. 여기서 A, A1, A2, C는 대상에 대한 통제가 중단된 후에 그 상태가 어느 정도 유지된 후에 결과가 발생한다. 반면 B는 목표로 하는 결과가 나타남과 동시에 대상에 대한 통제가 중단된다.

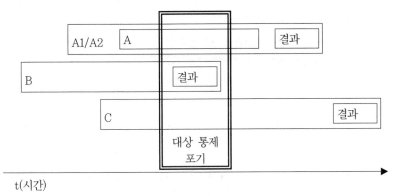

〈그림 12〉 '놓다' 확장의미들의 시뮬레이션 과정

A, B, C 모두 대상에 대한 통제를 그만 두는 시점을 포함하고 있기 때문에, 과거 시제로 사용되면 어떤 상태나 결과가 지속되고 있는 상황을 나타내게 된다. 이러한 시뮬레이션 과정은 결국 어떤 행위가 진행되다가 멈춘 상태로 시간이 경과하는 '완료상(perfective)'의 기능을 포함하게 된다.

지금까지의 내용을 종합하면, 한국어의 보조동사가 〈그림 1〉의 양파껍질에서 영어의 조동사와 비교할 때 더 다양한 층위에서 기능한다는 것을 확인할 수 있다. 보조동사 '놓다'는 특유의 상적인 의미를 가지고 있을 뿐만 아니라 (15)와 같은 '양태(modality)'의 의미도 나타낼 수 있다. 하지만, 이런 모든 의미들은 보조동사 '놓다'의 확장의미가 전체 절의 맥락의미를 보충하는 과정에서 발생하는 부산물일 뿐이다.

3.2. 보조동사 '두다'

2.2에서는 본동사로 사용되는 '두다'의 말뭉치 자료를 통해 의미 발생의 신체적 경험을 나타내는 시뮬레이션 영상 〈그림 3〉을 제시하고, '두다'의 원형의미가 (18)과 같은 주체의 경험과 결속되어 있음을 확인하였다.

(18) '두다'와 연결된 주체 경험
　① 대상에 대한 통제력을 포기한다.
　② 대상의 상태가 그대로 유지될 것을 기대한다.
　③ 대상의 정확한 최종 위치가 계획되어 있다.

　보조동사 '두다'의 의미 역시 '놓다'와 마찬가지로 동반되는 경험을 토대로 발생한다. 목적어로 올 논항의 참여자가 명시되지 않았을 때, 이 행위에 동반되는 경험들은 (19)와 같이 제시할 수 있다. A는 다른 어떤 상황을 대비하는 경우이고, B는 대비하지 않는 경우이다.

　(19) (논항 참여자가 명시되지 않은) '두다'의 주체 동반경험
　　A. 어떤 목적을 위해 조작 대상이 최대한 원하는 상태가 되었을 때 통제를 중단하고, 목적이 달성될 때까지 그 상태가 지속되기를 바람.
　　B. 특별한 목적 없이 조작 대상에 대한 통제를 중단하고 내버려둠.

　21세기 세종계획 말뭉치에서 동사 '두다'가 활용되는 100개의 항목을 검색한 결과 A가 20개, B가 11개 나왔으며 나머지 69개는 모두 본동사였다. '놓다'와 비교해봤을 때 '두다'는 보조동사보다는 본동사로의 사용이 더 활발함을 알 수 있는데, 그것은 (19)에 제시된 동반경험의 상황이 그만큼 더 제약되어 있다는 것에 기인한다. A의 용례가 B보다 많은 것은 그것이 원형의 토대가 되는 신체적 경험의 시뮬레이션 과정에 더 잘 부합되기 때문으로 보인다. 다음 (20)의 세 예문에서는 인지의 주체가 미래의 어떤 목적을 위해 행위의 결과가 지속되기를 바라고 있다. 반면 (21)에서는 특별한 목적 없이 대상이 방치된 상태로 유지된다.

　(20) a. 보험연령 적용 방식을 잘 알아두면 보험료를 아낄 수 있다.
　　　b. 그런 일이 있었냐며 잡아떼기가 여반장이기에, 어제는 증거사진을 찍어두었다.

c. 링크 걸어**두**었으니까 필요하면 클릭해서 이동하세요.

(21) a. 불을 켜**두**고 잠이 들었다.

b. 기계를 오래 세워**두**어 녹이 슬었다.

c. 못 쓰는 물건들을 아무데나 쌓아**두**었다.

(20)에 나타나는 미래 대비의 의미는 '놓다'의 확장의미 C와 유사하기 때문에 (20)의 보조동사 '두다'를 '놓다'로 바꾸는 것이 가능하다. 또한 '놓다'의 확장의미 C가 실현된 (14)의 예문들 역시 '놓다'를 '두다'로 바꾸는 것이 가능하다.

(14) a. 또 축구팀이 2년쯤 전부터 많은 시간과 노력을 투자해 다져**놓**은(다져**둔**) 국내 최고 축구칼럼니스트들과의 인간관계도 지면을 기획하고 기사를 작성하는 데 큰 도움이 되었다.

b. 이들이 대규모 물량을 확보해 **놓**으면(**두**면), 중간상인을 거쳐 소매상들에게까지 '물건'이 공급된다.

c. 오래 전 받아**났**던(받아**두**었던) 옵션을 행사해 7억600만달러(8470억원 상당)를 챙겼다.

물론, 이 경우에 호환이 가능하긴 하지만 의미는 약간 다르다. '두다'에는 기대하는 결과가 나올 때까지 상태를 유지하는 것에 신경을 쓴다는 의미가 더 강하게 들어 있고, 더 나아가 원하는 결과가 나올 때까지 어떤 상태를 만들 만들어 간다는 의미를 가지기도 한다. 예를 들어, (22)에서 언니는 동생에게 다이어트를 지속적으로 요청했으며 그 기대가 달성될 때까지 그 요청을 계속할 작정이었던 것으로 보인다. 따라서 '두다'가 '놓다'로 바뀌는 것은 허용되지 않는다.

(22) 그러기에 이 언니가 평소에 다이어트 좀 하라고 그리도 일러**두**었건만.
(*일러**놓**았건만).

(19)에 제시된 확장의미 A와 B를 거느리고 있는 보조동사 '두다'는 보조동사 '놓다'의 확장의미 C와는 대부분 바꿈이 가능하지만, 나머지 경우에는 대체로 호환이 잘 안 된다. 특히 의미 거리가 가장 먼 보조동사 '놓다'의 확장의미 A1과 A2는 더욱 그렇다. A1과 A2가 실현된 (11)과 (12)는 다음과 같이 보조동사 '두다'를 허용하지 않거나 허용한다 해도 그 의미가 확장의미 C로 달라진다.

(11) a. 이와 같은 여러 가지 작용은 인체가 지니는 자연치유력을 불러 일으켜 신체의 이상을 정상상태로 되돌려 **놓**게 된다(*두게 된다).
　　 b. 한국 팀의 선전이 축구뿐만 아니라 생활 전반에 걸쳐 인식을 바꿔**놓**고(*바꿔두고) 있다
　　 c. "저녁이라도 한 끼 대접하고 싶다"는 촌부촌부(村夫村婦)의 전화 등은 마음을 조금씩 돌려놓았습니다(*두었습니다).

(12) a. 인간은 혼자만 변해 가는 것으론 부족해서 자연까지도 그 형체를 바꿔**놓**고야 만다(*바꿔두고야 만다).
　　 b. 장중 20포인트 이상 올랐던 주가를 5포인트 하락으로 되돌려 **놓**았다(?되돌려두었다).
　　 c. 순환도로는 북한산 국립공원을 잘라**놓**을(*잘라둘) 뿐만 아니라 북한산을 가로지르는 굴을 뚫어서 지나도록 되어 있다.

'두다'는 〈그림 13〉과 같이 '놓다'에 비해 왜소한 의미망을 거느린다.

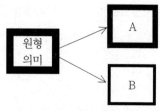

〈그림 13〉 보조동사 '두다'의 의미망

또한, 보조동사 '두다' 역시 '놓다'와 마찬가지의 이유로 완료상을 나타내는 기능을 병행한다. 하지만, 이것은 특별히 전문화된 문법적 기능이라기보다는 동반경험이 시뮬레이션 되는 과정에서 발생하는 다양한 해석 의미의 하나일 뿐이다.

4. 결론

이 연구에서는 경험과학의 성과를 끌어와 보조동사의 의미가 발생하고 해석되는 인지적인 과정을 제시하고 말뭉치 자료를 통해 그 설명력을 확인해 보았다. 보조동사 해석의 시뮬레이션 모형은 보조동사의 의미 자체를 더욱 명확하게 파악하는 데도 도움을 주었고, 그로 인해 '놓다'와 '두다'의 차이도 명료해질 수 있었다[9].

보조동사 '놓다'와 '두다'의 의미는 일반적인 확장의미와 마찬가지로 시뮬레이션의 결속에 의해 발생하는 것으로 보인다. 간단한 말뭉치 검사를 통해 두 보조동사의 의미 모두 동반경험이라는 일반적인 의미 확장의 기제를 통해 발생하는 것임을 확인할 수 있었다. 비록 100여개씩의 용례였으나 동반경험에서 발생할 수 있는 의미를 벗어나는 예는 하나도 없었고, 용법의미의 사용 빈도도 동반경험의 발생빈도와 대략적으로 일치하였기 때문이다.

또한, 보조동사 '놓다'와 '두다'는 〈그림 1〉의 양파껍질에서 하나의 층위에서만 기능하는 전문화된 문법범주가 아니라는 것을 확인했다. 양태나 상적 의미 등은 보조동사가 시뮬레이션 되는 과정에서 일반적인 인지 능력을 통해 자연스럽게 발생하는 해석의 일부이다.

---

9) 일례로, 이기동(1979)는 보조동사 '두다'와 '놓다'가 뚜렷이 다르다는 입장을, 손세모돌(1996)은 근본적으로 다르지 않다는 입장을 보인다. 일단, 두 보조동사는 완전히 같지는 않다는 점에서 '다르다'. 그리고 그 차이는 이 글에서 분석한 것과 같이 원형의미와 동반경험의 차이, 그리고 거기에서 기인한 용법의 차이로 설명될 수 있다.

한편, 정병철(2007a)에서는 '가다', '오다', '나가다', '들어가다', '빠지다' 등 주로 공간 이동과 관련된 동사들이 은유적 영상의 시뮬레이션을 이용하는 보조동사구문을 발생시킨다고 했는데, 보조동사 '놓다'와 '두다'는 은유적인 영상에 기대지 않아도 적절하게 해석될 수 있는 것으로 보인다. 예컨대, '즐거웠던 기억들이 잊혀져간다.'에서는 '기억'이 잊혀지는 '상태'에 공간적 영상을 부여함으로써 그것이 멀어지고 점점 없어지게 된다는 최종적인 해석에 이르게 되지만, '잠을 많이 자 두었다.'와 같은 문장에서는 '잠'에 '사물(thing)'의 영상을 부여하는 것이 올바른 해석의 조건이 되지 않는다는 것이다. 하지만, 두 부류의 보조동사들 모두 시뮬레이션을 통해 최종 해석에 도달한다는 점은 다르지 않다.

이 글에서는 보조동사의 발생과 해석 과정을 규명함으로써 그것에 대해 본질적인 설명을 제공하고자 했다. 해석 과정 모형에 대한 논의가 범주에 대한 논의보다 더 본질적인 이유는 그것이 보조동사의 범주를 판단하는 기준이 될 수 있기 때문이다. 앞으로 'V1어 V2' 구문의 'V2' 자리에 오는 다른 동사에 대한 연구가 이어지면 보조동사의 범주에 대해 더 구체적인 논의가 가능할 것이다. 우리는 아직 〈그림 11〉과 같이 제시된 의미 해석 모형이 보조동사 '놓다'와 '두다'에 대해 보여주는 설명력만을 확인했을 뿐이다.

제7장

동기화에 기초한
피동 표현의
교육 내용 연구

1. 서론

본고는 문법 교육의 맥락에서 동기화가 문법 교육의 내용 기술과 탐구에 적용될 수 있는 이론적 타당성과 가능성을 점검하고 피동 표현의 교육 내용을 구성하는 데 동기화에 대한 지식이 어떤 방식으로 활용될 수 있는지 논의하고자 한다. 이 연구의 궁극적인 목표는 동기화된 특성을 찾는 문법 연구가 학교 문법의 교육 내용을 구성할 때 참조할 원리를 제공할 수 있음을 확인하는 것이다. 무엇보다 현재의 교과서가 이상화하고 있는 문법 범주의 닫힌 체계는 국어의 사용 능력 향상에 실제적인 도움을 주기 어렵고 탐구학습의 정신과 충돌하고 있어 이를 개선할 수 있는 대안이 필요한 상황이므로, 이 연구는 문법의 교육 내용을 구성하는 대안적인 방식을 찾으려는 노력의 일환이라 할 수 있겠다.

동기화(motivation)는 자의성(arbitrariness)을 규제하는 언어 기호의 중요한 속성으로 문법이 의미와 무관하게 존재하는 체계가 아닌 언어의 사용과 의미의 도구라는 교육적 관점에서 중요하게 부각될 필요가 있다. 하지만, 현재의 학교 문법에서는 자의성만을 언어의 본질로 가르칠 뿐 동기화의 개념조차 명시적으로 언급하지 않고 있어 이에 대한 개선이 필요하다. 동기화에 대한 교육은 문법의 도구적 사용에 대한 인식을 촉진함으로써 문법 교육의 기능주의적인 관점을 충족시키고, 계속해서 새로운 것이 발견될 수 있는 '열린 체계'의 탐구 학습을 가능하게 해준다.

변형생성문법은 일반언어학과 학교 문법에 많은 영향을 주었지만, 문법을 학습될 수 없는 선천적인 능력이라고 보기 때문에 실제의 언어 사용이나 교육에 적용되기 어려운 한계를 내포하고 있었다. 하지만, 인지언어학은 문법이 신체적인 체험과 일반적인 인지능력을 토대로 발생했다는 신체화된 인지(Embodied Cognition)와 언어의 사용에서 문법이 추상화되어 발생하나는 상향식(bottom-up)의 사용 기반 모형(Usage-Based Model)을 기본 가정으로 문법을 의미나 경험과 연관시켜 다루고 있어 언어 교육에 적용될 수 있는 가능성이 높게 평가된다. 이종열(2002), 최진아(2007), 신명선(2010), 정병철(2011), 임지룡(2013)과 같이 국내에서도 인지언어학을 문법 교육에 적용하려는 시도가 활발하게 이루어져 왔는데, 문법 교육과 관련한 인지언어학적인 관점의 연구는 해마다 늘어나는 추세이다. 국내의 연구가 대부분 교육 내용이나 교육과정에 대한 것인 반면 Giovanelli(2015)는 교육 방법에 관련된 적용 방안을 제시하고 있어 관심을 끈다. 송현주(2014)에서는 피동 표현과 사동 표현의 교육에 인지언어학의 해석 개념을 적용하는 방안이 제시되었으며, 동기화와 문법 교육의 관련성에 대한 인식이 잘 드러나고 있다. 피동과 사동은 힘 역학에 대한 신체적 체험에서 발생한 범주이기 때문에, Langacker(2002)의 행위 연쇄 모형(당구공 모형)을 적용하여 설명될 수 있다(정병철, 2015). 이 연구에서도 행위 연쇄 모형을 적용하여 한국어 피동 표현의 동기화된 특성을 설명하고 그 교육적인 적용 가능성을 논의할 것이다.

2. 동기화에 대한 이해

동기화(motivation)는 일반적으로 자의성과의 대조를 통해 그 개념이 파악된다. 언어 기호의 자의성 원리를 제약하는 것, 자의성으로 설명되지 않는 기호의 특성을 Saussure(1916 : 133)는 동기화라고 불렀다.

> 만약 자의성의 원리가 제약이 없이 적용된다면 최악의 복잡함을 초래할 것이다. 하지만, 마음은 기호 무더기의 어떤 부분에 질서와 규칙을 도입하는 방법을 고안해 내는데, 이것이 바로 상대적 동기화의 역할이다. 만약 언어의 메카니즘이 완전히 이성적(rational)이었다면 그것은 독립적으로 연구될 수 있었을 것이다. 언어의 메카니즘은 본질적으로 무질서하며 부분적으로만 교정이 되는 체계이기 때문에 우리는 그 언어의 무질서한 속성에 의해 강요된 관점을 택하며 자의성이 최소한으로 규제되는 범위 안에서 그것을 연구한다.
>
> 아무것도 동기화되어 있지 않은 언어는 없으며, 우리의 정의에 따라 모든 것이 동기화되어 있는 언어를 생각하는 것도 불가능하다. 최소의 조직화와 최소의 자의성이라는 두 극단 사이에서 우리는 모든 다양한 변이들을 찾을 수 있다. (Saussure, 1916 : 133)

동기화에 대한 Saussure(1916)의 이해는 매우 간결하고 통찰력 있는 것이었지만, 왜 기호의 두 속성인 자의성과 동기화 중에서 자의성을 중심으로 연구하는 것이 더 좋은지는 잘 해명되지 않는다. 동기화와 자의성이 공존한다는 것에 대해서는 Saussure(1916)와 인지언어학의 입장이 같다. 다만, Saussure(1916)는 동기화가 자의성을 최소한으로만 규제한다고 보는 반면 인지언어학은 동기화가 언어에 더 적극적으로 활용되며 자의성은 최후의 수단으로만 등장한다고 본다는 점에서 차별화된다. 〈그림 1〉은 언어 단위의 형태와 내용(의미)이 맺는 5가지의 관계를 보여주고 있다(Radden & Panther, 2004 : 15). 자의적인 관계(자의성)는 언어 기호를 만들 수 있는 내용(의미)과 형태(구조) 간의 5가지 관계 중에서 하나인 〈그림 1a〉뿐이다. 나머지 4종류의 기호론적 관계는 모두 동기화에 관한 것이다.

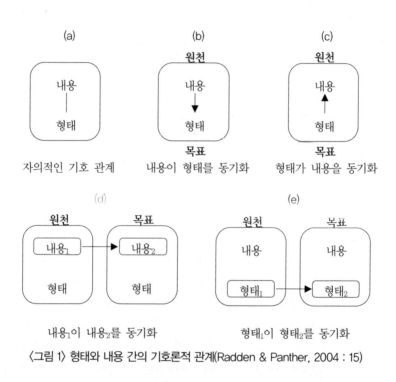

〈그림 1〉 형태와 내용 간의 기호론적 관계(Radden & Panther, 2004 : 15)

〈그림 1b〉는 언어의 내용(의미)이 형태(구조)를 동기화하는 경우인데, 이때 동기화의 원천(source)은 내용이고 목표(target)는 형태가 된다. 〈그림 1c〉는 형태(구조)가 내용(의미)을 동기화하는 경우인데, 이때 동기화의 원천은 형태이고 목표는 내용이 된다. 이중 형태가 의미에 의해 동기화되는 〈그림 1b〉이 가장 전형적인 동기화인데, 도상성(iconicity)과 환유(meto-nymy)가 그 좋은 예이다. 도상적 관계는 언어의 형태가 내용을 반영할 것

으로 기대되는 것을 말하는데, 한자의 상형자나 이집트의 상형문자들은 가장 분명한 영상적 도상성(image iconicity)을 보여준다. 영상적 도상성은 글자가 발전하면서 퇴색되기 마련이므로, 언어의 도상성은 주로 소리를 흉내 내는 모방적 도상성(imitative iconicity)으로 나타나게 된다(Taylor, 2002 : 46). 영어의 'cock-a-doodle-doo'와 프랑스어의 'cocorico'는 꽤 유사하지만, 한국어의 '꼬끼오'는 꽤 독특한 편이다. 하지만, 한국어의 닭 우는 소리도 실제 닭 우는 소리를 모방하고자 하는 동기에 의해 영향을 받았다는 점은 마찬가지다. 도해적 도상성(diagrammatic inonicity)은 기호의 배열이 지시 대상의 관계를 반영하는 것이다. 도해적 도상성은 언어 구조에 나타나기 때문에 Taylor(2002 : 46)는 이를 구조적 도상성(structural iconicity)이라 부른다. 도해적 도상성은 Haiman(1980)의 구조동형성(isomorphism)을 포함하기 때문에 구조적 도상성이라는 용어가 더 선호된다.

구조적 도상성은 다시 순서 도상성(linear iconicity), 근접 도상성(proximity iconicity), 양적 도상성(quantity iconicity)으로 나뉜다. (1)과 같이 순서 도상성은 시간적 순서가 언어 배열에 반영되는 것인데, 때로는 시간적 순서가 아닌 중요성, 현저성 등 다양한 차원의 순서가 언어 구조에 반영되기도 한다. (1a)과 (1b)는 시간적 순서, (1c)는 통념적인 중요성의 순서 (왕>귀족>백성), (1d)는 현저성(혹은 할당된 주의의 크기)의 순서가 동기화의 원천이 되고 있다.

(1) a. 철수는 일어나서 세수를 하고 아침을 먹고 학교에 간다.
    b. 질문과 답변 / 어제오늘 / 조삼모사
    c. 멸망 후 왕과 귀족과 백성들이 일본에 대거 망명했다.
    d. 청설모 한 마리가 카메라에 잡혔다.

또, Tomlin(1986 : 22)에 따르면 세계의 언어 가운데 라틴어와 한국어를 포함한 전체의 45%가 SOV, 영어와 중국어를 포함한 42%가 SVO, 고대 히

브리어를 포함한 9%가 VSO의 어순을 보이는데, 4%를 제외한 96%의 언어에서 주어(S)가 목적어(O)를 앞서는 것은 힘 전달의 순서, 혹은 현저성의 정도가 어순에 반영된 동기화의 결과라 하겠다.

근접 도상성은 구성 성분들의 배열에 따라 발생하는 상대적인 거리에 반영되는 것으로, 한 성분이 다른 성분과 의미상 관련성이 높을수록 더 가까운 거리에 위치하게 되는 원리이다. (2a)에서 관형어인 '어두운', '금장', '가죽'은 피수식어인 '가방'과의 관련성이 높을수록 '가방'에 가깝게 배열되어 있다. (2b)에서 사건의 내용과 가장 밀접한 동사 어간 '죽—'을 중심으로 시간을 나타내는 선어말어미 '—었—'이 가장 가깝게 위치해 있고, 추측을 표시하는 '—겠—'은 그보다 뒤에, 사건보다는 청자와 관계된 나머지 부분은 가장 마지막에 배열되어 있다.

(2) a. 어두운 금상 가죽 가방
　　b. 벨트를 안 맸었다면, 나는 아마 이미 죽었겠죠.

구조적 도상성은 내용과 형태의 대응이 모방적 도상성에 비해 더 도식적인 층위에서 이루어진다. 의미 내용이 많을수록 형태도 증가하게 된다는 양적 도상성도 구조적 도상성에 포함된다. (3a)~(3c)는 학교 문법에서 모두 피동 표현에 포함되지만, (3b)는 형태가 더 복잡한 만큼 (3a)보다 더 복잡한 의미를 가지고, (3c)는 (3b)보다 더 복잡한 의미를 가질 것이라고 예상할 수 있다.

(3) a. 문이 열렸다.
　　b. 문이 열어졌다.
　　c. 문을 열게 되었다.

한편, 환유는 기호의 내용(의미)이 형태를 동기화하는 방식의 하나가 될 수 있다. '책가방', '병따개', '손톱깎이', '연필깎이' 같은 복합어가 만들어질 때 구성요소의 개념은 복합어 전체 개념의 일부에 지나지 않는다. 전체 개념을 이루는 중요한 부분이 전체를 대신하는 부분 전체 환유를 통해 기호의 내용이 형태를 동기화하는 것이다[1]. 구조적 도상성이 배열과 관련된 것이라면 환유는 배열되는 구성 요소의 선택과 관련된 것이라 할 수 있다.

의미가 형태에 의해 동기화되는 〈그림 1c〉는 '하나의 형태에 하나의 의미'라는 원리에 의해 만들어진다. 형태의 동일성은 의미의 동일성을 시사하고, 형태의 차이는 의미의 차이를 시사한다는 이 원리는 '구조동형성', '동형성', '등질동상'과 같이 'isomorphism'을 번역한 다양한 이름을 가지고 있다. 이 원리의 핵심은 형태의 차이가 있으면 의미에도 차이가 있다는 것이다. '고 깃배'와 '고기배'는 사잇소리의 유무에 의해 의미가 달라지는데, 사잇소리는 형태의 차이를 통해 의미의 차이를 표시하기 위한 동기로 사용된다. '빨갛다', '발갛다', '붉다', '벌겋다', '발갛다'는 미세한 의미의 차이를 나타내기 위해 형태가 미세하게 조정되는 예이다. 또한, '붙이다'와 '부치다'처럼 한 다의어의 서로 다른 의미들은 개념적 거리가 멀어지면서 형태도 분화되는 경우가 있다. 언어 사용자가 동일한 하나의 의미를 표현하기 위해 서로 다른 두 개의 형태를 쓰는 것은 경제적이지 않기 때문에, 형태의 차이는 의미의 차이를 알리는 단서가 된다. 이 원리는 소리가 다르지만 뜻은 같은 완전한 동의어가 존재하기 어렵다는 사실에 의해 뒷받침되기도 하는데, (3)에 나타난 피동 표현들의 구조적 도상성은 의미가 형태에 의해 동기화된다는 '등질동상(等質同像)'의 원리에 근거하여 설명될 수도 있다. 세 가지 피동 표현은 서로 형태가 다르기 때문에 의미도 다르게 쓰이는 것이다.

---

1) Radden & Panther(2004 : 5~7)의 연구에서는 세계 각국의 언어가 'screwdriver'를 어떻게 표현하는지 조사하여 도구가 사용되는 대상인 '나사', 도구를 가지고 하는 주요 작업, 도구의 기능과 같이 관련성이 높은 틀 요소가 단어 구성에 자주 사용된다는 것을 밝혔다.

〈그림 1d〉는 의미가 의미를 동기화하는 경우로 다의어의 발생 과정이 여기에 속한다. '보다'라는 동사가 [파악하다], [기대하다], [돌보다]라는 의미로 확장되는 것은 '보다'의 원래 의미 자체가 확장되는 의미와의 연관성을 가지고 있었기 때문이므로 확장된 의미는 기본 의미에 의해 동기화되어 있다고 할 수 있다[2]. 〈그림 1e〉는 형태가 형태를 동기화하는 경우인데, 동화(assimilation)와 같은 규칙적인 음운변동 현상이나 모음조화(vowel harmony), 자음군 단순화(consonant cluster simplification) 등이 여기에 속한다.

참고로, 문법화는 〈그림 2〉와 같은 복합적인 동기화 과정의 결합을 통해 발생하는 것으로 설명될 수 있는데(Radden & Panther, 2004 : 15), 문법화에 개입되는 2가지의 중요한 동기화는 어휘적인 의미가 문법적인 의미로 변하는 과정(2)와 이후에 의미의 변화를 표시하기 위해 형태가 달라지는 과정(3)이다. 형태가 형태를 동기화하는 작용(4)은 문법화된 형태가 문법화 이전의 형태와 유사하다는 데서 간접적으로만 확인이 가능하다. '그터, 드려, ㅎ고, 나마, 브터'와 같은 조사는 용언의 활용형이 문법적인 의미로 확장되고 (2), 그에 따라 형태가 변하는 과정(3)을 겪은 예들이다(박형우 2014: 145).

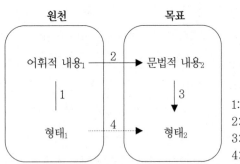

〈그림 2〉 문법화의 동기화된 구조(Radden & Panther, 2004 : 23)

---

2) '보다'의 의미 확장은 원천적 의미와 동반되는 경험을 토대로 발생하는데, '땅의 지세를 보다(→파악하다)', '재산을 보고(→기대하고) 결혼하다', '아기를 보다(→돌보다)'와 같은 예문에서 확장된 의미들을 확인할 수 있다(정병철, 2009 : 205).

동기화의 방식 중에 피동 표현과 같은 구조적인 층위의 동기화를 설명하는 데 직접적으로 관련되는 것은 주로 '의미에 의한 형태의 동기화(⇒〈그림 1b〉)'와 '형태에 의한 의미의 동기화(⇒〈그림 1c〉)'인데, 4장에서의 분석을 위해 구조적인 동기화의 특성을 (4)와 같이 정리하였다.

(4) 동기화의 3가지 특성
　　Ⓐ 어떤 특정한 구성(construction)의 형태(구조)는 특정한 추상적인 의미에 의해 동기화되어 있다. 다시 말해, 어떤 구성의 형태(구조)와 의미(기능)는 구조적 도상성을 가지고 있다.
　　Ⓑ 어떤 구성과 다른 구성의 형태(구조)가 다르면 두 구성의 의미(기능)도 다른 부분이 있다.
　　Ⓒ 하지만, 어떤 구성의 형태(구조)와 의미(기능)의 관계를 완전하게 예측할 수는 없다.

Ⓐ는 복합어, 구, 문장, 담화의 층위에서 발견되는 구조적 도상성과 관련된 것으로 문장 층위에서 의미가 형태를 동기화하는 경우에 모방적 도상성은 제외되므로 순서 도상성, 근접 도상성, 양적 도상성을 포함하는 구조적 도상성을 중심으로 기술되었다. Ⓑ는 구조동형성(isomorphism), 즉 등질동상의 원리와 관계된 것이다. Ⓒ는 동기화와 규칙의 차이에서 비롯된 원리인데, 언어는 전적으로 자의적이지도 않고 전적으로 예측 가능한 것도 아니기 때문에 동기화되어 있다고 할 수 있다(Lakoff & Johnson, 1999 : 464). 이 세 가지의 원리는 Ⅳ장부터 이루어지는 피동 표현의 동기화된 특성 탐구에 적용될 것이다.

지금까지는 주로 구조적 복잡성이 높은 복합어와 구, 문장의 수준에서 나타나는 언어의 동기화에 대하여 살펴보았다. 구조적 복잡성과 동기화 정도의 관계는 〈그림 3〉처럼 나타낼 수 있다.

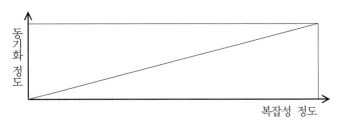

〈그림 3〉 언어 구조의 복잡성과 동기화 정도의 상관성

하지만, 복잡성의 정도가 가장 낮은 음운적 층위의 언어 단위도 동기화가
전혀 안 되어 있다고 말하기는 어렵다. Ramachandran & Hubbard(2001)
는 미국 대학생들과 인도의 타밀어 화자에게 〈그림 4〉의 두 형상들 중 어느
것이 'kiki'이고 어느 것이 'bouba'인지 물었는데, 그 결과 95~98%가 완만
한 곡선으로 이루어진 도형이 'bouba'이고 모서리가 각진 도형이 'kiki'라고
대답한 것이다.[3]

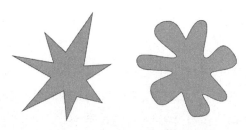

〈그림 4〉 Ramachandran & Hubbard(2001)의 실험에 사용된 두 도형

이 실험은 인간의 두뇌가 형상이나 소리에 일관성 있게 추상적인 의미를
부여한다는 것을 시사한다. Maurer 외(2006)에 의하면 생후 30개월 정도

---

3) 이와 거의 흡사한 실험이 이미 게슈탈트 심리학의 창시자들 중 하나인 Köller(1929, 1947)에
   의해 이루어졌었다. Köller(1929, 1947)는 'bouba'와 'kiki' 대신 'maluma'와 'takete'를
   사용했는데('maluma'는 원래 Köller(1929)에서 'baluba'였다가 1947년에 바뀐 것이다.),
   정확한 반응의 수치는 밝히지 않고 있지만 Ramachandran & Hubbard(2001)의 결과와
   같은 경향성이 있음을 보고하고 있다.

의 아이들도 도형 이름 붙이기 실험에서 88% 수준의 편향성을 보이는데, 자폐증을 가진 어린이는 56% 정도의 편향성만을 보인다. 이는 언어의 동기화된 구조를 파악하는 능력이 원시 언어의 소통이나 유아기의 언어 습득을 더 효율적이게 해주는 중요한 요인이 됨을 암시하는 것이기도 하다(Nygaard 외 2009). 형상의 급격한 변곡(變曲)은 'bouba'보다는 'kiki'를 발음할 때의 급격한 어조의 변곡이나 혀가 구개에 작용하는 딱딱하고 예리한 느낌에 유사하다(Ramachandran & Hubbard(2001 : 19). 이렇게 형상과 소리가 공감각적으로 연관되는 현상은 인간의 말소리가 대상이나 사건에 아무렇게나 자의적으로 사상(寫像)되는 것이 아니라는 것을 보여준다.

영어의 초성 자음군(onset) /gl/은 'glimmer, glisten, glitter, gleam, glow, glint'처럼 시각이나 빛에 관련된 단어에 자주 나타나고, /kr/은 'crash, crack, crunch'처럼 시끄러운 소음과 관련된 단어에 자주 나타난다. Nielsen & Rendall(2011)은 /b/, /m/, /l/, /g/와 같은 자음이 들어있는 유사비단어(類似非單語:pseudoword)들이 둥근 모양의 물체에 더 잘 사상되고, /p/, /t/, /k/와 같은 자음이 들어 있는 유사비단어들은 뾰족한 모양의 물체에 더 잘 사상된다는 실험 결과를 얻었다. Fort 외(2015)의 실험에서는 /b/, /ʃ/, /d/, /l/, /m/, /n/, /s/, /p/, /ʒ/, /g/가 /f/, /k/, /t/, /v/, /z/보다 둥근 모양에 더 잘 사상된다는 결과를 얻었다. 이렇게 특정한 자음이 특정한 추상적 의미와 연관되는 경향은 한국어에서도 확인된다. 한국어의 '둥글다', '구르다', '긁다', '거칠다', '까다롭다', '꺼리다', '까칠하다'와 같은 단어들을 떠올려보자. 둥근 모양이나 둥글게 회전하는 움직임을 나타내는 단어인 '둥글다'와 '구르다'는 /d/, /g/, /l/, /r/과 같은 유성자음이나 유음 위주로 구성되어 있다. 한편, 한국어의 '거칠다', '딱딱하다', '날카롭다', '뾰족하다', '까칠하다'와 같은 말들은 /tɕʰ/, /pʰ/, /kʰ/, /p'/, /k'/와 같은 거센소리와 된소리 계열의 참여가 두드러지는데, 이는 한국어의 자음이 [유기성]과 [후두 긴장]의 유무에 따라 평음, 경음, 유기음으로 분류된다는 점에서 영어의 음소 체계와 차이를 가지고 있기 때문이라 하겠다4).

한편, Fort 외(2015)의 실험에서 /i/와 /e/는 /o/와 /u/보다 뾰족한 모양에 더 잘 연합되었으나, /b/, /m/, /l/과 같은 특정한 자음과 동반될 때는 이런 효과가 거의 없어지는 것으로 보고되었다. 영어의 경우 모음도 특정한 추상적인 개념을 불러일으킬 수 있지만, 자음에 종속적이거나 자음보다 부차적인 역할을 하는 것으로 보인다. 한국어의 경우 '고소하다/구수하다', '노랗다/누렇다', '더덕더덕/다닥다닥', '반짝이다/번쩍이다', '소복하다/수북하다', '종알종알/중얼중얼', '촐랑촐랑/출렁출렁', '파랗다/퍼렇다'와 같이 양성모음과 음성모음의 내립에서 비롯된 추상적인 의미의 차이가 잘 알려져 있는데, 영어와 달리 모음이 자음에 종속적인 역할을 하지는 않는 것으로 보인다.

지금까지의 학교 교과서는 자의성만을 언어의 기본적인 기호적 특성으로 파악하고, 모방적 도상성이 나타나는 의성어(onomatopoeia, sound symbolism) 정도만 예외인 것으로 처리해 왔다. 하지만, 동기화는 단일어 이하의 음운적인 층위에서도 작용하고 있고 복합어 이상의 구조에서도 분명하게 나타나므로, 학교 문법에 동기화의 개념을 명시적으로 포함시켜 가르쳐야 할 근거는 충분하다고 할 수 있다.

3. 동기화에 기초한 문법 교육의 필요성

2장에서는 동기화가 자의성보다 중요한 언어 기호의 기본적인 속성이라는 것을 살펴보았다. 동기화에 대한 새로운 이해가 조성되면서, 교육적인

---

4) 박성수 외(1997)에 의하면 거칠고 공격적인 정서를 나타내는 언어 형식은 된소리와 거센소리의 출현 빈도가 높다. 임진왜란 이후에 한국어에 된소리가 발달하게 되었다는 주장도 있다. (예) 까탈스럽다, 꼰대, 꾸정물, 꾸역꾸역, 폭삭, 우당탕탕, 멍청이, 나쁜, 뻥치다, 싸가지 등

맥락에서도 동기화를 더 중요하게 인식하고 활용해야 할 필요가 있다. 이 장에서는 문법 교육에서 동기화가 더 적극적으로 다루어지고 활용되어야 하는 몇 가지 중요한 근거에 관하여 논의하고자 한다.

첫째, 동기화에 대한 교육은 문법의 도구적 사용에 대한 인식을 촉진함으로써 기능주의적인 관점을 충족시킬 수 있다. 문법의 도구적 관점을 중시하여 문법 교육의 혁신을 이끈 Halliday(2007 : 334)는 언어의 '체계'가 자의성을 전제하지 않아야 한다는 관점을 인지언어학과 공유하고 있다. 자의성이 전제된 체계는 언어 수행의 과정과 철저히 분리된 것이기에 교육적인 가치를 기대하기 어렵다. Halliday(1994 : 19)는 의미를 만드는 데 사용될 수 있는 선택항들(options)이 이루는 그물망과도 같은 관계를 체계(system)의 망이니고 있는데, 이러한 체계를 밝히는 것이 언어학자의 의무라고 하였다. 의미하는 방법, 어떤 것을 의미하기 위해 선택할 수 있는 도구의 체계를 밝혀내는 것은 교육적인 맥락에서도 중요하기 때문에 기능주의적인 관점에서 이루어지는 언어에 대한 연구는 언어 교육에 대한 연구와 직접적인 관계를 가지게 된다. 기능주의 언어학과 인지언어학은 언어의 비자의성에 더 많은 관심을 두고 있다는 점에서 같은 그룹으로 묶일 수 있다. 인지언어학에서 발전시켜 온 영상도식이나 당구공 모형, 환유, 은유 등은 인간의 개념과 인지 체계가 언어의 동기화에 어떻게 관여하고 있는지에 대한 설명 모형들이다. 따라서 동기화에 관한 연구는 문법 교육은 물론 국어교육 전체와 직접적으로 관련되어 있고, 특히 학교문법의 교육 내용을 기술할 때 필요한 안내자의 역할을 할 수 있다.

사실 Saussure(1916 : 133)도 이미 언어에 동기화된 측면이 있다는 것을 인식하고 있었고, '체계'에 의해서 언어의 개념이 규정되는 것이 가능해진다는 것도 언급하였다. 그에 반해 Chomsky(1957, 1965)가 제안하는 통사 규칙은 인간의 일반적인 인지 능력에 속하지 않는 자율적 체계이며 의미와도 관련되지 않은 것이다. 또한, 그가 말하는 통사 규칙은 선천적인 것이고 내재되어 있는 것이기 때문에 학습의 대상이 될 수가 없다. 문법 교육이 '의미하는 방법'을 가르쳐야 한다는 Halliday(1994 : 19)의 신념에 동의한다면, 문법을 문장을 생산하는 자의적인 규칙인 것처럼 다루는 방식은 지양되어야 할 것이다.

둘째, 문법 교육에서 동기화가 중요하게 다루어져야 하는 또 다른 근거는 동기화에 대한 인식과 탐구 학습과의 관련성에서 찾을 수 있다. 2009년 개정된 국어과 교육과정은 다음과 같이 문법 요소들을 상황에 맞게 적절히 선택하여 사용하는 능력을 탐구 학습을 통해 기르도록 권장하고 있는데, 이와 같은 선택 능력은 바로 동기화된 특성에 대한 인식 능력이라고 할 수도 있다.

> 문법적 의미를 실현하는 데 사용되는 다양한 문법 요소들을 탐구하는 활동을 통해 국어의 문법적 특징을 이해하고 상황에 맞는 정확한 문장 표현 능력을 기를 수 있다. 높임, 시간, 피동·사동, 부정 표현 등 국어의 주요 문법 요소들의 형태와 의미 기능을 실제 담화 상황 속의 다양한 문장 자료를 통해 탐구한다. 이러한 탐구의 결과가 정확하고 효과적인 문장을 구성하는 능력과 습관을 기르는 쪽으로 이어지도록 지도한다. (2009 개정 국어과 교육과정, 57쪽)

탐구 학습과 동기화에 대한 이해는 상호의존적인 성격을 가지고 있다. 탐구가 동기화에 대한 이해를 촉진할 수도 있지만 반대로 동기화에 대한 인식이 탐구를 촉진하거나 이끌어갈 수도 있다. 동기화는 언어에 대한 탐구를 통해 밝혀내야 하는 언어에 편재된 특성들 중 하나이다. 우리가 만약 문법에 대한 탐구를 통해 무언가를 찾아냈다면 그것은 (Ⅱ장에서 논의한) 언어의 동기화된 특성들 중 하나일 가능성이 높다. 단어의 구조, 품사, 문장 성분과 같은 문법 범주나 문장 성분들뿐 아니라 동화와 같은 음운 현상이나 다의성과 같은 의미 현상, 문법화까지 모두 언어의 동기화된 특성을 보여준다. 이처럼 동기화에 대한 인식은 언어와 문법 자체에 대한 더 깊은 이해를 위해서도 필요하다. 동기화란 근본적으로 언어의 형태와 구조가 조직되는 원리이기 때문에 언어의 동기화된 특성을 탐구함으로써 언어에 대한 이해력과 통찰력이 향상될 수 있고, 그것은 다시 언어 사용에 대한 긍정적인 피드백으로 순환될 수 있다.

문법 교육에서 탐구 학습이 중요하게 자리매김하게 된 중요한 원인들 중 하나는 문법이 고정되어 있는 지식이 아니고 계속해서 새로운 것이 발견될 수 있는 '열린 체계'이기 때문이지만(황미향, 2012), 실제 우리가 경험하는 문법 교육의 내용은 '닫힌 체계'인 경우가 많다. 교과서에서 이상화하고 있는 문법 범주의 닫힌 체계는 언어의 실제와는 무관한 것이기 때문에 탐구 학습 본연의 정신과 충돌하게 된다(김광해, 1992 : 89~90). 형태와 의미의 대응, 범주에 대한 탐구는 언제든 예외와 불규칙의 발견을 초래할 수 있지만[5], 현재의 교과서는 그러한 탐구의 결과를 수용할 수 없는 (혹은 수용할 필요가 없는) 닫힌 구조를 가지고 있다. 하지만, 동기화에 기초한 문법의 교육 내용은 (어떤 구성의 형태와 의미의 관계를 완전하게 예측할 수는 없다는) '동기화의 특성 C'를 반영하므로 탐구학습과 충돌하지 않는다.

셋째, 동기화는 상황에 맞는 언어의 창의적인 사용을 인식하고 평가하고 활용할 수 있는 도구가 될 수 있다. 동기화(motivation)는 형태와 내용의 짝으로 이루어진 기호(sign)에 딸려 존재한다. 형태론적 구성, 어휘 항목, 통사적 구성을 모두 포함하는 기호는 다시 〈그림 5〉와 같이 관습성(conventionality) 대 비관습성(non-conventionality), 동기화(motivation) 대 자의성(arbitrariness)의 두 척도 상 어느 곳에 위치할 수 있다.

---

5) 의존 명사의 범주는 경계가 분명하지 않고 '분, 지, 수, 듯, 대로, 만큼'과 같은 구성원들의 자격도 일정하지 않다(정병철, 2012a : 117). '있다'와 '없다'의 활용형은 동사나 형용사의 원형적인 특성에서 벗어나며 의미에 의해 동기화된 측면도 있지만 의미만으로 설명되지 않는 관습적인 측면도 있다. 뿐만 아니라 한국어의 접사, 어근, 단어와 구의 범주에도 불분명한 경계가 있는데(정병철, 2012b), 이와 같은 원형 효과(prototype-effect)는 사동과 피동을 포함한 대부분의 문법적인 범주에서 흔하게 발견된다.

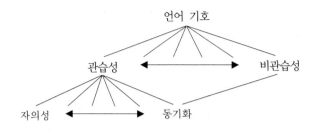

〈그림 5〉 관습성과 동기화의 척도 (Panther, 2008 : 8)

　어떤 언어 표현은 다른 표현에 비해 상대적으로 더 동기화되었을 수도 있고 더 자의적일 수도 있다. (5a)는 (5b)에 비해 더 관습적인 요청의 방식이다. (5a)는 요청 수락의 가장 직접적인 선행 조건인 상대방의 의향을 물음으로써 요청으로 해석될 수 있다. 상대방의 수락 의사를 묻는 것은 요청의 방식으로 매우 고착화되어 있는 것이며 [요청의 수락 여부를 묻는 것은 곧 요청이다]라는 환유에 의해 동기화되어 있다. 한편, (5b)는 (5a)에 비해 덜 관습화되어 있지만, 화자는 청자가 어떤 행위를 해주기를 원한다는 것을 밝힘으로써 요청을 수행하고 있다. 화자가 요청의 의사를 밝힌다고 해서 요청이 수락된다는 보장은 없으므로 (5b)는 (5a)보다 덜 동기화되어 있으며 관습성도 더 약하다.

　　(5) a. 이 책 좀 빌려줄래?
　　　　b. 이 책 좀 빌려주면 좋겠는데.
　　　　c. 이 책을 가지고 있는 사람은 너밖에 없어.

　만약 어떤 구성이 높은 관습성을 가지고 있다면 동기화가 약하게 되어 있어도 해석이 가능하지만, 관습성이 약하면 반드시 동기화되어 있어야 적절한 해석이 가능해진다. 상황에 따라서는 관습성이 약하고 동기화가 최대화된 (5c)와 같은 표현을 통해 책을 빌리는 요청을 수행하는 것이 더 적절할 수 있다. 관습에 대한 의존도가 낮고 동기화가 많이 되어 있는 표현일수록 상황에 대한 해석 능력과 창의성이 많이 요구된다. 관습성에만 의존해서는 다양한 상황에서 요구되는 효과적인 언어 구조를 만들어낼 수 없으므로, 다양한 소통 상황에서 활용할 수 있는 동기화에 대한 인식과 적용 능력을 길러주는 것이 필요하다.

4. 동기화에 기초한 피동 표현의 교육

3장에서는 문법 교육에서 동기화가 중요하게 인식되고 활용되어야 하는 근거들을 살펴보았다. 이 장에서는 보다 구체적으로 피동 표현의 교육에 동기화의 원리가 어떻게 적용될 수 있는지 살펴보고자 한다. 4.1에서는 피동 표현에서 발견되는 동기화된 특성들을 살펴보고, 4.2에서는 이런 특성들이 피동 표현의 교육 내용에 어떻게 적용되고 반영되어야 하는지 논의할 것이다.

4.1. 피동 표현의 동기화된 특성들

생성문법에서는 피동문이 의미적인 요인과 무관하게 기저구조에 통사적 이동 규칙이 적용되는 통사적인 변형 과정(passivization)에 의해 만들어진 표면구조라고 가정하기 때문에 능동문과 그로부터 도출된 피동문을 의미적 등가로 여긴다(Chomsky, 1965). 국내에서 이루어진 한국어의 피동에 대한 연구도 주로 이동(movement)을 기제로 이루어지는 통사적 변형 과정에 관심을 집중시켜 왔다(김종복, 2005). 하지만, 피동변형이 가능한 동사의 수가 160여개에 지나지 않고(송창선, 2004), 피동사가 대응되는 능동사와 다른 의미를 가지는 경우가 많다는 사실은 어떤 방식으로든 접사에 의한 피동을 통사적인 규칙으로 설명하는 것을 어렵게 만든다[6]. 한국어의 피동사(입

---

6) '아들이 노모를 기쁜 마음으로 업었다.'와 '노모가 아들에게 기쁜 마음으로 업혔다.'는 의미의

음움직씨)는 타동사 어근에 '-이-, -히-, -리-, -기-'가 결합하여 만들어지는데, '주다'와 같은 수여동사와 '얻다, 받다, 잃다, 돕다'와 같은 수혜동사, '만나다, 닮다, 싸우다'처럼 필수적 부사어를 요구하는 동사들, '배우다, 느끼다, 바라다'와 같은 경험동사, '먹이다, 입히다, 날리다'와 같은 사동사, '이기다, 던지다, 지키다, 때리다'처럼 어간 모음 'ㅣ'로 끝나는 동사, '노래하다, 도착하다'와 같이 '-하다'가 붙는 동사에는 피동 접사가 결합하지 못한다(권재일, 1992). 하지만, 이것은 대략적인 모습일 뿐, 피동접사가 붙을 수 없는 타동사는 더 많이 있으며 그 전모는 파악하기가 어렵다7). 만약 변형생성문법의 관점을 취한다면 왜 어떤 타동사는 피동접사가 붙은 변형 규칙이 적용되지 않는지 설명하기 어렵고, 수많은 예외에 대한 제약과 규칙을 따로 설정해야 하는 부담을 피할 수 없게 된다. 또한 '배우다, 느끼다, 바라다'와 같은 동사들이 영어에서는 피동 변형이 가능하기 때문에 이런 규칙들이 보편적이고 내재적인 것이라고 보기는 어려울 것이다.

한편, 피동 표현이 동기화된 것으로 보는 관점은 인지언어학을 토대로 하여 성립한다. 인지언어학에서는 피동 구성이 능동 구성에서 변형되어 만들어지는 것이 아니라 능동 구성과 구분되어 독립적으로 존재하며 윤곽부여된 사건에 대한 다른 해석의 방식을 나타내기 위해 선택적으로 사용되는 것으로 본다.

Langacker(2002 : 229)는 〈그림 6〉과 같이 동일하게 윤곽 부여된 행위 연쇄에서 능동은 에너지 준위가 가장 높은, 혹은 힘 전달이 시작되는 부분인 '머리(head)'를 주어/TR(trajector)8)로 선택하고, 피동은 에너지 흐름의

차이가 있다(권재일, 2012 : 385). 또한, '시간이 걸리다', '전화가 안 걸리다'처럼 피동문들은 능동문에서 도출될 수 없는 관용적 의미를 가지고 있는 것으로 보아야 설명이 되는 경우가 많다.

7) 송창선(2004 : 5)에서는 현대국어에서 피동접미사 '-이-, -히-, -리-, -기-'가 파생시킨 피동사의 수를 160개로 파악하였는데, 이는 우리말에서 비교적 잘 사용되는 타동사 4,000여 개를 기준으로 3.8%에 지나지 않는다(우인혜, 1994).

8) TR(trajector)는 윤곽부여된 관계에서 가장 일차적인 초점을 받는 대상이고 LM(landmark)

하류이자 힘 전달이 끝나는 지점인 '꼬리(tail)'를 주어/TR로 선택한 것이라고 설명하고 있다.

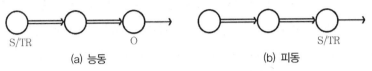

(a) 능동   (b) 피동

〈그림 6〉 능동과 피동의 행위 연쇄

객관적인 에너지의 흐름에서 더 상위에 있는 대상은 원래 더 현저해 보이는 경향이 있기 때문에, 행위 연쇄의 머리를 TR로 해석하는 능동은 무표적 (unmarked)으로 실현된다. 하지만, 피동은 객관적인 에너지 흐름의 종착점인 꼬리를 TR로 해석하는 수동은 자연스러운 해석에 역행하기 때문에 인지적 노력이 더 요구되며 능동에 비해 유표적(marked)이 된다. 이처럼, 피동표현에 '-이-, -히-, -리-, -기-'와 같은 접사나 '-어지다', '-게 되다'와 같은 구성이 표지로 붙는 현상은 구조적 도상성 중 양적 도상성(동기화의 특성 A)에 해당하는 특성이다.

(6a)는 행위 연쇄의 머리가 TR이고 꼬리가 LM이므로 능동이고 (6b)는 행위 연쇄의 꼬리인 영수가 TR이므로 피동이다. (6)에는 힘 전달이 '철수⇒젓가락', '젓가락⇒철수'의 2중 연쇄로 이루어지고 있고 세 참여자에게 모두 윤곽이 부여되고 있다. 하지만 (7)처럼 행위 연쇄의 중간 전달자를 생략하고 머리와 꼬리에만 윤곽을 부여하는 것이 보다 일반적이다.

(6) a. 철수가 젓가락으로 영수를 찔렀다.
    b. 영수가 철수에게 젓가락으로 찔렸다.

는 이차적인 초점을 받는 대상이다. TR는 위치가 파악되거나 평가되거나 묘사되는 대상이며 역동적인 경우가 많지만 반드시 운동체여야 하는 것은 아니다. Langacker(2008)에 따르면 TR-LM 조직은 문장의 주어-목적어 조직이고, 전경(figure)-배경(gound) 조직의 일종이다.

(7) a. 경찰이 도둑을 잡았다.

b. 도둑이 경찰에게 잡혔다.

Langacker(2002)의 설명은 Wierzbicka(1980)와 비슷한 부분이 있지만, 피동이라는 범주의 존재 이유, 즉 동기화된 측면에 대해 많은 관심을 기울이고 있다. 피동은 객관적인 에너지 흐름을 역류하는 방향으로 선택적 주의를 배분하기 때문에 인지적인 노력이 더 필요하고[9] 그로 인해 능동보다 더 유표적인 형태를 가진다. 즉 피동이라는 문법 범주는 '머리⇒꼬리'의 자연적인 힘 전달 방향을 역류하는 방식의 해석에 의해 동기화되어 있는 것이다.

만약 형태와 의미, 구조와 기능의 관계를 완전히 예측할 수 있다면 그것은 동기화가 아닌 규칙이 된다. Lakoff & Johnson(1999 : 464)은 대부분의 언어가 전적으로 자의적이거나 전적으로 예측 가능하지도 않으며, 어느 정도만 동기화되어 있다고 말한다. (8)은 피동표현의 형태가 완전하게 예측 가능하지는 않음을 보여주는 예들이다(동기화의 특성 ⓒ). '철수가 영희에게 맞았다.'와 '도둑이 경찰에게 잡혔다.'를 비교해 보면, 전자에 피동접사가 없음에도 불구하고 후자와 마찬가지로 주어가 지시하는 대상이 다른 주체의 동작에 직접적으로 영향을 받는다. 동사에 '-이-, -히-, -리-, -기-'와 같은 피동접사나 '-어지다', '-게 되다' 등이 결합하지 않았기 때문에 일반적인 피동표현과 달리 무표적이지만, 행위 연쇄의 꼬리인 참여자가 주어(TR)이기 때문에 의미적으로는 피동과 구분하기 어렵다. 하지만, 학교 교과서에서는 이와 같이 형태가 피동이 아니면서 의미상으로만 피동인 경우를 전혀 언급하지 않고 있다.

---

9) Langacker(2002 : 229)는 힘 전달의 흐름에서 가장 낮은 위치에 있는 참여자가 가장 현저성이 높아지는 피동의 해석이 내재적인 방향성을 거스르는 '왜곡(skew)'이라고 표현하고 있다.

(8) a. 철수가 영희에게 혼났다.
 b. 철수가 영희에게 맞았다.
 c. 철수가 사기꾼에게 피해를 입었다.
 d. 철수가 사기꾼에게 피해를 당했다.

Goldberg(2006 : 43)의 구문문법이나 Kuzar(2012 : 18)의 문장 패턴의 관점으로 보면, 한국어의 피동은 [Xnoun가 Ynoun에게/한테/께 Zverb]와 같은 구문(Construction)으로 실현되며 Zverb에는 피동접사가 붙은 동사 외에도 '혼나다', '맞다'처럼 수동적인 의미가 있는 동사가 들어갈 수 있다.

(9a)는 형태적으로는 완전한 피동 구문이지만 영희가 스스로 움직이는 능동적인 행위를 나타내고 있다. (9b)는 갓난아기가 스스로 움직여 엄마 등에 타기가 어려움에도 불구하고 아기가 능동적인 행동을 하는 것으로 해석된다. (9c)처럼 '없-'이 완료 상태를 나타내는 '-어 있다'와 결합한 경우에 더 온전하게 피동의 의미로 해석이 된다.

(9) a. 영희가 재빠르게 아빠에게 업혔다.
 b. 울고 있는 갓난아기가 엄마에게 업혔다.
 c. 울고 있는 갓난아기가 엄마에게 업혀 있다.

참고로, (9a)와 (9b)의 구문은 피동을 실현하는 [Xnoun가 Ynoun에게/한테/께 Zverb]가 아니라 (10)에 사용된 [Xnoun가 Ynoun에/에게 Zverb]에 속하는 것으로 볼 수 있다.

(10) a. 날아가던 참새가 전깃줄에 앉았다.
 b. 날아가던 참새가 철수에게 앉았다.

이처럼 접사가 결합하여 만들어지는 이른 바 '파생적 피동문'은 형태와 의미가 규칙적으로 대응하지 않는 경우가 있다[10]. 이런 현상은 규칙이 아닌 동기화에 대한 인식(동기화의 특성 ⓒ)을 통해서 보다 적절하게 이해할 수 있다.

동기화의 특성 Ⓑ(어떤 구성과 다른 구성의 형태가 다르면 두 구성의 의미도 다르다.)에 대해 인식하고 있는 탐구자는 파생적 피동과 '-어지다'에 의한 피동, '-게 되다'에 의한 피동이 어떤 의미 차이가 있는지에 대해 관심을 가지게 될 것이다. 먼저, 파생적 피동과 '-어지다'에 의한 피동의 차이를 살펴보자. (11a)에서 문을 여는 행위자는 바탕(base)에 희미하게 남아 있지만 두드러지거나 분명하지 않아 윤곽이 부여되지 않으므로 〈그림 7〉과 같이 표시될 수 있다. (11b)에서는 (11a)에 비해 문을 여는 사람과 그 사람의 행동에 윤곽이 부여될 가능성이 더 높다.

(11) a. 그 문이 쉽게 열렸다.
　　 b. 그 문이 쉽게 <u>열어졌다.</u>

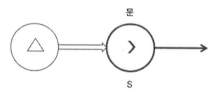

〈그림 7〉 'The door opened easily.' (Langacker 2002 : 229)

〈그림 7〉은 원래 'open'의 자동사적 용법을 묘사하는 데 사용되었지만, 행위자에 윤곽이 부여되지 않는 한국어의 '열리다'에도 잘 적용된다. 여기서 힘이 미치는 대상은 그 힘에 대해 방해(◊나 촉진◊)를 하며 윤곽이 부여된다. 행위자는 두드러지거나 명시되지 않지만(△), 윤곽이 부여되지 않은 바탕(base)의 한 국면으로 남게 된다. 〈그림 7〉이 피동이 아닌 자동사를 나타

---

10) 송창선(2004 : 11)에서는 '매달리다, 안기다, 업히다'가 능동적 의미를 가지는 현상에 주목하고, '-이-, -히-, -리-, -기-'를 자동사를 만드는 접사로 보아야 한다고 주장하였다.

내는 이유는 문을 여는 행위자와 그것이 힘을 전달하는 과정에 윤곽이 부여
되지 않기 때문이다. 원형적인 피동은 〈그림 6b〉처럼 에너지 흐름의 머리
와 꼬리에 모두 윤곽이 부여될 수 있다. 인터넷에서 '문이 열렸다'가 들어간
예문을 검색하면 (12)처럼 'N에게'가 행위자가 아니라 수혜자(benefactive)
를 나타내는 경우만 발견된다. 반면, '문이 열어졌다'가 포함된 예문은 (13)
처럼 'N에게'가 없고, 화용적인 요인에 의해 주어가 생략되어 있지만 행위자
인 누군가가 문을 돌리거나 여는 과정에 윤곽이 부여되는 것을 볼 수 있다.

(12) a. 조선족과 <u>한족(漢族)</u>에게 입국의 문이 열렸다.
     b. <u>신종훈</u>에게 2016년 리우 올림픽 출전 기회의 문이 열렸다.
     c. <u>기성용에게</u> 더 큰 도전의 문이 활짝 열렸다.

(13) a. (<u>누군가</u>) 문고리를 돌리니 문이 열어졌다.
     b. (<u>누군가</u>) 조심스레 현관쪽으로 가 문을 여니 문이 확 열어졌다.
     c. (<u>누군가</u>) 온힘을 다해 당기자, '파직!'하며 장롱문이 열어졌다.

이처럼 접사에 의한 피동은 힘 전달의 머리가 윤곽을 부여받지 않아서 자
동사 구성과 유사해지는 경우가 많다. (9)와 (10)에 대한 논의에서 보았듯이
파생적 피동 구성과 자동사 구성은 상위의 구성이 가진 추상적인 도식을 공
유하고 있다. 접사에 의한 피동 구문에서 'N에게'가 항상 에너지 흐름의 머
리인 행위자를 나타내는 것만은 아닌데, '도둑이 <u>경찰에게</u> 잡혔다.'에서 'N
에게'는 수혜자로 해석될 수도 있고 행위자로 해석될 수도 있다.

파생적 피동이 수혜자를 부각시키고 '-어지다'에 의한 피동이 행위자를
부각시키는 경향은 (14)~(16)에서도 확인할 수 있다. 물건이 팔리는 사건은
파는 사람의 의도와는 상관없이 구매자가 원인이 되어 발생하기 때문에 파
생적 피동인 (14a)는 자연스럽지만, (14b)는 (14a)보다는 어색하게 느껴진
다. 나뭇가지에 얼굴이 긁히는 것은 행위자의 의도와는 상관이 없기 때문에

(15a)는 자연스럽지만 (15b)는 어색하다. 하지만, 같은 동사가 사용되었음에도 등을 긁는 것은 행위자의 의도가 개입되므로 파생적 피동인 (16a)는 어색하고 '-어지다'가 쓰인 (16b)는 자연스럽다.

(14) a. 오늘 물건이 잘 <u>팔린다</u>.
 b. [?]오늘 물건이 잘 <u>팔아진다</u>.

(15) a. 철수는 나뭇가지에 얼굴이 <u>긁혔다</u>.
 b. [?]철수는 나뭇가지에 얼굴이 <u>긁어졌다</u>.

(16) a. [?]철수는 팔이 길어서 등이 잘 <u>긁혔다</u>.
 b. 철수는 팔이 길어서 등이 잘 <u>긁어졌다</u>.

이와 같이 접사에 의한 파생적 피동과 '-어지다' 피동은 부사될 수 있는 개념적 바탕(base)의 구조가 달라 동기화의 특성 Ⓑ(어떤 구성과 다른 구성의 형태가 다르면 두 구성의 의미도 다른 부분이 있다.)가 나타난다.

(17a)는 접사 피동의 의미와 같게 해석되지만 '부서지다'가 사용되고 있어 동기화의 특성 Ⓒ(형태와 의미의 대응이 항상 예측 가능하지만은 않다.)를 잘 보여준다. '부서지다'는 (17b)에 사용된 '부수어지다'와 형태가 비슷하지만, 옛말인 '브스-' 뒤에 '-어+-디-'가 붙어서 만들어진 말로, 여기서는 파생적 피동과 같은 기능을 하고 있다.

(17) a. 이런 그릇은 잘 <u>부서진다</u>.
 b. 막돌로 쌓은 우물은 덮개가 다 <u>부수어졌다</u>.

〈표준국어대사전〉에는 '부서지다'만 표제어로 등재되어 있지만 인터넷을 검색해 보면 (18)처럼 '부수어지다'가 '부서지다'와 구분되는 의미로 활발하게 사용되고 있는 것을 확인할 수 있다.

(18) a. 메주를 잘게 부수어 줍니다. 다 부수어졌다 싶으면 간장으로 묽기
　　　 를 맞추어 줍니다.
　　 b. 늙고 지친 슈테판 츠바이크는 결국 '꿈의 성곽'에서 추방당한 현재
　　　 를 견뎌낼 수 없었다. 인류의 진보를 믿었던 어제는 산산이 부수어
　　　 졌다.

　국립국어원에서는 '부수어지다'를 인정하지 않고 있지만[11], 언중들이 행
위자를 더 부각시키기 위한 동기로 '부수어지다'를 사용하는 것을 막기는 어
려워 보인다[12]. (17)은 동기화의 특성 Ⓒ가 관습성과 함께 나타나는 가운데
동기화의 특성 Ⓑ(어떤 구성과 다른 구성의 형태가 다르면 두 구성의 의미
도 다른 부분이 있다.)가 비관습적인 용법을 통해 확산되는 현상을 보여준다.
　이어서, 현행 교과서에서 통사적 피동문을 만드는 표현으로 다루고 있는
'-게 되다' 구성의 의미와 기능이 다른 피동 표현과 어떻게 다른지 살펴보
자. (19a)는 이에 대응하는 능동문 (19b)와 동일한 참여자들('오명균 일당'
과 '경찰') 및 사건(검거)에 윤곽을 부여하고, 행위 연쇄의 꼬리인 '오명균
일당'을 전경화시켜 주어로 선택하는 방식으로 시점을 역전시키고 있다는
점에서 원형적인 피동 범주의 특성을 보인다(Langacker, 2002 : 229), 앞
의 설명 참조). 하지만, '-게 되다' 구성의 피동문들은 다르다. '-게 되다'가
사용된 (20)의 두 문장들은 모두 행위 연쇄의 머리에 해당하는 행위자를 밝
히기 어렵다. 또한, (20)의 '이세준'은 외부의 힘에 영향을 받아 행동하고
있긴 하지만, 스스로도 어느 정도의 의지를 가지고 행동하고 있다. 이처럼

---

11) 국립국어원 홈페이지(http://www.korean.go.kr/) '묻고 답하기 〉 온라인가나다'에는 '부
　　수어지다'를 사용할 수 없느냐는 질문이 많이 올라와 있는데, 43618번 글에는 다음과 같은
　　답변이 들어 있다. "'부수다'와 '(-어)지다'의 쓰임이 있으므로, '부수어지다(준말: 부숴지다)'
　　가 나올 수 없는 형태는 아닙니다만, '부숴지다'가 아닌 '부서지다'가 표준어라는 점을 참고하
　　면, '부숴지다'나, 이것의 본말인 '부수어지다'도 '부서지다'로 쓰는 것이 적절하다고 봅니다."
12) 사실 '-어지다'가 결합한 모든 피동형들이 사전에 등재되어 있는 것은 아니므로, '부서지다'와
　　'부수어지다'를 구분하여 둘 다 사용하는 것을 굳이 제한할 필요는 없을 것이다. '베풀어지다',
　　'믿어지다'와 같은 말들은 〈표준국어대사전〉에 등재되어 있지 않지만 올바른 사용이며, 국립
　　국어원에서도 '믿어지다'가 보조동사가 붙은 올바른 표현이라고 설명하고 있다.

'-게 하다' 구성은 상위에 있는 행위 연쇄의 머리를 특정하기 어렵다는 특징이 있다. 만약 (21)처럼 상위에 있는 힘 전달의 머리를 밝힌다면, (20)과 의미가 크게 달라지게 된다. (20)에서 이세준과 이해리의 경연은 PD 개인이 아닌 시청률, 경연 규칙, 소속사의 외압 등과 같이 특정할 수 없는 다양한 외부 요인이 빚어낸 결과로 해석되는 것이 자연스럽기 때문이다.

(19) a. 오명균 일당이 경찰에 붙잡혔다.
　　 b. 경찰이 오명균 일당을 붙잡았다.

(20) 이날 방송에 출연한 이세준은 다비치의 이해리와 <u>격돌하게 되었다</u>.

(21) *PD가* 이날 방송에 출연한 이세준을 다비치의 이해리와 <u>격돌하게 하였다</u>.

'-게 되다' 피동은 '-게 하다' 사동과 '-게 V라는' 구성의 상위 도식을 공유하고 있기 때문에 그 둘을 비교하여 살펴보면 편리하다. 〈그림 8a〉와 〈그림 8b〉는 각각 '-게 하다' 사동인 (22a)와 '-게 되다' 피동인 (22b)를 당구공 모형으로 나타낸 것이다. 〈그림 8a〉에서는 행위 연쇄의 머리인 형과 중간 전달자(pivot)인 동생, 그리고 꼬리인 공이 모두 굵은 선으로 윤곽이 부여되어 있다. 하지만, 〈그림 8b〉에서 굵은 선 표시가 안 된 행위자는 윤곽부여가 안 되어 문장에 나타나지 않는다. 그리고 행위 연쇄의 꼬리가 아니라 중간 전달자(pivot)인 '동생'이 TR로 선택되어 주어로 실현되었는데, 이때 공이 동생의 힘을 전달받는 사건은 동생이 외부의 힘을 전달받는 사건의 영향에 포함되어 있으므로 동생이 공을 던지는 사건 전체가 행위를 입는 것처럼 해석된다. 뚜렷한 행위자가 특정되지 않고, 행위 연쇄의 꼬리가 아닌 중간 전달자가 주어로 선택된다는 점에서 '-게 되다' 피동은 원형적인 피동과 차이가 있는 것이다.

(22) a. 형이 동생에게 공을 던지게 했다.
　　b. 동생이 공을 던지게 되었다.

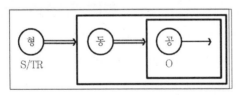

(a) '-게 하다' 구성의 당구공 모형

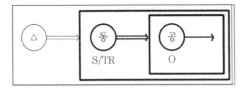

(b) '-게 되다' 구성의 당구공 모형

〈그림 8〉 '-게 하다' 사동과 '-게 되다' 피동의 비교

　교과서에서도 '-게 되다'를 피동의 범주에 넣지 않은 적이 있었고, '-게 되다'를 피동에 포함시키지 않는 학자들도 적지 않다13). 그 이유는 위에서 본 것처럼 '-게 되다' 구성이 행위 연쇄의 꼬리를 TR로 해석하는 원형적인 피동의 특성에서 벗어나기 때문일 것이다. 하지만, 행위의 중간 전달자도 에너지의 시작점인 머리와의 관계만을 본다면 1차적인 힘 전달에서는 꼬리의 역할을 하고 있기 때문에 전혀 피동이 아니라고 선을 긋기도 어렵다. 만약 '-게 되다'를 피동으로 다루고자 한다면 피동의 원형적인 보기가 아닌 주변적인 보기로 처리할 수 있을 것이다.

　(22b)에 부호화된 '동생'과 '공'의 순서는 힘 전달의 순서와 같다. 또,

---

13) '-게 되다'는 7차 교육과정에 의한 문법 교과서에서부터 피동 표현의 범주에 포함되어 왔다. 하지만, 6차 교육과정에 따른 문법 교과서에서는 '-게 되다'를 피동 표현의 범주에 포함시키지 않았다(교육부 1996 : 94). 한편, 고영근 · 구본관(2008 : 102)에서는 '-게 되다'를 피동 표현의 범주에 포함시켰지만 남기심 · 고영근(2014 : 305~310)에서는 '-게 되다'를 피동법에 포함시키지 않는 차이가 보인다. 또, 김정남(2009: 63)은 '-게 되다'가 상태 변화를 의미하고 피동인 '-어지다'와 의미와 분포가 다르다는 것을 지적했다.

(22b)는 어미인 '-게'가 절을 이끌면서 주어와 목적어를 취할 수 있으므로 '-어지다' 사동보다 형태가 복잡하며, 기본적으로 3개의 연속 사건을 나타내므로 의미도 더 복잡하다. 이처럼 '-게 되다' 피동에는 (동기화의 특성 Ⓐ인) 구조적 도상성 중에서 순서 도상성, 근접 도상성, 양적 도상성이 모두 나타난다. 그리고 '-게 되다' 피동이 접사에 의한 피동이나 '-어지다' 피동과 분명히 다른 의미와 기능을 가지고 있다는 것은 동기화의 특성 Ⓑ에 해당된다.

이번에는 전통적으로 학교문법에서 어법에 맞지 않는 것으로 처리되어 온 이중피동에 대해 살펴보자. 대부분의 경우 이중피동을 사용하지 않는 것이 가능하지만, 〈자료 1〉에서 보는 바와 같이 이중피동형인 '잊혀지다'는 규범에 맞는 표현인 '잊히다'로 바꾸어 쓰는 것이 오히려 더 어색하게 느껴지기 때문에 많은 사람들을 고민에 빠지게 한다. 이와 관련하여, 이익섭 · 채완(1999: 299)에서는 '잊혀지다'를 포함한 일부 이중피동이 일반적인 피동과 다른 용도로 독자적인 영역을 구축하고 있다고 보고, '무엇이 이런 현상을 일으키는지' 원인을 찾을 필요가 있다고 언급하기도 했다.

[질문] 이중피동은 불허하기 때문에 '잊힌'이 맞다고 알고 있습니다. 그런데 인터넷상에서 검색을 해보면 '잊혀진'이 빈도수가 훨씬 높은데요, 이는 '잊혀진'이 사람들에게 더 익숙하다는 말이 됩니다. 이 경우에 '잊혀진'이 문법에 맞는 말, 표준어로 등재될 수 있나요?

[답변] '잊혀지다'는 피동사인 '잊히다'에, 또 피동의 뜻을 나타내는 '(-어)지다'가 붙어서 피동의 뜻이 겹치기 때문에 피해야 할 표현으로 봅니다. '문법'은 기술 문법, 규범 문법 등이 있어서, 어떤 문법을 기준으로 하느냐에 따라 '잊혀지다'의 쓰임에 대한 판단은 달라질 수 있겠습니다만, 의미가 겹치는 표현을 피해야 할 표현이라고 보는 이상, 이를 문법에 맞는 말, 표준어 차원에서 논하기는 어렵다고 봅니다.

〈자료 1〉 '잊혀지다'에 대한 질문과 답변 (온라인 가나다 91187번 글)

이중피동은 (23)처럼 정말 과도하게 사용되는 경우도 많지만, 일반적인 피동으로는 전달할 수 없는 다른 의미를 전달하기 위해 사용되기도 한다. (24)의 '씌어지다'는 시를 쓰는 주체가 존재하지 않는 것처럼 느껴지는 일제 강점기의 상황을 표현하기에 오히려 더 효과적인 사용이라고 할 수 있다. 피동은 피행위자를 전경으로 부각시킴과 동시에 행위자를 숨기는 효과가 있으므로, 이중피동을 통해 더 철저하게 창작의 주체를 숨기고 부끄러워한 다는 것을 표현할 수 있는 것이다.

(23) 사진을 많이 찍지 못한 내가 어리석었다고 생각이 <u>되어졌다</u>.

(24) 인생은 살기 어렵다는데 시가 이렇게 쉽게 <u>씌어지는</u> 것은
(윤동주의 〈쉽게 씌어진 시〉)

한편, 이중피동의 '-어지다'가 피동의 의미가 아닌 상태 변화의 의미로 해석될 수 있는 경우도 있다. 잘 알려진 바와 같이 '-어지다'는 '깊어지다, 어두워지다, 커지다'처럼 형용사 어근과 결합하면 상태 변화를 나타낸다. (25)에서 피동사인 '잊히다'가 '-어지다'와의 결합을 환영하는 이유는 '-어지다'가 상태 변화의 의미로 사용되었기 때문일 수도 있다. 어떤 기억이 망각되는 것은 보통 오랜 시간에 걸쳐 서서히 진행되는데, 피동사인 '잊히다' 만으로는 이런 의미를 충분히 전달하기 어렵다. 만약, 여기서 '-어지다'가 피동이 아닌 상태의 변화를 나타내는 것이라면 '잊혀지다'를 이중피동으로 볼 이유도 없다.

(25) a. 잊혀진 계절
    b. '잃어버린 25년' 동안 일본의 부동산은 철저히 잊혀졌다.
    c. 이야기들은 머릿속에서 차차 잊혀졌다.
    d. 레닌은 고향에서도 잊혀졌다.

이처럼 일부 이중피동은 접사에 의한 피동이나 '-어지다' 단독의 피동보다 형태가 복잡한 만큼 더 복합적인 의미를 가지며 필요한 의미를 전달하기 위해 사용되고 있으므로 동기화의 특성 Ⓐ(구조적 도상성)와 Ⓑ(구조동형성)를 보인다. 이처럼 일부 이중피동은 적절하게 동기화되어 있을 뿐 아니라 관습성도 가지고 있어 〈그림 5〉에서 본 언어 기호의 역할을 충실히 하고 있다. 참고로, 한글맞춤법에는 이중피동을 금지하는 규정이 들어 있지 않다.

4.2. 피동 표현의 교육 내용 고찰

이 절에서는 현재 고등학교에서 사용되고 있는 〈독서와 문법〉 6종 교과서의 피동 표현에 대한 기술 내용을 검토하면서 문제점을 찾고 피동 표현의 동기화된 특성을 잘 드러낼 수 있는 대안적인 교육 내용의 기술 방안을 제시해 보고자 한다.

2011년에 개정된 교육과정에 따라 만들어진 현재의 〈독서와 문법〉 교과서들은 2002년에 국정 교과서로 제작된 〈고등학교 문법〉과 기본적인 내용을 공유하고 있지만, 세부적인 내용과 접근 방식에서는 각각의 특성을 보이고 있다. 먼저, 각 교과서에서 피동의 개념에 대한 기술이 어떻게 되어 있는지 살펴보자. 〈표 1〉은 피동의 개념에 대한 각 교과서의 설명을 출판사별로 정리해 놓은 것이다. 〈표 1〉에서 확인되는 교과서의 피동에 대한 기술은 대체로 피동이 전경(figure)과 배경(ground), 혹은 탄도체(trajector)와 지표(landmark)를 역전시키는 해석에 의해 동기화되었다는 것을 잘 드러내주지는 못하고 있다.

〈표 1〉 피동의 개념에 대한 〈독서와 문법〉 교과서들의 기술 내용

출판사	피동의 개념에 대한 설명
교학사	주어가 다른 주체[14]에 의해서 동작을 당하게 되는 것을 **피동**이라고 한다.
천재교육	주체가 다른 힘에 의하여 움직이는 것을 **피동(被動)**이라 한다.

출판사	피동의 개념에 대한 설명
창비	행동의 대상인 '쥐'를 주어로 표현하는 방법을 **피동문**이라고 한다.
미래엔	주어가 동작을 제힘으로 하는 문장을 능동문이라고 하고, 다른 주체에 의해 동작이 이루어지거나 받는 문장을 **피동문**이라고 한다.
비상교육	주어가 다른 주체에 의해서 동작을 당하게 되는 것을 **피동**이라 한다.
지학사	주어가 다른 주체에 의해서 동작을 당하는 것을 **피동**이라 한다.

'주어가 다른 주체에 의해서 동작을 당하는 것'보다는 '행위를 입는 (당하는) 대상이 주어가 되는 것'이라는 표현이 선택적 주의에 의해 발생하는 전경-배경 역전이라는 특성을 더 잘 나타내 줄 것이다. 〈자료 2〉는 그림을 이용해 이해를 돕고 있는 예이다.

피동 표현

이 그림의 내용을 표현하는 방법에는 두 가지가 있다. 행동의 주체인 '고양이'를 주어로 하는 방법과 고양이가 하는 행동의 대상인 '쥐'를 주어로 하는 방법이다. 전자를 능동문(能動文)이라고 하고, 후자를 피동문(被動文)이라고 한다. 피동문은 행동의 주체를 부각하지 않는 효과를 수반하므로, 행동의 주체가 모호하거나 주체를 드러내고 싶지 않을 때 쓰기도 한다.

〈자료 2〉 피동 표현에 대한 〈독서와 문법〉의 기술 내용(창비, 2015: 143)

한편, 대부분의 교과서들은 〈자료 3〉과 같은 방식으로 능동문을 피동문으로 변환하는 방법을 설명하고 있는데, 이와 같은 그림은 피동에 대한 이해를 돕기보다는 현상에 대한 실제적인 관찰과 이해를 차단하는 역할을 하게 될 수도 있다. Ⅳ.1에서 확인한 것처럼, 이런 방식으로 피동문을 만들 수 있는

---

14) 〈천재교육〉에서는 '주어'가 아닌 '주체'라는 용어를 사용했는데, '주체'는 자칫 주어가 아닌 행위의 주체로 해석될 수도 있어 혼란을 일으킬 수 있다. 〈교학사〉, 〈비상교육〉, 〈지학사〉에서는 '주체'가 행위의 주체라는 의미로 사용되고 있다.

피동사의 수는 매우 적은 편이며 능동문과 피동문의 의미가 다른 경우도 많다. 또, '더워서 숨이 막힌다.'처럼 대응하는 능동문이 존재하지 않는다.

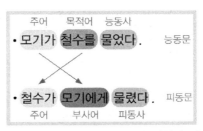

〈자료 3〉 능동문을 피동문으로 변환하는 방법 (천재교육, 2015: 111)

〈자료 4〉는 지금까지의 논의를 종합하여 피동의 개념에 대한 교육 내용을 재구성해 본 것이다.

행위의 주체보다 행위를 입는 대상이 더 많은 관심을 받아 주어로 선택된 것을 피동이라 한다. '모기가 철수를 물었다.'는 (a)처럼 모기가 화자의 일차적인 관심을 받는 경우에, '철수가 모기에게 물렸다.'는 (b)처럼 철수가 화자의 일차적인 관심을 받는 경우에 적절히 사용될 수 있다.

〈자료 4〉 피동의 개념에 대한 교육 내용의 재구성

다음으로 피동의 범주에 대한 기술을 살펴보면, 〈표 2〉와 같이 '창비'를 제외한 모든 교과서에서 '-게 되다'를 피동의 범주에 포함시키고 있으며15),

---

15) 표준국어대사전과 학교 문법에서는 '-어지다'의 '지다'를 보조동사로 취급하므로 '-어지다'가

6종 교과서 모두 피동사에 의한 피동, '-어지다', '게 되다'와 같은 구성들 하나하나의 의미와 표현 효과가 어떻게 다른지 설명하거나 탐구 학습을 위해 열어 놓지 않고 있다.

〈표 2〉 피동의 범주에 대한 〈독서와 문법〉 교과서들의 기술 내용

출판사	범주에 대한 기술
교학사	피동 표현은 크게 일부 능동사 어간16)에 피동 접미사 '-이-', '-히-', '-리-', '-기-'나 명사에 접사 '-되-'가 결합하는 파생적 피동과 '-게 되다', '-아/-어지다'에 의한 통사적 피동으로 나뉜다.
천재교육	피동사는 일부의 능동사 어간에 피동 접미사 '-이-', '-히-', '-리-', '-기-'가 결합되거나 명사에 '-되다'가 결합되어 만들어진다. 한편 피동문은 '-아/-어지다', '-게 되다' 등에 의해서도 표현된다.
창비	피동사는 능동사의 어간에 파생 접사 '-이-', '-히-', '-리-', '-기-'가 붙어 만들어지거나 '-되다', '-어지다'가 붙어 만들어진다.
미래엔	피동사는 능동사에 피동 접미사 '-이-, -히-, -리-, -기-'가 결합하여 만들어진다. '-되다', '-어지다', '-게 되다'가 포함된 말이 서술어로 쓰인 문장 역시 피동 표현이 된다.
비상교육	흔히 능동사의 어근에 피동 접사 '-이-, -히-, -리-, -기-'나 명사 뒤에 '-되-'가 붙기도 하고, 용언의 어간에 '-어지다', '-게 되다'가 붙어서 피동문으로 변한다.
지학사	피동사는 능동사의 어간에 피동 접미사 '-이-, -히-, -리-, -기-'가 붙어서 만들어진다. 피동문은 이런 접사 이외에 '-되다', '-어지다', '-게 되다'에 의해서도 만들어진다.

3장에서 보았듯이, 국어과 교육과정에서는 문법 요소들의 개념과 표현 효과를 탐구하고 이를 실제 국어생활에 활용하도록 하고 있는데, 현재 교과

붙어 피동사가 만들어진다는 설명은 '창비' 교과서의 설명은 오류가 있어 보인다. '창비'에는 피동 범주에 어떤 구성들이 있는지에 대해 언급되어 있지 않다.
16) 6종 교과서에는 피동 접미사가 능동사의 '어간'에 붙는다는 표현과 '어근'에 붙는다는 설명이 혼재하고 있다. 피동 접미사가 붙은 피동사는 단어로 인정되므로 '어근'이라는 표현이 더 적절할 것이다.

서의 설명은 학생들이 이미 사용하고 있는 피동의 용법보다 상세하지 않기 때문에 학생들이 다양한 피동 표현을 탐구하고 국어생활에 활용하는 단계로 이끌어주기 어렵다. 그러므로 〈자료 5〉와 같이 각각의 피동 구성이 어떤 의미와 기능을 가지고 있는지, 실제 사용에서 어떤 효과를 위해 쓰이는지 설명해 주거나 학생들이 탐구할 있도록 열려 있는 구조를 만들어 줄 필요가 있다.

피동사에 의한 피동, '-어지다' 구성의 피동, '-게 되다' 구성의 피동은 각각 고유한 의미와 기능이 있으므로 상황과 표현 효과를 고려하여 적절히 선택되어야 한다.

피동사에 의한 피동은 보통 능동사 어근에 피동접미사 '-이-, -히-, -리-, -기-'가 붙어 만들어지는데, 피동접미사가 붙을 수 없는 능동사들도 많다. 간혹 '철수가 영희에게 맞았다'에서의 '맞다'처럼 피동사가 아닌데 피동적인 의미를 가진 동사도 있고 '영희가 달려와 아빠에게 업혔다.'처럼 형태는 피동사인데 능동적인 의미를 띠는 동사도 있다.

'-어지다'에 의한 피동은 행위자의 의도성이 개입되는 경우에 주로 사용된다. 아래 예를 보면, 등을 긁는 행위는 의도성이 있기 때문에 피동사가 사용된 ①은 보다 '-어지다'가 사용된 ②가 더 자연스럽다.

① ?철수는 팔이 길어서 등이 잘 긁혔다.
② 철수는 팔이 길어서 등이 잘 긁어졌다.

'-게 되다'에 의한 피동은 주어가 행위자인 사건 전체가 외부의 불분명하고 간접적인 힘의 영향을 받아 이루어지는 경우에 주로 사용된다. ③에서 철수가 축구를 하게 만든 힘은 어떤 것인지 꼬집어 말하기 어렵고 철수가 축구를 하는 방향으로 영향을 주긴 했지만 철수가 축구를 하려는 의지가 있어야만 작용할 수 있게 된다. 이처럼 '-게 되다'에 의한 피동은 다른 방식에 비해 피동의 특징이 가장 약하게 나타나는 편이다.

③ 철수는 모처럼 친구들과 축구를 하게 되었다.

〈자료 5〉 피동의 범주에 대한 교육 내용의 재구성

〈자료 5〉에는 각각의 피동 표현들이 가진 의미 특성과 차이가 기술되었고, 의미와 형태의 관계가 항상 일정하지만은 않다는 것도 언급되어 있다.

이와 같이 형태와 의미의 관계를 규칙으로 보지 않고 동기화되어 있는 것으로 처리해야만 예외적인 현상(동기화의 특성 ⓒ)에 대하여 열려 있는 탐구 학습이 가능해진다. 예를 들면 〈자료 6〉과 같은 활동을 통해 학생들은 피동의 범주를 더 사실적으로 인식하고 예외적인 현상에 관련된 또 다른 동기화의 요인을 탐구할 수 있다.

[활동 1] '-이-, -히-, -리-, -기-'가 붙지 않았지만 피동의 의미를 가진 동사들이 있는지 알아보자.
[활동 2] '-이-, -히-, -리-, -기-'가 붙었지만 능동의 의미가 있는 동사들이 있는지 알아보자.
[활동 3] '-어지다'에 의한 피동에 행위자의 의도성이 개입되지 않는 경우가 있는지 조사해 보자. 만약 있다면 왜 그런 경우에 '-어지다'가 사용되었는지 생각해 보자.

〈자료 6〉 피동의 범주에 대한 탐구 문항들

이 외에도 '-되다', '-받다', '-당하다'와 같은 접사가 명사에 붙어 만들어지는 피동 표현들이 있는데, 교과서에는 '-되다' 구성만 언급되어 있다. 이들은 (26)처럼 '되다', '받다', '당하다'처럼 접사가 아닌 단어로 쓰였을 때와 의미의 차이는 거의 없으므로 문법 범주로서의 성격은 약한 편이다17). 만약 피동의 형태보다 의미에 중점을 둔다면 '맞다', '듣다'를 비롯하여 이렇게 어휘적인 성격이 강한 피동 표현들도 교육 내용에 포함시킬 수 있을 것이다.

(26) a. 사용되어 / 사용이 되어
     b. 환불받지 않고 / 환불을 받지 않고
     c. 차별당하지 않고 / 차별을 당하지 않고

---

17) 남수경(2005 : 79)에서는 의미론적 근거에 따라 '받다, 맞다, 듣다'와 같은 타동사 구문까지 포함시켜야 한다고 제안하고 있다. 하지만, 어휘적 피동을 파생적 피동과 구분하여 문법 현상으로 다루지 않는 것이 더 일반적인 방식이고(권재일, 2012: 382), 학교 문법에서도 어휘적인 피동이 포함되지 않고 있다.

마지막으로, 이중피동은 현재의 국어 규범에서 잘못된 것으로 처리하고 있고 대부분의 교과서들도 이중피동에 대해 부정적인 입장을 보인다. 이중 피동에 대해 비교적 긍정적인 입장을 보여주는 〈자료 7〉에서는 '잊히다'를 올바른 피동형으로 규정한 후에, 사람들이 '잊혀지다'라는 이중피동을 선호 하는 이유에 대해 생각해 보도록 유도하고 있다.

4 다음은 '잊다'의 피동형을 검색하는 과정에서 나타난 검색 화면이다. 이를 바탕으로 활동을 해 보자.

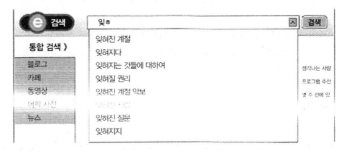

(1) '잊다'의 올바른 피동형과 검색창에 나타난 '잊다'의 피동형을 비교해 보자.

'잊다'의 올바른 피동형

검색창에 나타난 '잊다'의 피동형

(2) 이와 같은 예를 더 찾아보고, 이러한 현상에 대한 자신의 의견을 발표해 보자.

〈자료 7〉 이중피동 '잊혀지다'에 대한 처리 방식 (미래엔 2015: 138)

하지만, 4.1에서 논의한 바와 같이 '잊혀지다'의 '−어지다'는 일반적인 피 동으로는 전달할 수 없는 '오랜 시간에 걸친 변화'의 의미를 전달하기 위해 사용되어 관습성과 동기화의 특성을 모두 충족하는 언어 기호이다. 그리고 윤동주의 시에 사용된 '씌어지다'는 행위자를 철저히 숨기고 부끄러워하는 의미를 전달하기 위해 동기화되어 있다. 그러므로 〈자료 8〉과 같이 이중피동이 무엇에 의해 동기화되어 있는지 설명하거나 그 의미를 탐구할 수 있는 방향으로 교육 내용을 구성하는 것도 좋을 것이다. 하지만, 궁극적으로 한글맞춤법에서도 금지하고 있지 않은 이중피동을 모두 규범에 어긋나는 것으로 처리하기보다는 필요에 따라 적절히 사용할 수 있도록 허용하는 하는 방안도 고려해 보아야 할 것이다.

---

1. '잊히다'가 올바른 표현임에도 '잊혀지다'가 사람들에게 더 선호되고 있는 이유는 무엇일까? 기억이 사라지는 것은 짧은 순간에 일어나는 일이 아닌데, '잊히다'만으로는 그러한 오랜 시간에 걸친 변화를 표현하기 어렵다. '잊혀지다'의 '-어지다'는 피동의 의미보다는 상태 변화의 의미를 나타내기 위한 동기로 사용되고 있는 것으로 보인다.

2. 이중피동은 규범적으로 올바른 표현이 아니지만 아래의 글에서 보듯이 피동성을 강조하기 위한 동기로 사용되는 경우가 있다. 이때 행위자는 일반적인 피동보다 더욱 더 숨겨지는 효과가 나타나게 된다.

> 저자는 말한다. 첫째, 공포·억압정치에 대항하는 기사 사설을 쓸 수가 없다. 둘째, 주눅은 들었지만, 그렇다고 부당한 권력에 정당성을 부여하기도 싫다. 능동적으로 미화해 주기도 내키지 않는다. 셋째, 양심과 지성에 반하는, 떳떳하지 못한 나(기자)를 피동형 문장 뒤로 숨기고 싶다. '내가 그런 말을 하는 게 아니라 다들 그러더라'라고 쓰고 싶다.
> 비열한 자기검열의 문체, 피동형은 한 번 더 '풀이되어진다' '관측되어진다' '인식되어진다' 같은 이중피동으로 전락한다. 헤어나기 힘든 자기분열의 구렁텅이로 나아간다. 주체도 정체도 알아보기 어렵게 변질되어 흐려지고, 여기에 취재원의 익명 가명이 상습화된다. '관계자' '고위관계자' '당국자' '소식통' '핵심 측근' 같은 얼굴 없는 취재원들이 전면에 등장하여 지면을 뒤덮는다. 잊었던 내 저널리스트 삶의 맨살에 낯 뜨겁고, 미리 보는 나의 평전에 가슴 저민다.
> -김충식, 세계일보 사설 〈능동태가 살아야 신문이 산다〉에서-

〈자료 8〉 이중피동에 대한 교육 내용의 재구성

이 절에서는 현재 교과서에서 다루어지고 있는 내용을 중심으로 피동 표현에 대한 대안적인 교육 내용을 재구성해 보았다. 필요에 따라 4.1에서 논의된 피동 표현의 다른 특성들도 교육적인 목적에 맞게 가공하여 문법 교육의 자료로 사용할 수 있다.

5. 결론

이 연구에서는 학교 문법에서 '동기화'가 적극적으로 다루어지고 활용되어야 하는 근거를 제시하고, 동기화에 대한 인식을 바탕으로 피동 표현의 교육 내용을 타당하게 재구성하는 방안을 도출해 보았다.

동기화는 자의성보다 형태와 의미 간의 기호론적 관계에서 더 많은 비중을 차지하고 있으며 가장 작은 언어 단위까지 편재하고 있다. 특히, 이 글에서는 구조적인 층위의 동기화를 설명하는 데 직접적으로 관련되는 동기화의 특성을 Ⓐ(어떤 구성의 형태와 의미는 구조적 도상성을 가지고 있다.), Ⓑ(두 구성의 형태가 다르면 의미도 다르다.), Ⓒ(어떤 범주를 이루는 구성의 형태와 의미의 관계를 완전하게 예측할 수는 없다.)로 정리하고, 이러한 동기화의 개념을 명시적으로 가르치고 교육에 활용할 것을 제안하였다.

동기화가 문법 교육에서 적극적으로 다루어져야 하는 근거는 다음과 같다. 첫째, 동기화에 대한 교육은 문법의 도구적 사용에 대한 인식을 촉진하는 기능주의적 관점의 요건을 충족시키며 의미와 사용에 전이될 수 있는 지식을 직접적으로 형성할 수 있게 해 준다. 둘째, 동기화에 대한 교육은 탐구 학습과 상호 의존적이다. 동기화에 대한 인식은 탐구 학습을 촉진하고 탐구 학습은 언어의 동기화된 특성에 대한 이해를 촉진할 수도 있다. 동기화된 특성에 바탕을 둔 교육 내용은 열린 탐구 학습과 충돌하지 않는 열린 체계를 가지고 있으며, 언어에 대한 통찰력을 성장시킬 수 있다. 셋째, 동기화에 대한 인식은 상황에 맞는 언어의 사용을 인식하고 평가하는 도구가 될 수 있다.

구체적으로 피동 표현의 동기화된 특성들을 다양한 측면에서 살펴보면서 피동 표현을 동기화된 것으로 보는 인지적 관점의 설명적 타당성을 확인해 보았다. 피동이라는 문법 범주의 의미는 행위를 입는 대상을 일차적 주의의 대상으로 삼는 선택적 주의 능력을 토대로 발생하는데, 접사에 의한 피동과 '-어지다' 피동, '-게 되다' 피동은 각각 구조적 도상성(Ⓐ)과 형태와 의미의 대응(Ⓑ), 형태와 의미 관계의 예외성(Ⓒ)과 같은 동기화의 특성을 고루 나타내고 있다. 4.2에서는 현행 〈독서와 문법〉 교과서에서 발견되는 피동 표현에 관한 교육 내용의 문제점을 확인하고 동기화된 특성을 반영한 교육 내용을 재구성하여 제시하였다. 동기화에 기초한 교육 내용은 열린 탐구 학습과 충돌하지 않으며, 실제 언어의 사용에 대한 설명력을 높이고 문법 범주의 형태와 의미에 대한 사실적인 이해와 통찰력을 기를 수 있게 해준다.

이 연구에서는 특별히 피동 표현에 국한하여 동기화에 기초한 교육 내용의 구성 방식을 살펴보았지만, 이와 같은 방식은 동기화가 언어의 구성 원리로 작용하고 있는 다른 문법의 영역에도 적용될 수 있을 것이다.

제8장

수사학적 문법의
인지적 토대

1. 서론

Martha Kolln(1996: 29)은 오류를 교정하는 데 중점을 두는 대부분의 교육용 문법과 차별화 된 '수사학적 문법(rhetorical grammar)'을 제안해 왔다. 수사학적 문법은 문법의 정체성을 수사학에서 찾으려는 시도로, 문법 지식이 글을 쓸 때 더 효과적인 선택을 할 수 있도록 해준다는 가정을 토대로 한다. 사실, 전문적으로 글을 쓰는 사람이라면 누구나 언어 구조의 선택이 글의 의미나 전달 효과에 어떤 영향을 주는지에 대한 나름대로의 지식을 가지고 있으며, (의식적으로든 무의식적으로든) 그 지식을 자신의 글쓰기에 활용한다. 수사학적 문법은 글쓰기를 위해 사용될 수 있는 도구로써 필요한 문법적 지식을 말하는데, 이는 전통 문법이나 생득적 언어관을 강조하는 기존의 문법 이론들과는 달리 글을 쓰는 데 필요한 지식들을 중심으로 구성된다. 이 글에서는 최근 글쓰기를 위한 대안적인 문법으로 주목받고 있는 수사학적 문법의 특징과 체계를 살펴보고, 인지과학이나 인지언어학이 수사학적 문법을 위한 이론적 토대가 될 뿐만 아니라 수사학적 문법의 내용과 체계를 발전시키는 데 도움을 줄 수 있다는 것을 제안하고자 한다[1].

2. 수사학적 문법의 성립 배경과 특성

수사학적 문법은 기존의 전통적인 문법 교육이 학생들의 작문 능력 향상에 전혀 도움을 주지 않는다는 비판에 직면하면서 새로운 대안으로 떠올랐다. 미국의 NCTE(National Council of Teachers of English)의 웹사이트에서 교사들의 의사 결정에 도움을 주기 위해 제공하는 서비스 업무인 SLATE(Support for the Learning and Teaching of English)는 학교 문법 교육이 학생들에게 거의 영향을 주지 않는다는 것을 과거 90년간의 통계 조사에 기대어 밝히고 있다(Hillocks와 Smith, 1991). 좀 더 자세히 말하자면, 형식 문법(formal grammar)을 맥락과 분리시켜 체계적으로 가르치는 방식은 글쓰기에 아무런 도움을 주지 않으며, 글쓰기의 맥락 속에서 발견되는 문법적인 특징에 대해 토론하거나 문장을 체계적으로 조합하고 확장하는 연습 등은 도움이 된다는 것이다. 또한 Andrews 외(2006)는 통계 조사를 통해 규칙, 체계, 용어 등의 학습은 언어 능력 향상에 조금도 도움이 되지 않는다는 것을 밝혔다. 이외에도, 우리는 글쓰기의 상황이나 맥락과 분리된 문법 학습의 부정적 효과에 대한 논의들을 어렵지 않게 찾아볼 수 있다.

문법이 글쓰기 능력 향상에 도움을 주느냐에 대한 논의는 문법이 언어 사

---

1) 물론, 문법은 읽기와 쓰기, 말하기 등 언어 사용 능력 발달을 위한 도구로서만 가치가 있는 것이 아니라, 다른 영역에 의존하지 않는 독립적인 내용 체계와 교육적 가치도 지니고 있다. 하지만, 문법의 독립적 가치를 인정한다 하더라도 그것이 다른 영역과 연계되고 통합될 수 있는 가능성도 확장시켜 나갈 필요가 있다는 관점에서 이 글에서 다루는 수사학적 문법을 조망해 볼 수 있을 것이다.

용 능력 향상에 도움을 주느냐에 대한 논의와도 관련되는데, 이 문제에 대해 비교적 분명해 보이는 연구 결과는 제2언어 습득 분야의 연구자들이 먼저 내놓았다. 적절한 방식으로 지도된 적절한 문법이 학습자의 언어 사용 능력 향상에 도움을 준다는 것이다. White(1991)는 영어를 배우는 프랑스어 화자들이 '형태 집중(form-focused)' 지도 방법을 통해 부사를 더 잘 배치하게 된 것을 관찰했고, Carrol과 Swain(1991)은 스페인어 학습자들에게 명시적인 상위 언어를 통해 가르치는 것이 수여 동사의 학습에 가장 효과적이라는 것을 발견했다. 하지만, 제1언어 습득은 제2언어 습득과 여러 가지로 상황이 다르기 때문에 이러한 일반화가 바로 적용되기 어렵다(White 1988). 일반적으로 제2언어 학습자들은 과대 일반화를 경험하며, 일반화가 성립되지 않는 경우(부정적 증거)에 대한 설명을 필요로 하지만, 제1언어 학습자들은 긍정적 증거만으로도 언어를 습득하는 것이 가능하기 때문이다. 따라서 명시적인 방식의 문법 지도가 제2언어 학습자들에게는 분명히 효과적이라 할 수 있지만, 제1언어 학습자들에게도 긍정적인 측면이 없다고는 말하기 어렵다. Hudson(2001)에 따르면, 어떤 언어학 이론에 기초한 문법을 가르치느냐에 따라 글쓰기의 결과가 달라진다고 한다. 전통 문법이나 변형생성문법을 가르친 경우 글쓰기가 향상되지 않는 것이 대부분이지만, 담화나 텍스트 조직과 관련된 형태들을 가르치는 것은 분명한 효과가 있다는 것이 보고되고 있다(Heap 1991, Mason과 Mason 1997).

문법과 글쓰기의 상관성에 대한 연구는 매우 오랜 시간 동안 이루어져 왔지만, 여러 가지 상반된 결과들이 얻어졌고 그 분명한 관계를 파악하기란 현실적으로 어려운 측면이 있다. Ellis(1984)가 지적했듯이, 어떤 교수법의 학습 효과를 평가하는 것은 쉬운 일이 아니다. 학습자는 하나의 교수법뿐만 아니라, 그 교수법과 함께 제시되는 모든 자료에 노출되기 때문이다. 글쓰기를 포함한 언어 사용에도 많은 요인들이 작용하고 있고 그것을 통제하고 정확하게 측정하는 것은 쉽지 않다. 하지만, 그럼에도 불구하고 어떤 종류의 문법을 가르치느냐에 따라 효과에 차이가 난다는 것은 분명해 보이기 때문에, 최근에는 글쓰기에 도움을 주기 위해서 어떤 문법을 가르쳐야 하느냐에 대한 논의로 방향이 옮겨가고 있는 것으로 관측된다. 이른 바 문법 무용론의 떠들썩한 외침이 가라앉으면서, 이제는 어떤 문법을 어떻게 가르쳐야 하는지에 대한 생산적인 논의가 요구되고 있는 시점이라 할 수 있겠다. 수사학적 문법의 대두는 이러한 인식의 변화와 밀접하게 연관되어 있다.

그러면, 과연 수사학적 문법이 표방하는 문법 교육의 내용은 무엇인지 살펴보도록 하자. 수사학적 문법의 핵심은 '수사학(rhetoric)'에서 찾을 수 있는데, 이것은 독자와 글쓰기의 목적이 주어진 주제에 대해 쓰는 방식을 다르게 만든다는 것을 뜻한다. '청중(audience)', '목적(purpose)', '화제(topic)' 등으로 구성되는 수사학적 상황이 필자의 문법적 선택을 결정하고, 문장 구조와 어휘, 구두점 사용 등을 결정한다. 예컨대, 친구에게 문자를 보내는 상황과 학과장에게 공식인 문서를 보내는 상황은 서로 다른 문법적인 선택을 요구한다. 수사학적 문법은 결국 이러한 선택에 필요한 지식을 다루는 것이라고 할 수 있다. 또한, 일반적으로 우리가 학교에서 배우는 문법이 우리가 무의식적으로 알고 있는 지식(생성언어학자들은 이 지식이 '내재되어 있다(internalized)'고 말한다.)이라면, 수사학적 문법은 우리가 글을 쓸 때 필요한 관습에 대한 지식을 포함한다. 따라서 수사학적 문법을 이해한다는 것은 글을 쓸 때 필요한 문법적인 선택과 그 선택이 독자에게 미칠 영향을 이해한다는 것을 의미하며, 이 때 문법적인 지식은 글 쓰는 이를 위한 도구 상자와도 같은 것이다. 이러한 방식의 문법 학습은 의식적인 노력을 통해 이루어질 수 있으며, 그것이 유용하다는 것이 바로 수사학적 문법의 핵심이라 할 수 있다(Kolln과 Gray 2010: 2-4).

수사학적 문법의 정신은 문법을 바라보는 관점의 새로운 도약이라 할 수 있다. 수사학적 문법은 언어 사용 능력 중 하나인 글쓰기에 필요한 새로운 문법 체계를 제시하고자 노력했으며, 또한 글쓰기에 실제적으로 도움을 주는 실용적인 노선을 택했다. 하지만, 수사학적 문법은 아직 완성되었다고 말하기 어렵다. 왜냐하면, 글쓰기를 위해 '어떤 문법, 혹은 누구의 문법을 가르치는 것이 가장 적절한가?'라는 문제에 대해 아직 답하지 못하고 있기 때문이다. 실제로 수사학적 문법에 대한 Kolln과 Hencock(2005), Kolln과 Gray(2010) 등의 논의에 수사학적 문법의 이론적 토대가 될 수 있는 문법 이론(예를 들면, Halliday의 체계 기능 문법(systemic funcional grammar))에 대한 이야기는 아무 것도 들어 있지 않다. 오히려, 그것은 전통적인 문법의 용어와 개념들을 많은 부분 그대로 사용하고 있다. 아마 이것은 수사학적 문법의 연구자들이 언어학이나 문법 이론가가 아니었기 때문일 수도 있다. 바로 이런 점 때문에, 현재의 '수사학적 문법'은 '인지 문법'이나 '기능 문법' 등과 동등한 위치에 있는 것이 아니라 문법 교육과 관련된 하나의 운동이나 정신으로 보는 것이 더 적절해 보이기도 한다. 따라서 '수사학적 문법'의 정신에 맞는 언어학과 문법 이론의 토대를 확인하고, 거기에서 적합한 교육의 내용과 방법을 찾아내는 것이 앞으로 장기간 추구해야 할 과제라 할 수 있다(Locke 2009: 189). 이 연구는 바로 인지언어학에서 수사학적 문법의 토대를 찾기 위한 기초적인 작업이라 할 수 있을 것이다.

3. 수사학적 문법의 인지적 구성 요소

인지언어학이 수사학적 문법을 구성하는 모든 교육 내용에 가장 적합한 토대라고 말할 수는 없을지 모른다. 하지만, 인지언어학은 수사학적 문법을 구성하는 어떤 부분에 대해서 비교적 더 나은 설명을 제공할 수 있고, 더 많은 교육적 가치를 내포하고 있다. 아래 목차와 같이 Kolln과 Gray(2010)의 수사학적 문법은 수사학적인 상황에 맞는 문법적인 선택이라는 테두리 안에서 다양한 층위로 구성된다. 이 장에서 우리는 각각의 문법적 층위에서 인지언어학이 제공할 수 있는 이론적 토대와 적용 가능성을 살펴보도록 하겠다. 이 글에서 텍스트 층위에 있는 구조의 선택과 구두점에 대한 논의는 제외되며, 기능주의 문법이나 기존의 수사학적 문법이 설명하지 못했던 새로운 선택의 영역에 대한 논의는 새로 도입된다.

PART I The Structure of Sentences
Chapter 1 An Introduction to Words and Phrases
Chapter 2 Sentence Patterns
Chapter 3 Our Versatile Verbs
Chapter 4 Coordination and Subordination

Part II Controlling the Message
Chapter 5 Cohesion
Chapter 6 Sentence Rhythm
Chapter 7 The Writer's Voice

Part III Making Choices: Form and Function
Chapter 8 Choosing Adverbials
Chapter 9 Choosing Adjectivals
Chapter 10 Choosing Nominals
Chapter 11 Other Stylistic Choices

PART IV Your Way With Words
Chapter 12 Words and Word Classes

PART V Punctuation
Chapter 13 Punctuation: Its Purposes, Its Hierarchy, and Its
          Rhetorical Effects

위의 목차를 보면 알 수 있듯이, Kolln과 Gray(2010)가 다룬 내용들은 모두 다양한 문법적인 층위에서 이루어질 수 있는 선택과 관련되어 있다. 이 글에서 모든 것을 다루지 못하는 이유는 순전히 지면의 제약 때문이다. 담화적인 층위에 있는 구조의 선택과 구두점 등에 대한 논의도 매우 중요해 보이지만, 이를 충분히 논의할 수 있는 다른 기회를 기다려야 할 것 같다.

인지언어학은 관점에 따른 해석, 틀과 윤곽 부여에 따라 다른 음운구조가 선택되고, 그 차이는 다른 의미를 전달한다는 사실을 설명해준다. Lan-gacker(2008)에 따르면 동일한 개념적 내용이라 할지라도 그것을 어떤 '관점(view point)'에서 바라보고 윤곽을 부여하는지에 따라 다른 형태가 선택될 수 있다. Langacker가 말하는 '해석'이란 같은 상황을 여러 가지 방식으로 파악할 수 있는 인지 능력에 의해 발생하며, 언어표현의 의미를 구성하는 데 중요한 역할을 한다. 결국, 모든 언어 표현은 특정한 해석을 전달하기 위해 만들어지기 때문이다. 그 예로 우리는 〈그림 1〉과 같이 하나의 동일한 현상을 어떻게 해석하느냐에 따라 (A)~(D)와 같은 표현의 차이가 발생함을 볼 수 있다.

(A) 물이 든 컵
(B) 컵에 든 물
(C) 컵에 물이 반이나 남았다
(D) 컵에 물이 반이나 비었다

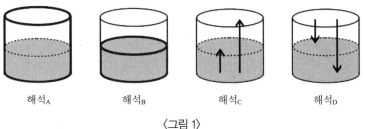

해석A　　　해석B　　　해석C　　　해석D

〈그림 1〉

이 네 개의 표현들은 물리적으로는 동일한 개념을 바탕으로 하고 있지만, 그것을 대하는 인지주체의 심리적 상태와 관점에 따라 다르게 선택된 것들이다. 물과 컵 중 어느 것에 관심을 더 두느냐에 따라 (A)와 (B) 가운데 선택이 이루어지며, 물을 충분히 마셨는지 아니면 더 마시고 싶은지에 따라 (C)와 (D) 가운데 선택이 이루어진다. 이처럼 언어 표현은 인지주체의 경험과 관점에 따라 다르게 선택된다.

　한편, 인지문법(Cognitive Grammar), 혹은 구문문법(Construction Grammar)에서 어휘부와 문법은 상징구조들의 연속변차선을 이루는 것으로 본다. 이 연속변차선은 일반성이나 규칙성, 분석 가능성을 기준으로 무리하게 양분될 수 없는 성질의 것이다. 인지문법은 언어 구조가 기저에 깔려 있는 것이 아니라 겉으로 드러나기 때문에 형태가 다르면 다른 영상 해석법을 나타내는 것으로 가정하므로, 형태의 차이가 의미의 차이를 야기한다는 것을 인정한다. 이저럼 언어의 구조가 동기화(motivation) 되어 있고 상징적이라는 인지언어학의 핵심 가정은 수사학적 문법이 추구하는 문법 지식의 도구적 기능에 잘 들어맞는다.

　[주어 목적어 동사]는 통사적 구성으로 다른 요소들의 복합체임과 동시에 도식적인 의미를 가지고 있다. 이에 반해 [풀], [손] 등의 단어들은 원자적인(atomic) 결합 단위이고 가장 실체적인 (도식적이지 않은) 의미를 가지고 있다. 〈표 1〉과 같이 통사적 구성과 단어는 둘 다 의미 구조와 음운 구조가 결합된 구문(construction)으로 복합성과 도식성의 차이가 있을 뿐이다.

〈표 1〉

구문 유형	전통적인 명칭	예시
complex and (mostly) schematic	syntax	[Sub *be*-TNS Verb −*en* by OBL]
complex, substantive verb	subcategorization frame	[Sub consume OBJ]

구문 유형	전통적인 명칭	예시
complex and (mostly) substantive	idiom	[kick–TNS the bucket]
complex but bound	morphology	[NOUN–s], [VERB–TNS]
atomic and schematic	syntactic categoty	[DEM], [ADJ]
atomic and	word/lexicon	[this], [green]

인지언어학에서는 의미와 연관이 없는 언어 단위를 상정하지 않기 때문에, 어떤 수준에서건 형태의 차이는 의미의 차이를 동반한다는 것을 다양한 이론으로 설명하고 있다(Croft와 Cruse 2004: 255). 수사학적 문법에서는 문법적인 선택이 발생시킬 수 있는 의미의 차이를 중시한다.

위에서 살펴본 바와 같이 인지언어학은 크게 두 가지 측면에서 수사학적 문법의 이론적 토대가 되어줄 수 있다. 첫째, 인지언어학은 언어의 구조가 가장 적절한 해석이나 관점을 위해 선택된다는 것을 명확하게 해준다. 이는 수사학적 문법의 내용이 수사학적인 목적이나 전달하고자 하는 의미에 적절한 문법의 선택을 다룬다는 점에서 연관된다. 둘째, 인지언어학은 언어 단위의 모든 층위에서 의미와 형태의 연관성을 가정하고 있기 때문에, Kolln과 Gray(2010)가 제시한 수사학적 선택이 이루어지는 영역을 보완하거나 더 체계적으로 구성하는 데 도움을 줄 수 있다.

3.1. 단어의 선택

기존의 전통문법이 문법적인 구조를 분석하는 데 몰입했던 것에 반해 Kolln과 Gray(2010)의 수사학적 문법은 글의 수사학적인 효과를 실현하는 데 중요하다는 근거로 단어의 선택을 중요한 내용 항목으로 끌어들이고 있다. 하지만, Kolln과 Gray(2010)는 단어의 선택을 문법적인 지식에 포함시킬 수 있는 언어학적인 근거와 그것을 지도할 때 필요한 이론적인 체계를 제시하지 않는다.

하지만, 인지언어학은 〈표 1〉에서와 같이 '단어(어휘)'를 구문의 중요한 구성 요소로 인정하고 있을 뿐 아니라 인간의 개념 체계 및 '해석(construal)'과 관련하여, 수사학적 문법이 강조하는 단어 선택 원리의 토대를 제공한다.

먼저, 물리적인 영역에서 해석의 차이가 단어 선택에 어떤 영향을 미치는지 살펴보자. 'land(뭍)'는 '바다'와 대조되는 '대지'를 지시하며, 'ground(땅)'는 '하늘'과 대조되는 '대지'를 지시한다. 바탕이 되는 틀에 따라 동일한 대상에 대한 해석은 달라지는 것이다. 'shore(물가)'와 'coast(해안)'의 예도 마찬가지다. 이 두 낱말은 '뭍', '바다', '경계'라는 공통된 바탕의 틀 요소를 가지고 있지만, 'shore'는 '바다'에서 본 경계에 윤곽을 부여하고, 'coast'는 '육지'에서 바라보는 경계에 윤곽을 부여한다.

Langacker(2000: 5)에 따르면 해석은 '상세성(specificity)', '배경(background)', '원근화법(perspective)', '범위(scope)' 등의 영향을 받는다. 먼저, 상세성과 범위의 조정이 해석에 영향을 미치는 경우를 살펴보자. '딸기 주스'는 '주스'보다 상세성이 높고, '주스'는 '음료수'보다 상세성이 높다. 또한, '달리다', '기다' 등은 '움직이다'보다 상세성이 높다. 또한 '손가락'은 '손'보다, '손'은 '팔'보다 좁은 범위를 나타낸다. 상세성과 범위를 책정하는 수준의 차이는 수사학적으로 다른 효과를 발생시킨다. (1a)와 (1b)는 똑같은 장면을 묘사한 두 개의 다른 표현이다. 여기서 (1a)는 (1b)에 비해 대상이나 행동에 대한 묘사의 상세성이 더 높고, 더 미세한 범위를 다루고 있어 현실감을 높여준다.

(1) a. 그녀는 튤립 모양의 잔을 긴 손가락으로 감싸고 부르고뉴 레드를 홀짝였다.
   b. 그녀는 잔을 손으로 잡고 포도주를 마셨다.

상세성이 높은 묘사는 글의 수사학적 효과를 극대할 뿐 아니라 생생한 전달을 가능하게 해주기 때문에, Noden(1999)의 '영상 문법(Image Grammar)'에서는 글의 상세성을 높이기 위한 다양한 방식들을 (제2장 전체에서) 설명하고 있다. Noden(1999)는 그의 책 제2장에서 상세성을 높이는 방법으로 직유, 은유 등의 방식도 함께 제시하고 있는데, 이와 같은 표현 방식이 인지언어학에서 깊이 있게 다루어지고 있다는 것 또한 잘 알려진 사실임에 주목할 필요가 있다. 인지언어학에서는 개념화의 측면에서 비유를 더 심각하게 다루고 있지만, 기본적으로 그것이 묘사를 위해 사용될 수 있다는 것을 부정하지는 않는다.

〈그림 1〉의 예는 배경과 원근화법이 언어의 표현에 어떤 영향을 미치는지를 보여주지만, 그것은 전적으로 단어 선택의 예가 아니다. 따라서 단어 선택과 관련된 조금 더 실제적인 예를 들어보겠다. 〈그림 2〉에서 개념적 내용을 구성하는 대상(한 아이)을 명명하는 방식은 아이와 화자의 관계, 그리고 아이를 바라보는 화자의 태도에 의해 달라진다. 단어의 선택에 대한 기존의 지도 방식들은 고전적인 일물 일어에 근거하거나 단순히 그 중요성을 강조하는 선에서 그치는 경우가 많다. 하지만, 이와 같은 해석의 차이에 근거한 설명은 단어 선택의 효과와 원리를 보다 근본적이고 포괄적으로 접근할 수 있게 해준다. 일물일어는 하나의 대상을 가장 잘 표현할 수 있는 단어는 세상에 하나밖에 없다는 의미인데, 그것은 자칫 대상이 하나라 할지라도 그것을 바라보는 사람의 관점과 태도에 따라 단어 선택이 달라질 수 있다는 사실을 간과하도록 만들 수도 있다. 물론, 일물일어의 원래 뜻은 그렇지 않겠지만, 하나의 물상은 해석에 따라 다양한 표현으로 지시될 수 있는 것이다.

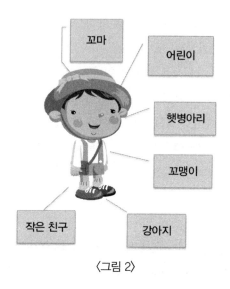

〈그림 2〉

　상황과 관점에 따라 적절하게 선택할 수 있는 단어의 조건이 달라지기 때문에, 교사는 학습자들이 상황에 맞는 관점과 해석을 판단하는 능력을 가지고 적절한 단어를 선택하도록 격려해 주어야 한다. 만약 학습자가 폭우가 내리는 날 〈그림 2〉의 아이가 부모 없이 떠돌아다니는 것을 본다면, 혹은, 이 아이가 학습자의 자녀나 동생을 매일 괴롭히는 것을 본다면 이 아이에게 어떤 단어를 사용해야 할지 스스로 판단할 수 있어야 할 것이다.

　같은 헤어짐이지만, '이별'과 '작별', '고별', '석별', '결별' 등이 활성화시키는 경험적 틀의 형판은 서로 다르다. '작별'은 인사를 나누고 헤어지는 상황을 떠오르게 하지만, '고별'은 작별이 보다 공식적으로 이루어지는 상황을 불러일으킨다. 또한, '석별'은 헤어짐에 대해서 당사자들 서로가 애틋한 감정을 가지고 있음을 알려주고, '결별'은 의도적으로 철저히 관계를 끊은 심각한 상황을 떠오르게 한다.

　1981년, 미국의 의사들은 에이즈라는 새로운 질병을 부를 명칭이 필요했다. 처음에 그것은 GRID, 즉 '게이 관련 면역결핍증'이라고 불렸다. 하지만, 이 표현을 오래 사용되지 못했는데, 그 이유는 병의 원인으로 동성애를 연상시켰기 때문이다. 이후에 이 질환은 '후천적 면역결핍증(AIDS)'라 불리게 되었지만, '후천적'이라는 단어가 질환의 책임이 감염자에게 있다는 의미를 불러일으킨다는 이유로 다시 다른 이름을 가지게 되었다. 그것은 바로 '인간 면역결핍 바이러스(HIV)'인데, 이처럼 불필요한 함축이나 연상의미를 제거하는 것은 결코 사소한 문제라 할 수 없다. 또, 어법은 맞는데, 오해를 불러일으키는 단어의 선택도 있다. '소금을 쳐서 드세요'라고 하면 어법상으로는 틀린 게 없지만, '치다'라는 단어가 지닌 연상적 이미지 때문에 상대방을 불쾌하게 할 수도 있다. 마찬가지로, 글에서 선택되는 단어에 따라 미묘한 어감의 차이가 발생할 수 있다. 그것은 바로 단어의 다의성이 불러일으키는 중의성과 모호함, 그리고 경험적으로 묶여있는 연상 의미와 관련되어 있는데, 많은 글쓰기 교재들이 문체나 어감의 중요성을 강조하지만, 그것을 설명할 수 있는 과학적인 원리는 제공하지 않는 것 같다. 하지만, 인지언어학에서는 단어의 의미가 맥락적인 해석에 의해 확장되는 현상을 주의 깊게 관찰해 왔으며, 의미망 모형 등으로 그에 대한 과학적인 설명을 제안하고 있다.

3.2. 은유적 표현의 선택

또한, 〈그림 2〉에 제시된 다양한 어휘들 중 일부는 은유적이라는 것은 인지언어학에 익숙한 사람들에게 그다지 놀라운 일이 아니다. '개념적 은유 이론(conceptual metaphor theory)'은 의사소통을 위해서 뿐만 아니라 개념화를 하는 과정에서 무의식적으로 의존하게 되는 거대한 범주적 사고의 연결 방식이 존재한다는 것을 알려준다. 〈그림 3〉은 분자생물학 분야에서 사용되고 있는 DNA 관련 주요 어휘들인데, 이들은 모두 개념적 은유에 기댄 것이다. 만약 은유적인 단어 사용이 봉쇄된다면 과학자도 의사소통과 정확한 개념의 정립에 어려움을 겪게 될 것이다.

〈그림 3〉

한편, 문장의 수준에서도 '해석(construal)'에 의해 구문의 선택이 달라질 수 있다. 가상이동문장(Fictive Motion Sentence)은 해석의 방식이 문장의 선택에 영향을 끼치는 예를 보여준다. 가상이동문장이란 어떤 사물이나 추상적인 대상의 은유적인 공간 이동을 나타내는 문장을 말한다(Ramscar, Boroditsky & Matlock 2009, Matlock 2004, Talmy 2000). (2)에 예시된 가상이동문장들은 Langakcer(1987, 2002)가 말한 '해석(construal)', 혹은 '주관적 이동(subjective motion)'과도 관련되는데, 가상이동문장을 해석할 때는 실제로 같은 종류의 공간적인 이동을 해석할 때와 비슷한 정신적 경험을 하게 된다.

(2) a. 울타리가 농장을 돌아 집까지 달려간다.
　　b. 고속도로가 산을 자르고 지나간다.
　　c. 통증은 대퇴 전면부를 따라 내려가 하퇴를 거쳐 발바닥까지 퍼지며
　　d. 무섬마을의 아이콘은 내성천을 가로지르는 외나무다리.

이처럼 공간에 의해 제약된 신체의 이동, 혹은 이동 대상에 대한 경험을 다른 대상의 해석에 적용시킴으로써 더욱 생생한 표현 효과를 얻을 수 있게

된다. 그 이유는 이러한 모의 체험을 통해 우리의 신체가 실제로 경험하는 방식에 근접할 수 있기 때문이다. 한편, 이것은 은유가 단어가 아닌 문장 수준의 선택에 영향을 끼치는 예를 보여주기도 한다. 주관적인 경험에 기초한 은유에 기대어 학습자들은 수사학적으로 훌륭한 문장을 만드는 방식을 탐구하고 글쓰기에 활용해야 할 것이다. (3)의 두 문장들은 객관적으로 지형의 모습을 은유적인 공간 이동으로 묘사한 것인데, 공간 이동 은유를 사용하지 않고 이들을 완전히 대체할만한 표현들은 찾기가 어렵다. 이 은유적 이동들은 우리가 대상을 살펴볼 때 자연적으로 경험하는 초점의 이동 과정을 반영하며, 정적인 상태를 나타내는 형용사 중심의 표현보다 더 현실감 있는 묘사를 가능하게 해준다.

(3) a. 백두대간이 백두산에서 내려 달려 지리산에 이르기까지
     b. 이 길은 굽이굽이 휘저으며 아홉 구비를 넘어가는 구룡령이다.

학습자들에 어떤 대상이나 상황을 묘사할 때 요긴하게 써먹을 수 있는 것이 바로 공간 이동 표현을 포함한 은유적인 표현이다. 은유가 없다면 우리의 의사소통은 많은 영역에서 어려움을 겪을 수밖에 없다는 것이 바로 개념적 은유를 비롯한 인지언어학의 입장이다. 하지만, Kolln과 Gray(2010)에서는 은유적 표현을 수사학적 선택의 한 요소로 제시하고 있지 않으므로, 인지언어학의 토대에서 수사학적 문법의 선택 영역이 그만큼 더 확장됨을 알 수 있다.

3.3. 문법 범주의 선택

Andrews 외(2006)가 밝힌 바와 같이 글쓰기의 상황과 분리된 규칙, 체계, 용어 등의 학습은 글쓰기 능력 향상에 특별한 도움이 되지 않는다. 하지만, Kolln과 Gray(2010)에서는 세 장(1장, 2장, 12장)에 걸쳐 '문장 성분

(sentence components)'과 '문형(sentence pattern)', 그리고 '품사(word class)'의 체계를 다루고 있는데, 물론, 여기서 그들의 관심은 체계나 용어 자체를 다루는 것이 아닌 문형과 품사의 특성에 대한 지식을 글쓰기의 수사 학적 효과를 위해 활용하는 것에 있다. 학생들은 문법적인 개념이나 규칙들 을 배우지만, 분석과 모방을 수행하면서 주어진 문법이 어떻게 의미를 만들 어 내거나 바꾸는지를 습득하게 된다는 것이다.

수사학적 문법은 문법적 범주나 품사의 개념, 그리고 문법에 대한 지식을 글쓰기에 활용하는 것을 중시한다. 전통적인 문법 교과서들은 문법 범주와 품사, 문법 규칙 등을 설명하고 주로 그에 대한 지식을 평가할 수밖에 없었 지만, 수사학적 문법은 그것을 글쓰기에 활용하는 데 필요한 지식을 더 중 시한다. 하지만, Kolln과 Gray(2010)가 제시하고 있는 수사학적 문법의 내 용들을 살펴보면 어떤 문법적인 도구가 어떤 의미 변화를 만들어내는지를 단적으로 설명하고 있을 뿐, 그렇게 되는 이유와 원리는 언급하지 않고 있다.

수사학적 문법이 제시하는 문형과 품사 체계, 그리고 능동과 피동을 비롯 한 문법 구조에 대한 설명들은 전통적인 문법의 체계를 그대로 수용하고 있 다. 그 이유는 그들이 문법 자체에 대한 논의보다는 그것을 수사학적인 도 구로 사용하는 데 중점을 두고 있기 때문이다. 하지만, 문법적인 토대 자체 를 점검하는 것은 수사학적인 도구의 기능을 더욱 강화해 줄 수도 있다.

먼저, 문장을 구성하는 문법 범주에 대한 인지언어학의 설명을 찾아보자. 인지문법에서는 실체와 실체들 간의 관계 등을 어떤 방식으로 부각시키느 냐에 따라 문법적 범주, 곧 품사가 달라진다고 설명한다(Langacker 2002: 99). 예컨대, 동사인 '폭발하다(explosion)'는 〈그림 4(a)〉처럼 윤곽 사건에 과정 해석을 부과하는 반면, 이것을 명사화 한 '폭발(explosion)'은 〈그림 4(b)〉와 같이 윤곽 사건을 추상적인 지역으로 해석한다는 것이다.

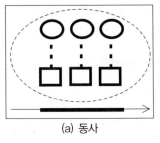

(a) 동사

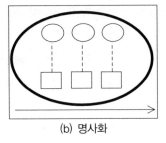

(b) 명사화

〈그림 4〉

동사의 경우 부각되는 것은 더 상위의 조직화에 해당되는 지역 전체가 아니라 개별 상태들의 관계 형상이며, 점선으로 표시된 잠복 지역은 현저한 상태가 아니다. 하지만, 명사화는 이 윤곽을 더 상위의 조직으로 옮겨서 전체 사건들의 관계를 포함하는 지역을 부각시킨다. 이 두 가지 형태의 문법 범주는 동일한 개념적 내용을 바탕으로 하고 있지만, 해석의 차이를 발생시킨다. 동사의 명사화 현상은 수사학적 문법에서도 7장과 10장에서 중요하게 다루고 있지만, 명사화의 수사학적 효과를 설명하고 있을 뿐 그러한 효과가 발생하는 이유와 원리는 언급하지 않고 있다. (4)와 (5)에서 사건을 동사로 묘사한 문장과 명사화를 통해 묘사한 문장의 수사학적 차이를 비교해 보자. 명사화는 지시 사건을 전체 사건을 연속체로 파악하지 않고 분리된 하나의 고정된 대상으로 만드는 효과를 준다. 따라서 '김 씨의 출근'은 김 씨가 출근했다는 사실에 독립적인 가치를 주고 그것을 부각하며, '그대가 여기 있음'은 대상의 존재를 부각하여 그것의 독립적인 가치를 각성시킨다. 물론, 수사학적 문법에서도 명사화의 효과에 대해서 이와 비슷한 설명을 제공하지만, 왜 그런 효과가 나타나는지에 대해서는 설명하지 않고 있다. 만약, 효과만을 설명하고 그것의 언어학적 동기를 설명하지 못한다면 '수사학적 문법'보다는 단순한 '수사학'에 더 가까워질 수 있다.

(4) a. 사고 직후 김 씨가 <u>출근해서</u> 사람들을 놀라게 했다.
    b. 사고 직후 김 씨의 <u>출근</u>은 사람들을 놀라게 했다.

(5) a. 그대가 여기 <u>있어서</u> 얼마나 기쁜지 모르겠다.
    b. 그대가 여기 <u>있음</u>이 얼마나 큰 기쁨인지 모른다.

(6)과 같이 문장을 용언으로 끝마치는 것과 명사로 마무리하는 것 역시 수사학적으로 다른 효과를 유발한다.

(6) a. 무능한 인간 밑에서 살아가는 개가 충격적인 <u>고백을 한다</u>. 그 개는 태어나고 얼마 되지 않아 머리가 둥근 아이에게 입양되었다고 한다.
    b. 무능한 인간 밑에서 살아가는 개의 충격 <u>고백</u>… 태어나고 얼마 되지 않아 머리가 둥근 아이에게 입양되었다.

(6b)의 '고백'은 전반부 신체를 하나의 고정된 지각 대상처럼 만들어 주는데, 이것이 '참조점(reference point)'이 되어, 이어지는 독백에 대한 정신적인 접근을 더 쉽게 해준다. (6a)에서 두 문장이 동등하게 순차적으로 해석되는 것과는 달리, (6b)의 후반부에는 바로 이어지는 고백의 내용이 나올 수 있다. 그로 인해 (6a)의 두 번째 문장에는 간접 인용법이 사용되었고 (6b)에는 인용법이 사용되지 않았다. 이는 인용법이 사용되지 않고도 고백한 내용에 접근하게 해주는 참조점이 앞 문장의 명사형 종결에 의해 제공되었기 때문이다.

이처럼 동일한 개념적 내용을 어떤 문법 범주로 나타내느냐에 따라 수사학적으로 다른 효과를 거두게 되는데, 이 글에서는 명사의 경우만을 살펴보았다.

3.4. 구문의 선택

기존의 수사학적 문법에서 '구문(Construction)' 수준의 선택은 전혀 다루어지지 않았다. 인지언어학에서 사용하는 '구문'의 의미는 학자마다 약간씩 다르게 사용되는데, 여기에서는 편의상 "구문은 다른 구문에 대한 지식으로부터 예측할 수 없는 의미와 형태의 짝"이라는 Goldberg(1995: 4)의 정의를 받아들여 논의를 진행하였다. 만약 Croft(2002)나 Langacker(2008)의 정의를 따른다면, 〈표 1〉에 제시된 문장 수준 이외의 모든 단위들이 구문에 포함되어 버리기 때문이다. 쉽게 말해 여기에서는 문장 수준에서 발견되는 구문들이 논의될 것이다.

(7)과 같이 '꿈을 꾸다'와 영어의 대응 표현은 모두 동족목적어를 취할 수 있다. 하지만, 영어에서는 동족목적어 구문인 'dream a good/bad dream'과 동족목적어 구문이 아닌 'have a nice/creepy dream'이 둘 다 존재하는데 반해, 한국어에는 동족목적어 구문을 대체하는 표현이 없다.

    (7) a. 그 여자는 나쁜 꿈을 꾸었다.
        b. She dreamed a bad dream.

또한, (8)에서 보는 바와 같이, '춤을 추다'의 영어 표현은 동족목적어를 취하지 않는다. 이처럼, 어떤 사태를 기술할 때 주로 사용되는 구문의 형태는 개별언어에 따라 다른데, Croft(2002)의 언어유형에 대한 연구는 이런 현상을 잘 설명해주고 있다. 개별언어들은 서로 완전히 일치하지 않는 고유한 문장의 구성 요소와 구문 해석의 규칙을 가지고 있는 것이다.

    (8) a. 그 여자는 어젯밤에 춤을 추었다.
        b. She danced last night.

언어에 따른 고유한 구문 해석 규칙의 차이는 기본적인 문형에서도 흔히 발견된다. 한국어는 문장의 종결 형태로 의문문을 표시하지만, 영어는 어순의 변형으로 의문문을 만든다. 또 (9)와 (10)을 보면, 한국어는 서술절을 사용한 표현이 자연스럽지만 영어는 소유동사인 'get', 'have'를 사용한 타동사 구문이 더 자연스럽다. 그 근본적인 이유는 영어의 경우 주어에 대한 '보충어(complements)'로 형용사가 사용될 경우 'be'동사를 비롯한 '연결동사(linking verb)2)'가 반드시 요구되는 반면, 한국어는 연결동사 없는 형용사 구문이 사용될 수 있기 때문이다. 한국어는 연결동사 없는 형용사 서술절이 올 수 있기 때문에, '코끼리는 긴 코를 가지고 있다.'보다 '코끼리는 코가 길다.'가 문장 길이만으로 보아도 훨씬 더 경제적이다.

(9) a. 키가 작은 사람들은 목소리도 작다.
b. Short people got little voices.

(10) a. 코끼리는 코가 길다.
b. Elephants have long noses.

형용사 구문에 연결동사가 필수적이지 않다는 한국어의 구문적 특성은 이것과 연결된 수많은 차이점을 파생시키는 작용을 한다. 이처럼 문장의 구조를 가르칠 때 각 성분의 이름이나 속성, 그리고 그것들 간의 관계를 가르치는 것만으로는 충분하지 않다. 만약, 전통적인 방식으로 문장의 구조를 가르친다면 한국어의 문장이 가진 고유한 구조와 특성을 이해시키기 어렵다.

Kolln과 Gray(2010)의 수사학적 문법에서는 문장의 성분들을 조합하면 그 의미가 문장의 의미가 된다는 관점을 전제하고 있다. 하지만, 우리의 일

---

2) 연결동사에는 taste, smell, feel, sound, look과 같은 감각 동사와 become, remain, seem, appear, prove 등의 동사들도 포함되는데, Kolln은 be가 주어에 대한 보충어뿐만 아니라 부사류(adverbial)와도 결합하기 때문에 다른 연결동사와는 조금 차이가 있다고 말한다(Kolln 2010: 21).

상적인 언어는 성분의 조합이 아닌 구문의 지배를 강력하게 받고 있는 것이 사실이다. 한국어의 '멍하니 세월을 보내다'와 의미적으로 대응하는 영어의 'dream away one's life'의 차이는 성분 분석만으로는 이해하기 어렵다. 'dance a person out of breath'는 상대방이 숨찰 정도로 춤을 추었다는 의미이지만 이것에 완전히 대응하는 한국어의 구문적 표현을 찾기는 불가능해 보인다. 구문이 일상적인 언어 사용에서 차지하는 비중은 상당히 크다. 무의식적으로 사용하는 어떤 단어도 구문의 영향 하에 존재하는 경우가 많다. 우리는 부모가 자식에게 "어이구, 내 새끼"라고 말하는 것을 편안한 심정으로 바라볼 수 있지만, 이 전체의 덩어리에서 일부만 바꾸어도 (예를 들면, "어이구, 이 새끼"처럼) '새끼'라는 단어의 의미는 적대감을 표출하는 것으로 이해될 소지가 있다.

수사학적인 문법을 배우는 학습자들은 각 구분의 특성에 대한 이해를 바탕으로 수사적인 목적에 맞게 적절한 구문을 선택하는 능력을 기르도록 노력해야 할 것이다. 하지만, 기존의 수사학적 문법에서는 이런 특성을 가진 구문에 대한 언급이나 설명이 전혀 없다. 한국어에서는 다른 언어에서 발견되지 않는 고유한 의미의 구문들이 존재한다. 그러한 구문들의 의미를 살려 적절한 상황에서 사용하고, 상황에 맞는 구문을 선택하는 능력을 기르는 것 역시 수사학적 문법의 중요한 목표 중 하나가 되어야 할 것이다.

3.5. 문장의 올바른 구조와 수사학적 효과의 관계

한편, 수사학적 문법은 글쓰기의 목적과 효과를 위해 문장에 대한 지식을 활용할 것을 권하지만, 문법 교육의 목적이 반드시 거기에만 한정되어야 하는 것은 아니다. 문법 교육은 우리에게 이미 익숙한 올바른 문장 만들기를 목적으로 이루어질 수도 있다. 사실, 올바른 문장 만들기는 수사학적인 효과와 엄밀하게 분리할 수 없고, 또한 그것을 위해 기본적으로 갖추어져 있어야 하는 덕목이기도 하다.

(11)은 문장 성분들 간의 관계가 적절하게 연결되지 않아서 생긴 오류를 보여준다. 소비자가 고르는 것은 '과일'이지 '신선도'가 아니므로 동사인 '고르다'와 그 목적어에 해당하는 '과일의 신선도'는 적절하게 조합된 것으로 보기 어렵다. 하지만, 이 예문을 보고 단번에 오류를 지적해 내는 학습자는 많지 않다. 심지어 어엿하게 출판되어 나온 책에서도 이런 유형의 오류들이 드물지 않게 발견된다. 이런 오류가 빈번하게 발생하는 이유는 그것이 무의식적이고 자동적인 과정을 통해 만들어지기 때문이다. 우리는 말을 할 때 문장 성분 간의 관계가 적합한지 생각할 겨를이 없으므로 거의 자동적으로 연결되는 내용들을 산출한다. 한편, 글을 쓸 때는 말을 할 때보다 시간이 더 많이 주어지기는 하지만, 평소에는 잘 사용하지 않는 더 어렵고 복잡한 개념의 단어들을 사용하는 경향이 있다. 따라서 의식적으로 노력하고 점검하지 않을 경우 오류가 발생할 확률은 자연히 더 높아지게 된다.

(11) <u>과일의 신선도</u>는 빛깔을 보고 <u>고르는</u> 것이 요령이다.

(12)에서도 '이야기'는 듣는 것이기 때문에, 뒤에 나오는 동사 '보다'와 적절하게 조합되었는지 의심을 받는다. 하지만, 많은 사람들은 습관적으로 이런 표현을 사용하며 이것이 잘못되었다고 생각하지 않는 경우가 많다. (만약, 맥락 정보를 통해 '이야기'가 TV에서 방영되는 복제 동물의 탄생 과정을 '환유'적으로 가리킨다는 것을 알 수 있다면 (12)를 적절한 것으로 볼 수 있는 가능성도 있을지 모른다.)

(12) 우리는 매스컴을 통해 복제에 성공한 동물들의 <u>이야기도</u> 자주 볼 수 있게 되었다.

(13)은 '묘사하다'라는 동사의 목적어로 '처참함'과 '소비 생활'이 사용된 예인데, 여기에서 '처참함'과 '소비 생활'은 의미적인 동질성을 약간 벗어나

고 있다. 동질성의 차이가 커질수록 조합의 대응 관계는 불안정해지고 문장 구조가 어색하다는 느낌을 받게 되는데, 이것은 결국 수사학적으로도 좋지 않은 효과가 발생한 것으로 볼 수 있다.

(13) 이 영화는 사회적 약자들의 <u>처참함</u>과 권력층이 누리는 사치스러운 소비 생활을 희극적으로 <u>묘사하고</u> 있다.

Langacker(1997, 2008)의 '인지문법(Cognitive Grammar)'은 품사와 문장의 구조에 대해 인지적으로 가장 보편적이고 간단한 방식의 설명을 제공한다. 인지언어학에 대한 전문적인 지식이 없는 일반 학습자들을 위해서는 약간의 가공이 필요한데, 〈그림 5〉와 〈그림 6〉은 Langacker가 제시하는 '조합(assembly)'의 개념을 원용하여 만든 것이다. 〈그림 5〉는 (11)과 (12)의 단문 구조에 나타나는 성분 간 대응 관계를, 〈그림 6〉은 (13)과 같은 복합 구조에 나타나는 성분 간 대응 관계를 시각화하며, 의식적인 노력으로 글의 구조적 문제점을 개선하기 위한 하나의 방법이 될 수 있다.

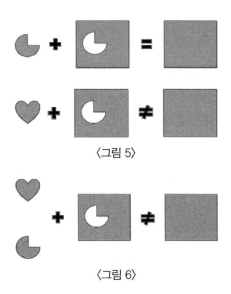

〈그림 5〉

〈그림 6〉

3.6. 기능주의를 넘어서: 수사학적 선택의 새로운 지평

〈그림 7〉은 2009년 낙동강 사랑 글짓기 대회에서 장원을 차지한 글이다. 놀라운 것은 이 글짓기 대회에는 주부와 청소년, 그리고 초등학생이 모두 참가했지만 장원의 영예는 참가자들 중 나이가 가장 어린 초등학교 1학년 학생에게로 돌아갔다는 사실이다.

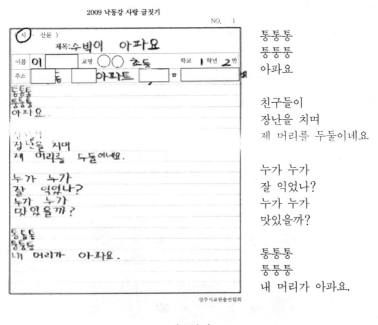

〈그림 7〉

이 시는 수박을 두드릴 때 들리는 소리를 음악적으로 표현했다. '통통통—통통통'이 아닌 '통통통—통통통'은 마치 작곡가들이 사용하는 음악적 변화를 노린 것 같다. 두 번째 연에서 독자들은 아직 친구들에게 머리를 맞고 있는 것이 수박이라는 것을 알지 못하며, 말하는 이가 왜 친구들에게 괴롭

힘을 당하고 있는지 궁금해 하게 된다. 반전은 세 번째 연에 있다. 괴롭힘을 당하던 대상은 사람이 아니라 수박이었던 것이다. 마지막 연은 첫 번째 연의 반복인데, 여기에서 독자들은 의문이 풀린 상태에서 다시 한 번 전체적인 장면을 되돌아보게 된다.

우리는 여기서 기능주의 언어학 이론만으로 이 글이 장원으로 뽑힌 사건이 만족스럽게 설명되지 않다는 점에 관심을 가질 필요가 있다. 기능주의 언어학은 언어의 구조와 기능이 사회적인 상호작용을 위해 존재하며, 또한 그것을 통해 조직화된다는 점을 중시한다. 하지만, 만약 그것이 다라면 조금이라도 더 사회적 경험을 많이 쌓고 교육도 많이 받은 성인들의 글이 더 높은 평가를 받았어야 하는 것이 아닌가?

한편, 인지언어학은 이 문제를 풀 수 있는 적지 않은 실마리들을 제공해준다. 먼저, 첫 번째 연을 보자. 여기서 아파하는 것은 글을 쓴 아이가 아니라 수박이다. 어른들은 수박이 통증을 느끼지 못한다는 생각에 익숙하지만, 이 어린 작가는 수박이 자기 자신처럼 아픔을 느낄 것이라고 상상하고 있는데, 이런 현상은 최근 인지언어학에서 논의되고 있는 언어 능력의 근본적 토대인 시뮬레이션, 혹은 신경의 거울 활동에 의해 가능하다. 신경의 거울 활동은 작가가 타자를 자신의 경험으로 이해하게 해주는 창문의 역할을 한다. 누군가 매 맞는 것을 보면 자신이 매를 맞을 때 활성화 되는 신경들이 비슷하게 활성화되는 식으로 인간의 기존에 형성되었던 뇌신경의 연결을 다시 활성화하면서 모의 체험하는 방식으로 어떤 대상을 개념화하고 경험하게 된다(Barsalou 1999, 2003, Bergen 2005). 이런 모의 체험 덕분에 독서를 통한 간접 경험이나 다른 사람의 처지를 이해하고 조언해주는 상담 활동 등이 가능해진다. 신경의 거울 활동 덕분에 작가는 자신이 관찰하는 대상에 자신의 감정과 체험을 이입할 수 있다. 이 재미있는 작품은 기능적인 연마 덕분이 아니라 작가가 자신의 뇌신경에서 느껴지는 반응을 순진하게 받아들인 덕분에 탄생할 수 있었다. 기능적인 측면을 중시하는 글쓰기

교육으로 글의 창의성이나 예술성이 향상되기를 바라기는 어려워 보인다. 좋은 글을 이루는 어떤 요소는 기능적인 훈련만으로 발전되지 않는다. 아마도, 예술적인 감수성을 지닌 작가라면 자신의 내면, 혹은 자신의 뇌신경이 전해주는 미세한 소리에 귀 기울이는 것이 무엇인지 알고 있을 것이다.

기능주의 문법만으로는 설명하기 어려운 부분을 인지언어학이 적절하게 다룰 수 있는 사례는 이뿐만이 아닐 것이다. 물론 기능주의 언어관과 인지주의 언어관이 서로 모순되거나 대립하지는 않는다. 기능주의 언어관과 인지주의 언어관의 공존은 우리가 언어를 입체적으로 이해하는 것을 가능하게 해 준다. 다만, 기능주의가 겉으로 드러나는 상호작용적 기능에 초점을 두는 데에 반해 인지언어학은 그 상호작용의 주체인 인간의 인지능력과 언어의 관계에 초점을 두고 있을 뿐이다. 기능주의 문법가들 역시 인간의 '인지(Cognition)'에 관심을 가지고 있다. 다만, 그들은 인지적인 과정을 참조하여 언어를 설명하기보다는 언어적인 과정을 통해 '인지'를 설명하려고 하는데, 이것은 다시 말해 '언어가 무엇인지'보다 '언어가 무엇을 하는가?'에 더 관심을 두는 입장인 것이다(Halliday와 Matthiessen 2001: x). 하지만, 언어가 무엇을 하는지를 알기 위해 우리는 다시 '인지적인 과정'을 살펴볼 필요가 있다. 또한, 언어가 무엇을 하는지에 대한 지식보다 어떻게 그런 언어를 사용하는 것이 가능해지는지에 대한 지식이 글쓰기 능력을 향상시키고자 하는 이들에게 더 요긴할 때가 있다. 예컨대, 소설이나 시를 쓰는 사람들은 언어의 기능 자체보다는 어떤 준비나 과정을 통해 좋은 작품을 만들 수 있는지에 더 관심이 많다. 작가들이 흔히 말하는 '영감'이 얻어지는 과정은 우리의 두뇌가 경험하는 무의식적인 사고와 깊이 관련되어 있다.

하우스먼(Housman)은 시를 짓기 전에 글감을 준비한 채로 나무 밑으로 가서 낮잠을 자곤 했는데, 잠을 깬 후에는 마음속에 시가 완성되어 있었다고 한다. 또한, 소설가 루이스 브롬필드는(Louis Bromfield)도 잠을 자거나 휴식을 취하는 중에 잠재의식을 단련하는 방법을 익혀서 글을 썼다. 모차르트,

베토벤은 잠자는 사이에 악상이 떠올라 불후의 명곡들을 남겼고, 폴 매카 트니가 작곡한 '예스터데이'의 선율도 꿈속에서 얻어진 것이라고 한다.

잠을 자는 동안 정보가 정리된다는 것은 최근 인지과학자들이 밝혀낸 중 요한 성과 중에 하나다. 깨어 활동하고 있는 동안 뇌는 깊은 생각에 집중하 지 못하고 수많은 사소한 문제에 매달리지만, 수면 상태에서는 하루 동안의 생각들을 정리하고 새로운 아이디어와 창의적인 착상을 만들어낸다. 잠자 는 동안 뉴런들이 활동하며 새로운 연결을 만들어내기 때문이다. 최근 인지 과학자들은 충분한 수면이 통찰력과 창의성, 유머 감각 등을 극대화시킨다 는 것을 실험으로 확인했으며(Wagner et al., 2004, Home 1988, Fitt- born 1963), 특히 수면이 기억을 강화시킬 뿐만 아니라 기억들 간의 새로 운 연결을 활성화시킨다는 것을 밝혀냈다(Ellenbogen et al., 2007).

물론, 여기서 핵심은 잘 쓰려면 잘 자야한다는 것이 아니다. William Zin- sser는 생각할 때보다 잠재의식 상태에서 더 많은 글을 쓴다고 말했다. 우 리는 수면뿐만 아니라 잠재의식을 조성하는 행동들이 글쓰기에 미치는 영 향에 대해 알아야 할 필요가 있다. 마치 태극의 음과 양처럼 글쓰기에는 분 명히 훈련과 연마의 측면도 있지만, 잠재의식을 사용하는 방법을 터득하는 것도 중요하다는 것이다. 지금까지 국내의 정규적인 글쓰기 교육에서는 잠 재의식의 활용법에 대해 특별한 지도를 하지 않았다. 이와 관련하여 아직은 더 연구해야 할 과제들이 많이 산적해 있다. 조용하게 산책을 하는 것은 글 쓰기의 아이디어를 생성하는 데 도움을 주는가? 만약 도움을 준다면, 소설 이나 수필을 쓰는 데 더 도움을 주는가? 아니면, 논설문이나 연구논문을 쓰 는 데도 도움을 주는가? TV나 영화를 보는 것은 글을 쓰는 데 방해 요인이 되는가? 아니면 도움을 주는가? 만약 도움을 준다면 어떤 장르가 더 많은 도움을 주는가? 글에서 묘사하고자 하는 장면을 상상하는 것은 얼마나 도 움이 되는가? 어떤 장소가, 어떤 음식의 냄새가, 아니면 어떤 사람이 글을 쓰고 싶게 만들고 영감을 채워주지는 않는가?

우리는 이성적인 사고가 감성적인 경험과 결속될수록 더 강력해진다는 최근의 연구 결과에 관심을 기울일 필요가 있다. 그것은 수사학적 문법이 요구하는 적절한 선택 능력이 기계적인 연습이나 이성적 사고만으로 얻어지지 않는다는 것을 의미한다. 독자에게 특정한 감정이나 정서를 전달하는 데 필요한 문법 선택 능력은 맥락과 고립된 수사학적 문법의 학습만으로 얻어지지 않는다. 감정적인 몰입을 동반한 문법 선택의 다양한 상황을 경험하는 것이 수사학적 문법의 사용 능력을 향상시키는 데 도움이 될 것이다. 문법을 탈맥락적으로 보는 것은 어떤 특정한 감정이나 정서를 전달하는 데 알맞은 문장 구조나 단어 등을 선택하는 능력을 키우는 데 적절한 방법이 아니다. 어떤 감정을 전달할 수 있는 적절한 문법적 선택은 풍부하고 다양한 정서적 경험이 동반되어야 키워질 수 있을 것이다.

4. 결론

우리는 이 글에서 수사학적 문법의 근거와 체계를 더욱 강화시키고 그것을 더욱 발전시킬 수 있는 토대를 인지언어학의 관점과 연구 성과에서 탐색해 보았다. 그 결과 기존의 수사학적 문법에서 아직 다루어지지 않았거나 설명이 안 된 부분들이 있으며, 그것이 인지언어학의 조명을 통해 새롭게 발견되고 해석될 수 있다는 것을 알 수 있었다. 물론, 인지언어학이 만병통치약은 아니며 어떤 부분에 대해서는 기능주의 언어학이나 제3의 언어학을 통해 도움을 구할 수도 있을 것이다. 예를 들어, 글의 응집성(cohesion)에 대해 이해하고 그것을 적절하게 다루기 위해 인지언어학이 제공하는 지식들을 활용하는 것도 가능하지만, 기능주의 언어학이나 텍스트 언어학의 등의 도움을 외면할 이유는 없다. 하지만, 의미와 형태의 관계를 중시하는 인지언어학은 의미에 따른 적절한 선택을 요구하는 수사학적 상황에 적용될 수 있는 최적의 요건을 갖추었으며, 글쓰기의 동기나 잠재적 요인까지 접근할 수 있는 새로운 가능성도 보여준다는 점에서 더욱 주목할 만하다.

이 글은 비교적 접근하기 쉬운 기초적이고 포괄적인 내용들을 선별하여 단편적으로 다루어 본 것에 지나지 않는다. 아직까지 국내의 글쓰기 교육은 수사학적 문법의 교육적 가능성을 거의 고려하지 않고 있으며, 이런 현실은 문법과 글쓰기 능력의 상관관계를 인식하는 데 걸림돌이 되고 있다. 어쩌면, 글쓰기와 상관없는 문법만을 골라서 가르치고 그것이 글쓰기에 도움이 안 된다고 불평하게 만드는 것일지도 모른다. 만약, 문법이나 언어학적 지식을 모두 제외한다면 글쓰기 교육의 내용은 구체성과 실제성을 모두 결여하게 될 것이다. 왜냐하면, 문법은 글의 구조를 가장 정교한 수준까지 다루고자 할 때 사용할 수 있는 유용한 도구이기 때문이다. 물론, 우리가 제안하는 문법은 맞춤법이나 품사의 분류, 문장 성분의 이름 등을 가르치는 데 몰입하던 전통문법의 틀을 넘어서는 것이다. 인지언어학은 의미 중심의 문법 체계이기 때문에 전통문법이나 변형생성문법의 한계와 틀을 뛰어넘는다. 또, 바로 이런 점에서 수사학적 문법의 영역을 더욱 확장시킬 뿐만 아니라, 수사학적 문법을 더욱 강력한 도구로 만들어줄 수 있는 인지언어학의 가능성이 올바르게 인식되어야 할 필요가 있다.

제9장

인지언어학의 관점에서 본
문법 교육 과정의
개선 방향

1. 서론

언어란 결국 의미를 전달하기 위하여 사용되며, 언어 구조의 변형은 의미의 변화를 초래한다[1]. 언어의 사용 능력을 향상시키기 위한 문법 교육은 전달하고자 하는 의미에 대응하는 언어 구조를 만들거나 언어 구조에 의해 전달되는 의미를 파악하는 능력을 향상시키는 것에 관심을 두지 않을 수 없다. 그러므로 언어의 구조에 대해 '의미 있는' 설명을 추구하는 인지언어학은 문법 교육 과정을 개선하는 데 좋은 길잡이가 될 것이다[2].

---

1) Bolinger(1977)는 표현의 변화가 반드시 의미의 변화를 초래한다고 하였고, Haiman(1985)은 문장의 표현 형태가 도상적으로 그 의미를 나타내준다고 했다. 대부분의 인지언어학자들 역시 표현과 의미의 변화는 뗄 수 없는 관계라는 것에 동의하며, Langacker(1987)의 인지문법에서도 언어는 음운 구조와 의미 구조가 연합된 상징적 체계임을 주장한다.

2) 자율주의에서는 언어 표현의 구조가 의미와 무관하게 결정된다고 보는 반면, 인지주의자들은 언어의 구조가 주어진 상황을 개념화하는 방법과 관련되어 있다고 본다. 따라서 인지언어학에서는 구조와 의미의 '동기화(motivation)'와 '도상성(iconicity)'을 강조한다(임지룡 2008: 8).

교육 과정은 그 성격상 전적으로 하나의 이론적 체계에만 바탕을 두고 만들어지기 어려운 측면이 있다. 하지만, 이론은 현상을 설명하고 문제점 개선에 이용될 수 있는 모형을 제공해주기 때문에 그것이 과학적인 토대와 합리성 위에 서 있다면 그것을 통해 누릴 수 있는 혜택을 마다할 이유는 없다. 적지 않은 일선 교사들이 특정 언어학 이론에 대해 무관심하거나 기피하는 경향이 있다는 것은 비단 우리나라만의 문제가 아니다. 하지만, 영국이나 호주의 문법 교육이 '기능문법(Functional Grammar)'의 도움으로 성과를 거두고 있는 것을 볼 때(Dean 2003), 언어학 이론이 현실적인 문제에 대한 과학적 설명력을 지닌다면 얼마든지 적극적으로 도입되어 활용될 수 있음을 알 수 있다.

현재, 국내에서는 기능문법의 관점을 문법 교육에 적용해야 한다는 주장이 지속적으로 제기되고 있는 가운데(주세형 2006, 2009), 20세기 후반부터 빠른 속도로 성장해온 인지언어학의 적용 가능성도 조금씩 논의되기 시작하고 있다3). 지금까지 제2언어 교육과 관련된 인지언어학 분야의 연구는 증가하고 있는 추세이지만, 아직 해외에서도 인지언어학이 모어 교육에 기여할 수 있는 점이 무엇인지를 포괄적으로 다룬 논의는 찾아보기 어렵다. 이 글에서는 인지언어학이 기능주의 언어학을 보완하여 문법 교육에 기여할 수 있는 요소들이 무엇인지 살펴보고, 이를 통해 문법 교육 과정의 내용과 내용 체계의 개선 방향을 전망해 보았다4).

---

3) 이종열(2002), 정혜승(2005), 최진아(2007) 등은 국어 교육에 은유가 받아들여지는 양상을 분석하고, 은유에 대한 인지언어학의 성과가 활용되어야 함을 주장하였다. 하지만, 은유는 인지언어학을 구성하는 많은 연구 주제들 중 하나일 뿐이다. 최근에, 임지룡(2010)에서는 어휘 교육의 방향을 논의하면서 인지의미론의 관점을 참고하였고, 신명선(2010)에서는 인지의미론의 성과를 문법 교육 내용을 개선하는 데 활용할 것을 제안하기 시작하였다.
4) 이 글은 기능주의 언어학이 국어과 교육과정을 설계하는 데 기여하는 바를 인정하는 선에서 논의를 시작하고 있다. 또한, 어떤 다른 언어학의 연구 성과가 국어 교육에 도움을 끼칠 수 있는 가능성도 배제하지는 않는다. 다만, 논의의 초점을 인지언어학이 기여할 수 있는 바에 한정시키고 있을 뿐이다.

2. 국어 교육과 인지언어학: 국어 교육에 인지언어학이 필요한 이유는?

Carter(1990)는 '기능주의 이론(functional theory)'의 주요 특성을 다음과 같이 소개한다.

- 언어가 만들어지고 존재하고 발달하는 이유는 바로 '의미(meaning)'이다.
- 모든 의미는 문화적인 맥락 안에 존재한다. 문화적인 가치와 믿음들은 언어의 목적, 수신자, 상황, 화제 등을 결정한다.
- 텍스트는 특정한 목적, 수신자, 상황, 화제 등을 고려한 언어 체계에서의 적절한 선택을 통해 만들어지고 해석된다.

기능주의 이론은 1970년대를 주름잡았던 James Britton의 언어 발달 이론을 자연스럽게 보완해주었을 뿐만 아니라 맥락, 목적, 수신자에 대한 이해가 어린이의 학습에 중요하다는 것을 명확히 하고 있기 때문에 문법 교육과정 개발에 적절히 수용되면서 그 실용적인 가치가 증명될 수 있었다. 때문에, 언어 사용의 실제와 맥락, 그리고 탐구를 내용 체계의 중요한 구성 요소로 포함시키고 있는 우리나라의 새로운 문법 교육 과정도 기능문법이 적용될 수 있는 많은 가능성을 허용한다. 기능문법에서는 문법을 규범적인 (prescriptive) 것이 아닌 기술적인(descriptive) 것으로 규정한다. 이제 문법은 모든 상황에서 지켜져야 하는 규칙들의 '속박'이 아닌 상황과 목적에 따라 선택될 수 있는 '자유'로 인식될 수 있게 되는데, 예를 들어 '두둘이다'는 청각적인 효과를 노리고 사용되는 '두드리다'의 변이형으로, '방가(반갑다)'는 특정한 전달 매체의 특성과 의도에 영향을 받은 변이형으로 존재의 이유를 부여받는 것이다. 따라서 단순히 무엇이 잘못되었는지를 가려내는 것보다는 그것이 이런 상황에서 왜 사용되었는지, 혹은 왜 사용되면 어색한지를 탐구하는 것이 중요한 학습 내용으로 자리 잡을 수 있게 된다는 점에서 '탐구'를 문법의 내용 체계에 포함시킨 개정 교육과정과도 잘 어울릴 수 있다.

그러면, 기능주의 언어학과 인지언어학에서 추출되는 문법 교육관은 어떻게 다를까? 결론부터 말하자면, 그 둘은 서로 대립되거나 모순되지 않는 상보적인 관계에 놓인다. 기능주의 언어학이 '인간과 인간의 상호작용'에서 관찰되는 '기능'에 초점을 둔다면, 인지언어학은 '인간과 외부와의 상호 작용'에 작용하는 '인지 능력'에 초점을 두는데, 이는 말 그대로 어느 부분을 다루느냐의 차이일 뿐이므로 근본적인 층위에서의 대립은 아니다. 그럼에도 불구하고, 우리는 이 글에서 인지언어학이 기능주의 언어학과 어떤 차별화된 설명을 제공하는지 살펴보고, 그것이 국어 교육에 기여할 수 있는 가능성을 탐색하는 데 집중하여야 할 것이다.

인지언어학은 다음 세 가지의 핵심적인 입장으로 특징지을 수 있다.

① 인간의 언어 처리는 대부분 일반적인 인지 능력에 의존한다.
② 문법은 개념화로 이해될 수 있다.
③ 언어 지식은 언어의 사용에서 발생한다.

또한, 이러한 근본적인 가정은 고전적인 생성문법과 극명하게 대립되는데, 그로 인해 생기는 원형적인 생성문법과 인지언어학의 차이점은 일반적으로 〈표 1〉과 같이 정리될 수 있다[5].

〈표 1〉 생성문법과 인지언어학의 차이

기술의 최소주의 (Descriptive Minimalism)	기술의 최대주의 (Descriptive Maximalism)
자족적인 구성요소 (Self-Contained Components)	연속체(Continuum)
자율적 통사체계(Autonomous Syntax)	상징적 통사체계(Symbolic Syntax)

---

5) 〈표 1〉의 내용은 일반적으로 자주 거론되는 생성문법과 인지언어학의 차이점을 요약한 것이다. 이에 대한 보다 자세한 설명은 임지룡(2008: 7-10), Croft & Cruse(2004: 1-4) 등 참조.

보편적인 의미 체계 (Universal Semantics)	언어 특정적 의미 체계 (Languane-Spec. Semantics)
의미 없는 형태소 (Meaningless Morphemes)	의미 있는 형태소 (Meaningful Morphemes)
추상적인 통사 체계(Abstract Syntax)	현시적인 문법(Overt Grammar)
통사-어휘 양분법 (Syntax-Lexicon Dichotomy)	통사 체계의 비일반성 (Non-Generality of Syntax)

인지언어학은 우리 몸에 언어 습득을 위한 독립된 모듈(module)이 있다는 것을 인정하지 않는다는 점에서 고전적인 생성문법과 극명하게 대조된다. 인지언어학자들은 인간의 언어 능력 일부가 내재되어 있다는 것을 반드시 부인하는 것은 아니지만, 그것이 다른 인지 능력과 단절되어 있다는 것에는 절대 동의하지 않는다. 그들은 음소, 형태소, 통사 체계 등이 본질적으로 개념적이라고 주장하며, 언어 자료의 저장과 인출이 다른 지식의 저장이나 인출과 별반 다르지 않다고 여긴다. 따라서 인지언어학자들은 통사론이라는 독립적인 학문 영역을 내걸지 않고, 항상 의미와의 관계 속에서 언어의 전체적인 구조를 설명한다.

또한, 인지언어학자들은 언어가 '신체화(embodiment)'되어 있으며 환경과의 상호작용에 영향을 받는다고 제안한다. '급진적 구문문법(Radical Construction Grammar)'을 창시한 인지언어학자인 Croft(2001)는 언어 유형에 대한 오랜 연구를 통해 지구상의 어떤 언어도 서로 같은 체계를 가지고 있지 않다는 결론을 내렸다. 이것은 온건한 현대판 사피어-워프 가설(Sapir-Whorf hypothesis)이라 할 수도 있겠다. 언어와 사람들의 사고는 상호 영향을 주고받는다는 것이기 때문이다. 우리말에서도 이러한 주장을 뒷받침하는 특질들을 찾기는 어렵지 않다. 그 중 몇 가지만 예를 들어보자.

가. 영어와 달리 계사 구조에 동사가 없다.

나. 영어의 조동사와 기능이 다른 보조동사가 있다.

다. 다중주어가 허용된다.

라. 경어법 체계가 발달되어 있다.

마. '노랗다', '샛노랗다', '누리끼리하다'와 같이 색채 형용사가 세밀하게 분화된다.

바. '에', '에게', '한테', '로' 등의 조사가 위치 관계를 표시하는 방식이 영어와는 다르다.

사. '우리 아내', '우리 형'과 같은 표현을 쓴다.

주세형(2009: 182)에 따르면 Halliday는 '의미하는 방법'을 밝혀내는 것이 언어학자의 임무라고 하였지만, 정작 의미의 본질을 본격적으로 밝히려 하지는 않고 '의미' 대신 '기능'을 밝히는 데 주력하였다고 한다. 그 이유는 '의미'가 그만큼 직접적으로 탐구하기 어려운 불분명한 개념이었기 때문이다. 하지만, 인지언어학에서는 형태와 짝을 이루는 의미의 본질을 계속해서 탐구해왔고, 인지과학과 인지심리학의 연구 성과에 도움을 입은 시뮬레이션 의미론에 이르러 의미의 본질에 더욱 다가섰다.

5장에서 이미 설명한 바와 같이 시뮬레이션 의미론에서는 '개념 체계에 속하는 '인지 모형'이 언어 체계에 속하는 상징적 단위의 어휘적 개념과 연결되어 있다고 본다. 이는 생성언어학의 주장과 달리 언어의 의미와 일반적인 개념 체계가 구분되지 않는다는 것을 의미한다. Barsalou(1999)에 따르면 인간이 신체의 감각을 통해 무언가를 지각 할 때 발생하는 신경 활동이 '지각적 상징(perceptual symbol)'을 이루며, 이와 동반되는 '감각운동구역(sensorimotor-area)'의 활동 패턴이 '연합구역(association area)'에 기록된다. 연합구역이 어떤 경험을 재생하기 위해 기록되었던 신경의 활동 패턴을 다시 활성화하는 과정을 '시뮬레이션(simulation)'이라고 하는데 그런 맥락에서 '개념'이란 우리가 시뮬레이션 과정을 통해 그와 관련된 감각운동

구역을 재활성화하는 과정에서 발생하는 모의 체험이라 할 수 있다. (Barsalou 1999, 2003; Glenberg and Kaschak 2002; Zwaan 1999, 2004), 그러므로 〈그림 1〉과 같이 언어 체계의 개념, 즉 언어의 의미를 신체를 통해 얻어지는 경험과 분리되지 않고 그것을 자원으로 사용한다.

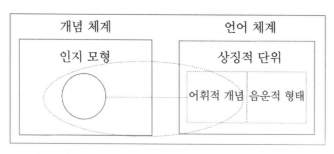

〈그림 1〉 개념 체계와 언어 체계의 관계 (Evans 2009: 28)

이상의 설명에 근거하여 국어 교육과 문법 교육에 인지언어학의 관점과 성과가 적극적으로 수용되어야 하는 이유를 찾아보면 다음과 같다.

첫째, 인지언어학은 일반적인 인지 능력과 학습 능력으로 언어 능력의 발달을 설명한다. 따라서 언어의 교육 가능성을 추구하는 국어 교육과 문법 교육의 맥락에 유용한 발판을 제공해줄 수 있다.

둘째, 인지언어학은 '사용에 바탕을 둔 모형(usage based model)'이기 때문에, 듣기, 말하기, 읽기, 쓰기의 모든 층위에서 사용되는 언어 현상을 탐구하며, 그에 대해 유용한 설명을 제공한다. 따라서 문법과 각 언어 사용 영역의 통합을 추구할 경우 인지언어학이 제공하는 지식은 매우 유용하게 활용될 수 있다. 사용에 바탕을 둔 모형의 핵심은 〈그림 2〉와 같은 망 모형에 잘 나타난다. 〈그림 2〉의 구조는 '연합(association)', '자동화(auto-matization)', '도식화(schema)', 그리고 '범주화(categorization)'와 같은 일반적인 인지 능력을 통해 발생한 것임과 동시에, 실제 사용되는 ring의 모든 의미들과 의미들 사이의 관계를 적절히 표상해주고 있다.

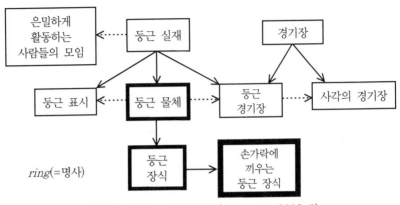

〈그림 2〉 명사 ring의 의미망 (Langacker 2002: 3)

셋째, 인지언어학은 언어의 개념이 발생하는 상황과 맥락을 중시한다. 따라서 국어가 사용되는 맥락을 중시하는 개정 7차 교육 과정의 전체적인 틀과 문법 교육 과정의 괴리를 보충해줄 수 있을 것이다. '언어 능력(competence)'과 '언어 수행(performance)'을 구분하는 Chomky(1965:3-15)의 관점을 따른다면, 문법 규칙을 제외한 국어의 모든 사용 영역은 '수행'의 덩어리이다. 잘 알려진 바와 같이 Chomsky의 언어학은 언어 능력에 해당되는 생득적인 구조를 중시한 나머지 '언어 수행'에 대해서는 이렇다 할 관심을 기울이지 않았다. 설령 Chomsky의 문법이 옳았다고 가정하더라도 그것은 언어의 '능력'에 해당되는 부분만을 밝혀주기 때문에 '수행'에 포함되는 국어의 모든 사용 영역에 적용되기 어렵다. 하지만, 인지언어학은 점차 늘어나는 경험과학적인 연구 성과들로 그 심리적 실제성이 뒷받침되고 있으며, 기능적 언어 모델이 미치지 못했던 의미 자체에 대한 설명을 점차 많은 영역과 층위에 제공하고 있다. 또한, 인지언어학은 언어 능력과 언어 수행, 그리고, 생득적인 지식과 학습된 지식의 구분을 근본적으로 인정하지 않는다. 이와 같은 관점의 차이로 인해 인지언어학은 어떤 특정한 담화 층위의 언어 현상이라도 자연스러운 설명의 영역으로 끌어안을 수 있다.

3. 인지언어학의 관점에서 본 현행 문법 교육 내용 체계의 개선 방향

2장에서 논의한 바와 같이, 인지언어학은 국어 교육과 문법 교육에 적절히 적용될 수 있는 많은 가능성을 내포하고 있음에도 불구하고 아직까지 그것을 국어 교육과의 전체적인 틀에 맞게 적용하기 위한 시도는 이루어지지 않았다. 이 장에서는 인지언어학의 관점에서 현재 이루어지고 있는 문법 교육의 문제점을 내용 체계를 비롯한 다양한 측면에서 진단하고 개선 방향을 살펴보기로 한다.

3.1. 문법이 제공하는 설명력

문법 교과서에서 주어는 '문장에서 동작 또는 상태나 성질의 주체를 나타내는 것'으로 기술되어 왔다('문법' 교과서 151쪽). 하지만, 이 설명은 국어의 사용 능력을 향상시키는데 실질적인 도움을 주기 어렵다. '주체'라는 단어의 의미가 정확히 규정되지 않는다면 아무런 설명을 하지 않은 것과 크게 다르지 않기 때문이다. 예컨대, (1.가)에서 주어인 '토끼'는 과연 이 문장에 나타난 동작의 '주체'인가? (1.나)에서 주어인 '아기'가 과연 동작의 주체인가? 또한, (1.다)의 '도서관'과 (1.라)의 '토론토'는 동작이나 상태의 주체인가? 이처럼 '주체'라는 용어는 그것이 더 구체적으로 정의되지 않는 이상 실제 사용되는 주어 현상들을 충분히 설명해주지 못한다.

(1) 가. **토끼가** 사자에게 잡아먹혔다.

　　나. **아기가** 엉덩이를 맞았다.

　　다. **도서관이** 사람들로 붐빈다.

　　라. **토론토도** 올해는 많은 이상기후를 겪었다.

　문법 교과서에 제시된 '주어'에 대한 설명은 실제 언어 현상에 적용되지 않기 때문에, 학생들이 할 수 있는 일이라곤 그 설명 자체를 암기하는 것뿐이다. 아마도, '주어'는 '주체'이고, '주체'는 '주어'라는 순환 정의를 학습하는 것이 국어 교육이나 문법 교육이 꿈꾸는 목표는 아닐 것이다. 문법의 기술은 최소한 실제 언어에 대한 '설명적 기능'을 충족시켜야 국어 사용 능력의 향상을 기대할 수 있을 것이다.

　그러면, '인지문법(Cognitive Grammar)'에서는 주어를 어떻게 설명해주는가? 인지문법에서는 1차적인 주의의 대상이 되는 '참여자(participants)'가 주어가 된다고 설명한다. 주어는 우리의 일반적인 선택적 주의라는 인지 능력이 문법 구조에 직접적으로 반영된 현상이라는 것이다. 우리는 (1)에서 특정한 의미역 참가자만이 주어로 선택되지 않는다는 것을 확인했다. 그 이유는 의미역이 아닌 주의의 선택에 의해 주어가 결정되기 때문이라 할 수 있다. (1.다)는 〈그림 3〉의 (a)로 나타낼 수 있는데, 여기서 경험자(E)는 장소의 바깥에 있고, 장소인 도서관이 1차적 주의를 받는 TR(trajecktor; 탄도체)로 선택된 것으로 설명된다. 그리고 (1.라)는 〈그림 3〉의 (b)로 나타낼 수 있는데, 여기서 경험자(E)에게 '토론토'는 1차적 주의를 받는 요소로 선택된 것으로 볼 수 있다(Langacker 2009: 118). Langacker의 설명을 빌린다면 (1.가)의 수동태 문장은 '피행위자(patient)'인 토끼가 1차적 주의를 받아 만들어진 것이라 할 수 있다.

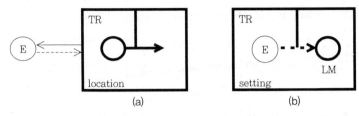

〈그림 3〉 1차적 주의를 받아 주어가 되는 의외의 참여자들

그런데, Langacker의 표준 모형은 '는', '가'로 대별되는 한국어의 주어 현상까지는 설명의 범위에 넣지 않고 있다. 이에, 정병철(2010a)에서는 한국어의 조사 '가'와 '는'이 각각 '외인성 주의(exogenous stimulus)'와 '내인성 주의(endogenous attention)'를 구분해주는 표지라는 것을 제안하였다. (2)를 보면, 외부의 자극에 의해 선택된 주의의 대상에는 '가'가, 의식적인 노력에 의해 선택된 주의의 대상에는 '는'이 사용되고 있다6).

(2) **만수는** 계단을 올라올 때 흘린 목걸이를 찾기 위해 방향을 돌렸다. 그때 어디선가 화재를 알리는 **경보가** 울렸다. 창밖을 보니 **연기가** 피어오르고 있었다. **왼쪽 유리창이** 깨지면서 **파편이** 튀었다. 일단 살아야겠다는 생각에 미친 듯이 계단을 뛰어 내려갔다. 몇 걸음이나 갔을까? 왼쪽 발에 뭔가 **밟히는 것이** 있었다. **그것은** 그가 찾던 목걸이였다.

이와 같은 주어, 혹은 조사 '가', '는'에 대한 설명은 기능문법이 제시하는 것과 상충되지는 않으나 보다 더 포괄적7)이며 심리학적인 층위에 걸쳐져 있다.

Hudson(2001)에 따르면 어떤 언어학 이론에 기초한 문법을 적용하느냐가 글쓰기 결과에 영향을 미친다. 전통 문법이나 변형생성문법을 가르친 경

---

6) 이에 대한 더 자세한 논의는 정병철(2010) 참조.
7) 정병철(2010: 138)에서 논의된 바와 같이, '는'의 여러 가지 의미들은 모두 의식적 주의가 동반되는 [❶ 주의 증폭], [❷ 주의 전환], [❸ 대조], [❹ 비교]로 이루어진 망-구조(net-work)를 이룬다.

우와는 달리 담화나 텍스트 조직과 관련된 형태들을 가르치는 것은 분명한 효과가 있다는 것이 보고되고 있다(Heap 1991, Mason and Mason 1997, Mason, Mason and Quayle 1992). 그동안 문법 무용론에서 제기해 온 문제가 사실은 문법 이론 자체의 문제였을 가능성이 얼마든지 있는 것이다. 인지언어학은 기능주의 문법과는 달리 심리학적인 층위에까지 걸쳐지는 설명을 제공한다. (물론, 그럼에도 불구하고 그것은 언어 사용의 실제와 맥락 속에서 존재한다는 점에 유의해야 할 것이다.) 중요한 것은 그것이 다른 정의를 필요로 하지 않는 실재하는 심리적 현상이기 때문에, 학습자가 실제로 자신의 언어를 반성적으로 점검할 수 있는 가능성을 높여준다는 점이다. 이러한 설명을 제공할 때 어떤 용어나 방법을 사용해야 하는지에 대해서는 다음 절(3.2)에서 논의될 것이다. 우리는 먼저 좋은 문법이 갖추어야 할 요건으로 설명력을 살펴보았다.

실제 언어 현상에 대한 설명력이 높은 문법 지식은 국어 능력 신장에 도움을 준다. 단순한 예를 하나 들어보자. 실제의 언어 현상에 대한 완전한 설명을 알고 있다면, 자신이 잘못된 글을 썼을 때 '인지적인 노력을 통해' 그 오류를 바로잡을 수 있다. 필자가 지도하는 대학생들의 작문 과제를 보면 주어의 조사 사용 오류가 실수라고 보기에는 너무 높은 빈도를 보이는 경우가 있다. 하지만, 주어에 대한 문법적 설명을 통해 점차 오류의 빈도는 낮아지는 것이 일반적이다. 만약, 설명력이 없는 문법을 가르친다면 어떻게 이와 같은 개선을 기대할 수 있겠는가? 이것은 주어뿐 아니라 다른 모든 문법 현상에도 적용된다. 다른 언어 현상에 대한 설명력을 확인하기에 주어진 지면은 충분하지 않다. 다만, 우리는 인지언어학이 이러한 일차적인 설명을 넘어 인지적인 능력과 연관된 설명을 제공한다는 점에 더 주목해야 할 것이다. 사실, 어떤 현상에 대해 다양한 설명이 가능한 경우가 많다. 문제는 과연 어떤 것이 더 적합한 설명인가 하는 것이다. 우리는 이제 막 인간의 인지 능력을 문법과 연관시키기 시작했다. 평가하기에 따라 다르겠지만, 그것은 아직 완성이 아닌 시작의 단계일지도 모른다. 하지만, 분명한 것은 그것이 인간의 언어를 인간의 가장 중요한 특성에 기초해서 설명해주고 있다는 것이며, 그것이 아직 미약한 단계에 있다면 그것을 더욱 발전시켜나가야 할 책임이 우리에게 있다는 것이다.

3.2. 문법의 기술 방식

문법이나 형태소의 의미에 대한 설명은 그것을 다른 표현으로 바꿔 쓰는 방식만으로 충족되기 어렵다. 예를 들어, '잡다'와 '쥐다'의 의미는 실제로 조작 대상을 다룰 때 지각되는 손의 모양, 가해지는 근육의 힘 등과 같은 신체적 경험을 통하지 않고서는 파악되기 어렵다(정병철 2007). 시뮬레이션 영상과 의미망은 바로 이런 측면에서 문법의 기술 방식을 보완해 줄 수 있다.

---

16. 〈자료〉를 중심으로 조사 사용의 적절성을 판단하는 학습 활동을 하였다. 밑줄 친 부분을 가장 잘 설명한 것은? [1.5점]

———————— 〈자료〉 ————————
(가) 철수는 여의도에 한 회사에 취업했다.
(나) 한 컴퓨터 회사가 관공서 직원들에 선물을 주었다.
(다) 영주는 마루에 자는 강아지를 안아 주었다.
(라) 그 독립투사는 혈서를 쓰려고 칼에 손가락을 베었다.
(마) 그는 전주를 거쳐 남원에 자동차를 타고 떠났다.

① (가)의 '에'는 그대로 두는 게 좋겠어. 비교의 대상이 되는 장소 뒤에는 '에'가 어울리지.
② (나)의 '에'는 '에게'로 고치는 게 좋겠어. 기구나 단체를 뜻하는 명사 뒤에는 '에게'를 쓰잖아.
③ (다)의 '에'는 '에서'로 고치는 게 좋겠어. 행동이 이루어지고 있는 장소 뒤에는 '에서'를 쓰잖아.
④ (라)의 '에'는 맞는 표현이지만 '로'로 고쳐도 좋겠어. '에'와 '로'는 의도적으로 수단이나 도구를 이용할 때 쓰잖아.
⑤ (마)의 '에'는 맞는 표현이지만 '으로'로 고쳐도 좋겠어. '남원'이 목표점이니까 '으로'도 어울리지.

위의 문제(2010년 중등 임용시험 기출)에 제시된 상황을 보면, 교사는 학생에게 '에'의 의미를 또 다른 언어표현인 '상위언어(meta language)'로 설명하고 있다. 문제는 학생들이 실제로 언어를 학습할 때 상위언어를 통해 형태소의 의미를 습득하는 것이 아니라, 다양한 상황과 맥락에서 경험되는 지각적 경험의 누적을 통해 그 의미를 도식화한다는 것이다. 따라서 만약 '에'의 용법과 의미를 학습하지 못한 학생이 있다면, 그 학생이 상위 언어로 풀이된 설명을 이해했다고 해서 그것을 '사용'할 수 있게 되는 것은 아니다. 또한, '에'를 '사용'할 수 있는 학생이 그에 대한 설명을 이해하지 못했다고 해서 그것을 모르는 것도 아니다. '에'를 올바르게 사용하기 위한 토대는 '에'를 사용하는 상황에 대한 경험을 통해 만들어진다.

조사 '-에'와 개념적으로 완전히 동일한 형태소는 영어에 존재하지 않는다. 또한, 그것은 독특한 다의적 체계를 가지고 있다. 하지만, 우리는 모든 언어에 공통되는 보편적인 '개념적 원소(conceptual atom)'가 있다는 전제 위에 어떤 형태소를 설명하곤 하는데, 현재의 문법 교과서에 사용되는 '격조사', 혹은 '격'이라는 용어 역시 이런 시각을 내포하고 있기에 학생들의 순수한 탐구 활동에 방해 요인이 될 수 있다. 또한, '격' 개념을 사용한 설명 방식은 우리가 자연적으로 언어를 습득할 때 제공받는 지각적인 경험을 제공해주지 못한다.

시뮬레이션 영상은 그러한 문제점을 보완하기 위해 적절히 사용될 수 있다. 〈표 2〉는 ANN(Artificial Neural Network)이라는 '신경망 모형(neural network modeling)'을 적용한 정병철(2010b)의 '동반 경험 망 모형(AENM: Accompanied Experience Network Model)[8]'으로 조사 '에'를 분석한 것이다. 그리고 〈그림 4〉는 각각의 확장의미가 발생하는 지각적 경험을 시뮬레이션 영상으로 보여주고 있다.

〈표 2〉 AENM으로 분석한 조사 '에'의 확장 의미들

번호	확장의미	예문
[**0**]	이동에 의한 접촉 영역	학교에 가다.
[**1**]	이동이 완료된 후의 접촉 영역	집에 바퀴벌레가 있다.
[**2**]	주의의 대상 영역	돈과 명예에 집착한다.
[**3**]	작용의 수용 영역	몸에 좋은 보약
[**4**]	더함을 받는 대상	자장면 한 그릇에 짬뽕 하나요.
[**5**]	판가름 영역	그것은 예의에 어긋나는 행동이다.
[**6**]	대응 영역	울도 군수(鬱島郡守) 구연수(具然壽)를 경무사(警務使)에 임명하고
[**7**]	단위 영역	두 사람에 하나씩 나눠 가져라.
[**8**]	상황	충청권 비상시국에 골프 친 ○○○의원은 사죄하라
[**9**]	가능 토대	바람에 꽃이 지다.
[**10**]	포함 영역	갑각류에 무엇이 있지?
[**11**]	묶인 대상	그 아버지에 그 아들

---

8) 동반 경험 망 모형은 하나의 의미에 반복적으로 동반되는 경험이 장기기억에 저장되는 독립된 의미 마디에 등록된다는 원리로 분석된다.

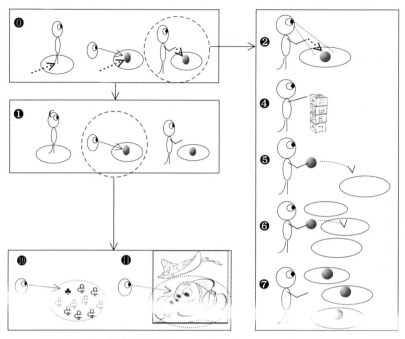

〈그림 4〉 '에'의 확장 의미에 대한 시뮬레이션 영상

　〈그림 4〉에 제시된 '에'의 시뮬레이션 영상과 의미망은 한국어를 배우는 외국인 학습자들에게 도움을 준다(정병철 2010b: 298). 시뮬레이션 영상이 '에'의 의미구조가 형성되는 데 필요한 지각적 경험을 어느 정도 대신할 수 있기 때문이다. 하지만, 학습자가 모어 화자인 경우에도, 시뮬레이션 영상은 언어로 다시쓰기 된 설명보다 더 실질적인 개념적 내용을 전달해 줄 수 있다. 언어를 통해 아직 학습되지 않은 지각적 경험을 지도하는 데는 한계가 있기 때문이다. 시각적 정보를 통하여 언어 학습이 더욱 진작된다는 것은 이미 확증된 사실이며(Pavio 1986), 경험 있는 어떤 교사라도 그것을 의심하지는 않을 것이다. 따라서 시각적 정보가 이론적 체계를 구성하는 데 큰 몫을 하고 있는 Langacker의 '인지문법(Cognitive Grammar)'이나 이

글에 제시된 AENM은 그만큼 교육적 활용 가능성이 높다 하겠다.

문법 설명을 이해하는 것만으로 그것이 자연히 습득되지는 않는다는 사실을 인식하는 것은 매우 중요하다. 많은 경우 언어 사용과 지각적 경험의 누적을 통해 문법의 개념적 도식은 자연히 형성된다. 문법에 대한 설명이 그러한 습득 과정을 완전히 대신해 주지는 못하지만 최대한 유사한 방식으로 제공되면 좋을 것이다.

문법의 기술 방식은 문법의 설명력을 높이는 요인이 되기도 한다. 〈그림 4〉와 같은 영상적인 기술 방식을 사용함으로써 문법의 설명력과 접근성은 더 높아지게 된다. 문법의 기술 방식과 설명을 통해 진정한 언어 학습이 발생하는지를 점검해 보는 것이 중요하다. 최악의 경우에 문법 교육을 통한 언어 학습은 전혀 일어나지 않을 수도 있기 때문이다. 언어에 대한 지식이 아닌 언어 지식을 목표로 하는 문법 교육이라면, 학습자의 지각적 경험을 극대화 하는 기술 방식이 필요하다. 따라서 필요할 경우 문법 설명을 위해 그림이나 동영상, 소리나 신체적인 활동 등을 동원하는 것을 더 적극적으로 고려해야 할 것이다[9].

3.3. 다른 영역과의 통합 방식

잘 알려진 바와 같이 김광해(1997)는 문법 교육의 정체성을 통합론, 상호 보완론, 독자론, 무용론으로 나누어 논하기 시작하였다. 그 이후 임지룡 (2002)에서는 글쓰기에 문법 교육을 활용하는 방안이 제시되었으며, 김혜정(2004), 이재승(2004), 양정호(2008), 이관규(2009), 이삼형(2010), 민현식(2010) 등에 의해 문법과 다른 영역의 통합 문제가 다각도로 논의되었다. 김광해(1997) 이후 문법 교육의 정체성에 대한 논의는 아직 완결되지

---

9) 물론, 모든 경우에 시뮬레이션 영상과 같은 특수한 자료를 통해 문법을 교수해야 한다는 것은 아니다. 어떤 경우에 이러한 자료의 사용이 더 적합한지에 대해서는 앞으로 더 많은 논의가 필요할 것이다.

않았지만, 민현식(2010)에서 지적하는 바와 같이 국어과는 지식 교과, 기능 교과, 문화 교과의 3중 특성을 가지고 있기에 다양한 방식의 통합 가능성이 열려있는 상태이다.

너무나도 다양한 조합이 가능하기 때문에 이것은 국어과의 체계를 굉장히 불안하고 복잡하게 만들 우려도 있다. 따라서 문법과 다른 영역의 통합에 대해 인지언어학이 제공하는 방향성을 찾아보는 것은 유익할 것이다. 주세형(2009)에서는 영국과 호주 언어교육의 혁신을 가져온 시드니 학파의 기능적 언어 이론을 국어 교육에 적용할 것을 제안했다. 또한, Halliday(1985)의 영향을 받은 Knapp & Watkins(2005)은 텍스트 유형을 결정짓는 '언어적 특질'을 학습자에게 명시적으로 가르칠 필요가 있다고 주장한다. 기능적 언어 모델은 최근 논의되고 있는 화법, 작문, 독서, 문학 등 다른 영역과 문법의 통합에 대한 논의(양세희 2010, 이관규 2009)에 잘 적용되고 있다. 그런데, 기능적 언어 모델이 심토된 만큼 충분히 적용되지 않은 것도 문제지만, 인지언어학의 관점이나 성과가 이 문제에 전혀 적용되지 않은 것도 큰 손실이다.

인지언어학이 제안하는 통합의 원리는 이미 그 기본적인 가정 안에 내재되어 있다. 인지언어학에서 바라보는 문법은 모두 실제적인 언어의 사용에서 발생하는 것이다. 따라서 말하기에는 말하기의 문법이 있고, 글쓰기에는 글쓰기의 문법이 있으며, 과학 텍스트에는 과학 텍스트의 문법이 있고, 문학 텍스트에는 장르별로 그 문법이 존재할 수 있다. 이것은 텍스트 언어학이나 기능적 언어 이론이 말하는 내용과 크게 다르지 않다. 하지만, 타당한 설명이라 할지라도 다시 인지적인 방식으로 풀이되는 과정을 통해 그 심리적 실제성은 강화될 수 있다. 이 글에서는 지면의 제약을 고려하여 특별히 작문 영역과 문법의 통합 방식에 대해서만 다루어 보도록 하겠다. 작문과 문법의 통합은 실제적으로 가장 많이 시도되고 있으며, 교육적으로도 가장 많은 효과를 기대할 수 있는 조합이다. 그 이유는 학생들이 대화를 하거나 글을 읽을 때보다는 글을 쓸 때 문법적인 적합성을 충족시키는 데 더 많은 시간을 투자할 수 있기 때문이다.

예컨대, Tsur(1992), Stokwell(2002) 등이 개척하고 있는 인지 시학 (Cognitive Poetics)의 영역은 문학의 영역인지 언어학의 영역인지 구분하기 어렵다. 하지만, 이것은 인지언어학이 '시'를 설명해야 할 언어 사용의 대상으로 삼았기 때문에 발생한 결과물일 뿐이다. 그것은 그 자체로 문법적인 설명인 동시에 문학에 대한 설명이 된다. 또, 어떤 인지언어학자들은 인지언어학의 성과를 수사법 연구에 적용하고 있다(Fahnestock 2005, Jackson 2002, Richardson 2002). 그것은 그 자체로 문법에 대한 설명임과 동시에 담화에 대한 설명이 된다.

〈그림 5〉는 이야기(narration) 장르의 글이 어떤 측면에서 인지문법의 일반적인 원리를 통해 파악될 수 있는지를 보여준다. (a)와 (b)는 수많은 옛날이야기들을 주고받는 언어 사용을 통해 우리의 머릿속에 고착화된 일종의 도식(schema)이다.

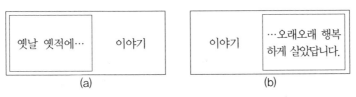

〈그림 5〉 이야기의 도식(Langacker 2008: 460)

이러한 전체 이야기 구조의 도식은 문장 구조의 도식과 크기 및 조직 수준의 차이가 있을 뿐 추상적인 '언어적 단위(linguistic units)'라는 점에서는 똑같다. 예컨대, [NP답다], [NP뿐 아니라], [V하면 V할수록] 등의 구문들이 굵은 글씨로 된 고착화된 형태를 포함한 도식인 것과 마찬가지로, 〈그림 5〉의 이야기 역시 고착화된 형태를 포함한 도식의 구조이다. 우리는 담화 상황이나 글의 유형에 따라 특징적인 도식의 구조를 발견할 수 있다. 사실 이것은 텍스트 언어학의 골자를 이루는 중요한 연구 과제이기도 하다 (Kintsch & van Dijk 1975). 이와 같은 이야기의 관습적인 구조에 대한 연구들(Trabasso 외 1984, Stein & Glenn 1979)은 글쓰기에 대한 전문적인 연구에서도 자주 인용되곤 한다10). 그 구조는 비록 관습적이지만 이야기를 쉽게 이해하고 기억하는 데 유리하도록 동기화 되어 있다. 그것은 마치 대다수의 언어에서 발견되는 '주어가 목적어를 선행하는 고착화된 구조'가 1차적 주의의 대상에서 2차적 주의의 대상으로 흐르는 인지 과정을 효율적으로 부호화하는 방향으로 동기화 되어 있는 것과도 유사하다11).

글의 구조 전체를 동기화된 문법 구조로 보는 것에 이어, Langacker(2008: 486-496)는 문장 하나하나가 모여 전체의 담화를 구성하는 기본 원리를 제안한다. 그것은 담화가 진행되면서 이미 조립된(assembled) 구조가 이어지는 표현의 기판(substrate)이 되어 점차적으로 더 복잡하게 개념적으로 통합된 구조가 구성된다는 것이다. 잠시 그 내용을 요약하여 살펴보자12).

(3)에서 하나의 문장은 대략 한 번의 '주의의 틀(attentional frame)'에 들어오는 기본적 담화의 단위와 일치한다.

(3) 나는 방금 우연히 영희를 만났다. // 그녀는 언짢았다. // 그녀는 자기의 딸이 이사를 갈지도 모르며 // 더 이상 그녀를 볼 수 없을 거라 // 생각했다.

---

10) 신선경(2008)에서는 과학 글쓰기 장르의 특성을 텍스트 언어학의 관점에서 분석하고 있다.

11) Trajector/landmark organization provides the conceptual basis for the grammatical notions subject and object. A subject can be characterized as a nominal expression that specifies the trajector of a profiled relationship, and an object as one that specifies the landmark of a profiled relationship. (탄도체/지표 조직은 주어와 목적어의 개념적 토대가 된다. 주어는 윤곽부여된 관계의 탄도체를, 목적어는 윤곽부여된 관계의 지표를 나타내는 명사적 표현이라 특징지을 수 있다.) (Langacker 2009: 10).

12) 이에 대한 보다 자세한 설명은 정병철(2010c) 참조.

처음의 두 문장이 담화를 구성하는 과정을 나타낸 〈그림 6〉을 살펴보자. 왼쪽에서 첫 번째의 빈 상자는 담화 공간에 아직 아무것도 구성되지 않았음을 나타낸다. 윗줄의 첫 번째 문장인 "나는 영희를 만났다."를 통해 이어지는 담화 공간에 첫 번째 구조가 만들어지게 된다. 아랫줄의 두 번째 담화공간에는 첫 번째 문장과 같은 구조가 들어가게 된다. 단, 이 두 번째 담화공간은 화자의 '현실'과 일치하는 정신적 세계이므로 일인칭을 나타내는 '1st'가 화자(speaker)를 나타내는 '화(S)'로 바뀐다. 그 다음 윗줄에 두 번째로 오는 문장 "그녀는 언짢았다."는 이어지는 아랫줄의 담화공간에 새로운 구조를 추가시키게 된다. 여기서 '영희'가 담화 공간, 혹은 '정신 공간(mental space)13)'에 이미 들어온 이후에, 영희를 가리키는 표현은 대명사인 '그녀'로 바뀌는데, 그것은 이미 정신 공간 안에 들어 있는 영희에게 정신적으로 다시 접근할 필요가 없기 때문이다.

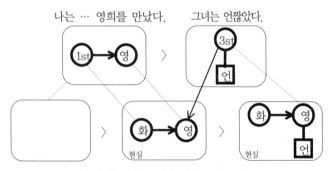

〈그림 6〉 담화 구성의 인지적 처리 과정

---

13) 담화는 결국 Fauconnier & Turner(1998)와 Fauconnier & Turner(2002)가 말하는 정신 공간의 공간 구축자를 통해 건설된다. 정신 공간은 현실 세계에 대한 경험에서 끌어온 것일 수도 있고 믿음이나 가상의 세계에서 끌어온 것일 수도 있다. 〈그림 6〉의 담화는 '현실' 공간을 통해 구축되어 있다.

이로써, 왜 두 번째와 세 번째 문장의 주어인 '그녀'는 '영희'를 나타내고, 세 번째 문장의 목적어인 '그녀'는 '영희의 딸'을 지시하는지가 설명된다.

이와 같이 인지언어학에서는 일반적인 인지 능력의 작용으로 글쓰기의 텍스트성이 발생하는 원리를 설명하고 있다. 좋은 글이 갖추어야 하는 요건인 '텍스트성(textuality)'이란 '텍스트 전체의 올바른 해석에 요구되는 인지적인 처리 과정을 효율적으로 만들어주는 요소들의 집합'이라고 바꾸어 말할 수 있다.

글쓰기에 대한 인지언어학적인 설명은 글쓰기 연구가들이 제시한 인지 모형과 공존하거나 상호작용할 수도 있다. 예컨대, Flower와 Hayes(1981)는 글쓰기의 인지적인 처리 과정 모형을 제시했고, McCutchen(1996)은 글쓰기 능력의 발달적, 개인적 차이를 '작업 기억(working memory)'의 한계로 설명하고 있다. 이와 같은 설명은 인지과학의 성과를 활용하고 있으므로 인지언어학과 같은 토내 위에 놓여 있다. 또한, 연구에 의하면 초등학교에서 훈련된 자동화된 글쓰기 기능(예를 들면 받아쓰기와 같은) 덕분에 우리의 뇌는 계획, 생성, 퇴고와 같은 더 고차원적인 작업에 작업 기억을 할당할 여유가 생기게 되는데(Graham, Beringer, Abbot & Whitaker, 1997), 이런 현상을 설명하는 데는 인지언어학이 제시하는 쓰기 모형과 Flower와 Hayes(1981)의 인지 처리 모형, 그리고 McCutchen(1996)의 가설이 모두 동원될 수 있다.

이처럼 인지언어학은 문법과 통합되는 영역 모두에 충실한 설명을 제공한다. 그런 의미에서 인지언어학은 이상적인 방식의 교과 영역 통합 모델을 제시해 줄 수 있다. 사실, 인지언어학의 관점에서 통합보다 더 어려운 것은 분리일지도 모른다. 인지언어학에서 문법과 다른 언어 사용 영역은 처음부터 분리되어 있지 않았기 때문이다.

그러면, 문법과 다른 영역의 통합은 어떤 방식으로 지도되어야 할까? 〈그림 7〉은 인지언어학에 토대를 둔 국어의 사용 영역과 문법의 관계를 보여준다.

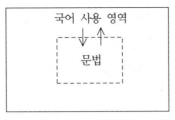

〈그림 7〉 문법과 국어 사용 영역의 상호작용적 관계

이 모형에 따르면 문법을 통해 학습한 은유에 대한 지식은 실제 텍스트를 읽거나 쓰는 사용의 영역에 적용되고, 역으로 은유적인 표현을 읽거나 쓰는 경험은 문법적 지식을 더 강화시켜주므로 문법 지식과 사용의 긍정적인 상호작용이 발생하게 된다. 다음 글은 과학텍스트에서 은유가 어떤 식으로 사용되는 것이 적절한지를 논의한 것이다.

> 과학텍스트에서 은유의 사용은 이 글의 전체 틀에 맞추어 이해를 위한 것과 설득을 위한 것으로 분류해 볼 수 있다. 과학에서는 직접적으로 관찰해서 아는 것보다 추론을 통해 아는 것들이 더 많은데, 은유는 이렇게 우리에게 익숙하지 않은 추론적인 지식을 설명할 때 필수적으로 사용될 수밖에 없다. 그런데, 어떤 경우 은유의 사용은 잘못된 오해를 불러일으키는데, 이것은 과학적인 정보의 전달에 손상을 줄 수도 있다. 예를 들어 '우생학(eugenics)'은 유전에 대한 생물학적 연구에 포함되지만, 주로 종의 개량을 목적으로 인간을 선발 육종하는 잘못된 방향으로 발달하다가 사라졌다. 하지만, 현재 의료유전학자들이 자신들의 유전학을 나쁜 우생학과 구분하기 위해 '우생학'이라는 용어를 사용하고 있지 않을 뿐, 20세기 중반까지는 '우생학'이란 용어는 '좋은 우생학'과 '나쁜 우생학'을 모두 포함하는 개념으로 사용되었다. '우생학'이 잘못된 이해를 불러일으키는 좋지 않은 은유였다면, 분자생물학 분야에서 사용되는 '정보(information)', '신호전달(signaling)', '번역(translation)', 'RNA 편집(editing)' 등의 은유는 과학적인 개념을 이해하는 데 도움을 주는 좋은 은유의 예라 할 수 있다. Brown(2003)에 의하면, 은유는 과학자들에게 발견과 탐험의 도구이기도 하고 그 결과를 대중에게 알리는 도구이기도 하다. "이중 나선은 현대 과학의 모나리자다.", "오늘날, 우리는 신이 생명을 창조한 언어를 배우고 있다.", "DNA는 생명을 만드는 사용 설명서, 건물을 짓는 청사진이다.", "DNA는 지문이다.", "DNA는 신분증이다." 등과 같은 은유들은 DNA에 대한 대중들의 이해와 관심도를 높이는 데 기여를 하였다. (정병철 2010c: 322)

윗글에서 알 수 있듯이 은유에 대한 언어학적 지식을 안다고 해서 저절로 그것을 과학텍스트 쓰기에 활용할 수 있게 되는 것은 아니다. 언어학적 지식은 다양한 맥락에서 사용되는 경험을 거치면서 실제적인 언어 능력을 향상시키고, 언어 사용은 언어학적 지식을 더 강화시키고 정교하게 만들어준다.

이론적으로나 실제적으로 문법과 다른 영역의 통합은 바람직한 일이다. 하지만, 이것이 곧 문법의 독립성을 훼손하는 것으로 받아들여져서는 안 된다. 중요한 사실은 현실적으로 어떤 방식이 선택되건 상관없이 문법이 국어의 모든 영역에 걸쳐 실제로 존재하고 있다는 것이다. 따라서 문법 교육은 마치 뇌와 온몸을 연결하는 신경 세포처럼 국어 교육의 모든 영역에 더 세심하고 깊게 파고들어 학습을 보다 '의미' 있게 만드는 데 기여해야 할 것이다.

3.4. 문법 교육과정의 내용 체계와 자리매김

현행 교육 과정에서 문법과 관련된 내용을 살펴보면 '국어 현상 탐구', '국어 사용 실제'등을 강조하는 방향으로의 변화를 볼 수 있는데, 이것은 인지문법이나 기능문법의 관점에서 볼 때 바람직한 현상이라 할 수 있다.

〈7차 교육과정의 문법 영역 관련 내용〉
• 언어와 국어에 대한 기본적인 지식을 바탕으로 언어 현상을 탐구하고 국어 생활에 활용하는 능력을 기른다.
• '국어 지식' 영역의 학습은 언어 현상에서 규칙을 찾아내는 탐구 학습 활동을 중심으로 하되, 학습한 지식을 국어사용 상황에 적용하는 활동을 강조한다.

〈개정교육과정의 문법 영역 관련 내용〉
• 국어 현상을 탐구하여 국어를 깊이 있게 이해하고 국어에 대한 의식을 높인다.
• '문법' 학습은 언어 현상에서 규칙을 찾아내는 탐구 활동을 강조하고, 학습한 지식을 국어사용 실제에 적용하는 활동을 강조한다.

하지만, 여기서 사용되는 '실제'와 '맥락'의 의미는 인지문법에서 사용되는 것과는 다소 차이가 있다. 인지언어학에서 말하는 '실제'란 언어가 사용되는 담화적인 상황을 일컫는 것으로, 예컨대 전달 방식에 따라 '말하기'와 '쓰기'로, 목적에 따라 '말하기'는 '연설하기'나 '고백하기', '글쓰기'는 '기사문 쓰기'와 '비평문 쓰기'로 나누어질 수 있다. 참고로, 기능문법에서 '실제'는 '장면(field)', '참여자 관계(tenor)', '방식(mode)' 등으로 구성된 '상황 유형(situation type)'에 해당된다(Halliday 1978). 이에 비추어 교육과정의 '국어 사용의 실제'에 포함된 '음운', '단어', '문장', 담화/글'은 언어 구조를 이루는 단위를 나타낼 뿐 사용의 실제와는 아무 관련이 없다. 한편, 인지문법에서의 '맥락'은 언어의 의미가 다양하게 해석될 수 있는 상황을 의미하는데, '국어 의식'이나 '국어 생활 문화'는 이러한 상황이 발생할 수 있는 틀을 구성해주는 요소이긴 하지만 그것이 모든 언어 해석의 맥락 요인을 설명해주지는 않는다. 맥락은 언어가 해석되는 모든 순간에 개입되는 것이므로 그것을 단지 '국어 의식'과 '국어 생활 문화'만으로 규정짓기에는 무리가 따를 것이다.

또한, '탐구'는 문법 영역의 '내용 체계'에 자리를 잡을 정도로 중요한 위치를 차지하고 있는데, 이것이 좌측에 있는 '지식'과 어떤 관계에 있는지 이해하기 어려운 것도 문제다. 예컨대, '탐구(exploration)'는 '어떤 상황에서 왜 특정 언어 구조가 선택되었는지를 이해하는 과정'으로 이해되는데(Dean 2003: 46), 이것이 과연 '국어의 역사'나 '국어의 규범'에 대해 균일하게 적용될 수 있을지 의문이다. 기능문법에서 강조하는 '탐구'는 그 대상이 학생들이 이미 경험했거나 할 수 있는 언어적인 상호작용의 범위를 넘어설 때 그 실효성이 떨어지게 된다. 또한, 인지언어학에서 설명하는 많은 심리학적인 설명들은 학생들이 자력으로 탐구를 통해 알아낼 수 있는 지식이라고 볼 수 없다. 언어 사용에 도움이 되는 문법이라고 해서 모두 탐구와 연관될 수 있는 것은 아니라는 것이다.

또한, 〈표 3〉과 〈표 4〉의 개정된 문법 교육과정의 내용 체계를 보면 '국어 지식'이 '문법'으로 이름이 바뀌었음에도 불구하고, '문법'이 아닌 넓은 의미의 '국어 지식'에 포함되어야 할 내용들이 그대로 유지되거나 첨가되었음을 볼 수 있다.

결과적으로 '문법'이라는 영역의 이름과 내용이 일치하지 않게 된 것이다. 개정된 2007년 교육과정은 원래의 제7차 교육과정과 같이 영역을 듣기, 말하기, 읽기, 쓰기, 문법, 문학으로 설정하였으며, 6개 영역은 국어 교육의 궁극적인 목표인 국어 능력의 신장에 기여해야 한다는 관점에서 내용 체계를 구성하였다. 여기서 '국어 지식'이라는 영역명이 '문법'으로 바뀌게 된 이유에 대해 교육과정 해설서(18쪽)는

⑦ '국어 지식'에서 '국어'가 지나치게 포괄적이어서, 듣기, 말하기, 읽기, 쓰기, 문학 영역 모두를 지시한다는 점과

⑭ '국어 지식'에서 '지식'이 '쓰임과 활용'까지를 포괄하지 못한다는 점을

고려했다고 설명하고 있다. 이러한 변화에 대해 이관규(2007: 56)는 "문법 영역이 그 정체성을 분명히 드러내어 국어과에서의 위상을 확실하게 할 수 있게 되었다"는 긍정적인 입장을 표명한다. 하지만, 문법 교육과정의 내용 체계를 보면 여전히 '문법'보다는 '국어 지식'이라는 이름이 더 어울리는 내용들이 많이 포함되어 있는 것을 볼 수 있다.

⟨표 3⟩ 2009 개정 교육과정의 문법 영역의 내용 체계

국어 사용의 실제 −음운 −단어 −문장 −담화/글	
지식 ○ 언어의 본질 ○ 국어의 특질 ○ 국어의 역사 ○ 국어의 규범	탐구 ○ 관찰과 분석 ○ 설명과 일반화 ○ 판단과 적용
맥락 ○ 국어 의식 ○ 국어 생활 문화	

〈표 4〉 2007년 문법 교육과정의 내용 체계

7차 교육과정	개정 교육과정
(1) 언어와 국어 　(가) 언어의 본질 　(나) 언어와 인간 　(다) 국어와 국어 문화 (2) 국어 알기 　(가) 음운의 체계와 변동 　(나) 단어의 갈래와 형성 　(다) 국어의 어휘 　(라) 문장의 구성 요소와 짜임새 　(마) 단어의 의미 　(바) 문장의 담화 (3) 국어 가꾸기 　(가) 국어 사용의 규범 　(나) 정확한 국어 생활 　(다) 국어 사랑의 태도	(1) 국어와 앎 　(가) 언어의 본질 　(나) 국어의 구조: ① 음운 ② 단어 　　③ 문장 ④ 담화 ⑤ 의미 (2) 국어와 삶 　(가) 국어와 규범 　(나) 국어와 생활: ① 일상 언어 　　② 예술 언어 ③ 매체 언어 　　④ 전문어 (3) 국어와 얼 　(가) 국어의 변천: ① 국어가 걸어온 　　길 ② 한글의 창제와 문자 생활 　　③ 선인들의 국어 생활 　(나) 국어의 미래: ① 통일 시대의 　　국어 ② 세계 속의 국어 ③ 국어 　　와 인접 분야

〈그림 8〉과 같이 현행 교육과정의 '문법'을 '문법'과 '국어 지식'으로 다시 나누는 것은 어떨까? '문법'에서는 그야말로 국어의 사용 토대가 되는 언어 학적 지식만을 다루고, '국어 지식'에는 맞춤법을 비롯한 어문 규범이나 한글 창제, 국어의 미래 등 국어와 관련된 가치 있는 지식들을 넣는 것이다. 워싱턴 주의 교육 과정에서도 문법과 규범은 분리된 범주로 다루고 있다. 사실 규범은 자연적인 언어의 사용을 통해 발생한 것이 아니므로 기능문법 이나 인지언어학(인지문법을 포함한)에서 이야기하는 문법과는 거리가 멀 다. 그것은 곧 교육적인 접근 방식이 달라야 함을 의미하는 것이다. 따라서 문법과 규범은 적어도 이론적인 차원에서, 또는 교육과정을 설계하는 차원 에서 구분되어야 한다.

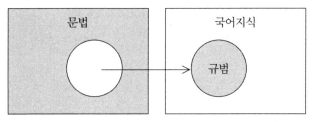

<그림 8> 문법과 국어 지식의 분리

　더 나아가 국어 지식(곧 국어에 대한 다양한 가치 있는 지식)과 규범을 구분하는 것까지 고려해 볼 수 있다. 하지만, 이러한 제안들이 곧 규범 교육의 축소를 의도하는 것으로 이해되어서는 아니다. 우리는 오히려 규범 교육을 더욱 체계적으로 강화하여 실시할 필요가 있다. 민현식(2007)에서 지적하는 바와 같이 미국에서도 유치원에서 8학년까지 매년 '스펠링 북(spelling Book)'이라 불리는 맞춤법 교재를 영어 독본 교재와 별도로 사용하고 있다. 우리나라가 뛰어난 문자체계의 덕을 보고 있으면서도 OECD 22개국 중 문서 문해력(documetnary literacy)에서 꼴찌를 기록한 것은 기초 규범과 문법의 부실로 인해 난해한 문서가 생산되기 때문으로 파악된다. 규범 교육은 특히 글쓰기 능력 향상의 필요조건이므로 보다 체계적이고 철저하게 학습할 필요가 있다.

　만약 이렇게 문법을 인지적, 혹은 기능적인 관점에 따라 독립시켜 놓는 것에 성공했다면, 이제는 문법의 내적 구조를 손질해야 할 차례다. 인지언어학에서는 문법을 <그림 9>와 같이 형태 구조와 의미 구조가 짝을 이루는 상징적 체계로 본다14). 이 관점을 따르자면, 현재와 같이 국어의 구조를

---

14) 인지언어학에서는 Chomsky(1965)가 제안하는 자율적인 통사 규칙을 인정하지 않고 문법도 의미 단위와 음운 단위가 직접적으로 연결되는 상징적 체계로 구성된다고 제안한다(Langacker 1987: 77). 그에 따르면, 단어 뿐 아니라 문법 역시 의미 단위와 음운 단위가 결합된 상징적 체계이므로 문법은 특정한 형태(형태소, 구조 등)와 그에 대응하는 추상적 의미(혹은 해석 규칙)의 짝이라 할 수 있다. Langacker(1987, 2002, 2008)의 '인지문법(Cognitive Grammar)'이나 Goldberg(1995)의 '구문문법(Construction Grammar)', Croft(2001)의 '급진적 구문문법(Radical Construction Grammar)' 등은 모두 의미 단위와 음운 단위

〈① 음운 ② 단어 ③ 문장 ④ 담화 ⑤ 의미〉로 편제하는 것에는 문제가 있다. 왜냐하면, 의미는 언어의 모든 단위와 떼어놓고 볼 수 없기 때문이다. 이러한 문제점은 신명선(2010)에서도 지적된 바 있다.

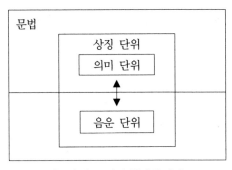

〈그림 9〉 문법의 상징적 체계

사실, 기존의 문법 교육과정도 그 이면을 본다면 의미가 완전히 배제된 교육 내용을 찾아보기는 어렵다. 하지만, 우리는 인지언어학에서 〈표 5〉처럼 훨씬 더 의미와 깊이 관련된 교육 내용들을 찾을 수 있다.

〈표 5〉 의미 중심의 인지적 교수 내용

언어와 사고
은유와 환유
언어의 상징성과 도상성
해석(construal): 윤곽부여와 관점
다의성과 망 모형(network-model)
품사(grammatical classes)의 개념적 특성
틀(frame)과 구문(construction)
담화 구성의 인지적 원리

사이의 관계를 서로 다른 각도에서 부각시키고 있지만, 근본적으로 언어가 상징적 체계라는 점에 대해서는 이견을 보이지 않는다.

물론, 〈표 5〉에 제시된 내용들을 아무런 여과 없이 교육 내용으로 전환하자는 것은 아니다. 하지만, 이들은 모두 '언어 구조와 의미의 관계' 혹은 '언어의 의미'를 다양한 측면에서 다루고 있기 때문에 의미 전달 능력을 중시하는 국어 교육의 실제에 효과적으로 적용될 수 있는 가능성이 있다. 그 구체적인 실현 방법에 대한 논의는 다음 기회를 기약하도록 하겠다.

4. 결론

영국 교육 과정에 영향을 끼친 기능문법도 많은 부분에서 전통 문법의 용어나 틀을 그대로 사용하고 있는데(Dean 2003: 44), 여러 가지 현실적인 이유로 한 교육 영역의 내용 체계를 하나의 이론적 틀에 맞춰 전면적으로 바꾸는 것은 어려운 것이 사실이다. 하지만, 문법 교육의 내용을 특정 이론에 맞추는 것과 교육 과정의 설계에 어떤 이론을 적용하는 것은 별개의 문제다. 아래 교육과정의 성격에 대한 진술은 국어 교육과정이 실제를 매우 중시하며, 문법이 국어의 사용을 위해 존재하는 기저 지식 체계로 규정되고 있음을 다시 확인시켜준다. 하지만, 그 기저 지식 체계라는 것이 생성문법과 인지문법, 그리고 기능문법 중 무엇을 따르는지는 명시되어 있지 않다.

〈개정 교육과정에서의 성격〉
(1) 문법은 언어에 내재하여 있는 원리와 규칙을 가리킨다.
(2) 국어 문법은 개별 언어로서의 국어에 내재해 있는 원리와 규칙을 가리킨다.
(3) 원리와 규칙은 국어 생활, 즉 듣기, 말하기, 읽기, 쓰기의 활동에서 국어를 정확하고 효율적이며 창의적으로 사용하는 데 필요한 기저 지식체계라고 할 수 있다.

이 글의 논의를 통해 기능문법과 인지문법은 상호보완적인 관계에 있으며, 국어의 사용 능력 향상을 위해 활용될 수 있다는 것이 분명해졌기를 기대한다. 우리는 더 적극적으로 교육 과정 설계에 도움이 되는 이론과 모형을 명시하고 적용하는 데 힘을 기울일 필요가 있다.

이 글에서는 인지언어학의 관점에서 개정된 문법 교육과정의 문제점을 찾아보고 그 해결 방안을 논의해보았다. 인지언어학은 언어 사용의 의미/기능을 중시하며 언어를 일반적인 인지 능력에 의한 학습의 대상으로 보기 때문에 국어 교육의 맥락에 매우 적합하게 적용될 수 있다. 또한, 개정된 국어과 교육과정은 국어의 사용과 맥락을 중요시하고 있는데, 인지언어학도 그렇다. 만약, 인지언어학의 관점과 성과를 수용한다면, 우리는 문법 교육 과정에서 다음과 같은 변화들을 기대할 수 있을 것이다.

첫째, 문법의 설명력을 높일 수 있다. 문법 무용론이 제기되는 중요한 원인 중의 하나는 문법 자체가 실제 사용되는 언어의 모습을 잘 설명해주지 못해서이다. 만약 설명력 있는 문법 지식을 학습한다면 실제 사용에서의 오류를 수정할 수 있다.

둘째, 지각적인 경험을 모조한 기술 방식을 통해 더욱 실제적인 언어학습을 가능하게 한다. 이것은 동시에 문법의 설명력을 높여주는 효과를 동반한다.

셋째, 인지언어학은 사용에 바탕을 둔 모형이기 때문에 듣기, 말하기, 읽기, 쓰기, 문학 등 어떤 영역과의 통합도 자연스럽게 만들어 줄 수 있다.

넷째, 인지적으로 정의된 문법 지식은 국어가 사용되는 다양한 담화 맥락에 적용되면서 국어 능력을 향상시키고, 이러한 사용은 다시 문법 지식을 강화시킨다. 사용에 바탕을 둔 인지언어학은 이와 같은 이상적인 문법 영역의 내용 체계를 설계하는 데 도움을 준다.

이 글이 기존의 국어과 교육과정과 문법 교육과정에 대해 새로운 판짜기를 요구하고 있다는 것은 숨길 수 없는 사실이다. 특히, 영역간의 완전한 구분과 경계가 허물어진다는 점에 대해 아쉬운 눈길을 보내는 사람들도 있을 것이다. 일례로, '규범'은 더 이상 '문법'의 영역이 아니라 단지 국어 교육의 일부일 뿐이다. 대신 문법은 언어 사용의 모든 영역에 관여하게 된다. 사실, '문법'보다는 '언어학'이 이러한 역할을 설명하는 데 더 부합하는 용어로 사용되어야 할 것이다. 또한, 이 글이 담고 있는 주장이 문법 교육의 현실에 비추어 지나치게 낙관적이라는 비판도 있을지 모른다. 실제로, 인지언어학이 제공할 수 있는 가능성이 어디까지인가를 충분히 보여주기 위해 그런 낙관적 사고에 잠시 기대어 볼 필요가 있었다. 많은 과학적 발견들이 그러하듯이, 때로는 급진적이면서도 낙관적으로 현실의 문제를 바라보는 것이 근본적인 변화를 만들어내는 데 긍정적인 영향을 줄 수 있기 때문이다.

참고문헌

1장

교육인적자원부(2002), 고등학교 문법, 두산.

남기심 · 고영근(2011), 표준국어문법론, 탑출판사.

박영목 외(2012), 고등학교 독서와 문법 I, 천재교육.

윤여탁 외(2012), 고등학교 독서와 문법 I, ㈜미래엔.

이남호 외(2012), 고등학교 독서와 문법 I, 비상교육.

이삼형 외(2012), 고등학교 독서와 문법 I, ㈜지학사.

이현희(2011), 범주로서의 품사와 품사 전형성: 명사와 그 중복 범주를 대상으로, 한국학연구 39, 359-384.

이지롱 외(2005), 학교 문법의 문법 교육, 박이정.

임지룡(1993), 원형이론과 의미의 범주화, 국어학 23, 41-68.

정렬모(1946), 신편고등국어문법, 한글문화사.

정병철(2012), 인지언어학의 관점에서 보는 학교 문법의 품사, 담화와 인지 19(2), 107-131.

주시경(1914), 말의 소리, 신문관.

최웅환(2008), 형태소의 유형 분류, 문학과 언어 30, 문학과언어학회, 1-26.

황화상(2012), 형태론 교육과 교과서: 교육 목표와 교육 내용을 중심으로, 제61차 한국어학회 전국 학술대회 발표집, 한국어학회, 39-57.

Bain, R. B.(2005), They thought the world was flat?: Applying the principles of How People Learn in teaching high school history, In M. Suzanne Donovan & John D. Bransford (eds.), *How Students Learn*, Washington, D.C.: The National Academies Press.

Berlin, B. & Kay, P.(1969), *Basic Color Terms: Their Universality and Evolution*, Berkeley: CSLI publications.

Bloomfield, L.(1926), A set of postulates for the science of language, *Language* 2, 153-164.

Bloomfield, L.(1933), *Language*, New York: Henry Holt and Company, Inc. June, 1958 edition.

Booij, G.(2007), *The Grammar of Words: An Introduction to Morphology*, Oxford: Oxford University Press.

Croft, W.(2001), *Radical Construction Grammar: Syntactic theory in typological perspective*, Oxford: Oxford University Press.

Croft, W. & and Cruse, D. A.(2004), *Cognitive Linguistics*, Cambridge: Cambridge University Press.

Hamawand, Z.(2011), *Morphology in English -Word Formation in Cognitive Grammar*, New York: Continuum International Publishing Group.

Haspelmath, M. & Andrea D. S.(2010), *Understanding morphology*, 2nd edition, London: Hodder Education.

Hockett, C. F.(1958), *A Course in Modern Linguistics*, New York : Mcmillan.

Hopper, P. & Thompson, S.(1984), The discourse basis for lexical categories in Universal Grammar, *Language* 60(4), 703-752.

Kahneman, D.(2003) A perspective on judgment and choice: Mapping bounded rationality, *American Psychologist 58*, 697-720.

Kirschner, P. A., Sweller, J. & Clark, R. E.(2006) Why minimal guidance during instruction does not work: an analysis of the failure of constructivist, discovery, problem-based, experiential, and inquiry-based teaching, *Educational Psychologist* 41(2), 75-86

Labov, W.(1973), The Boundaries of Words and Their Meanings, In Bailey and Shuy (eds.), *New Ways of Analyzing Variation in English*, Washington, D.C.: Georgetown UP, 340-73.

Lakoff, G.(1987) *Women, Fire and Dangerous Things: What Categories Reveal about the Mind*, Chicago: University of Chicago Press.

Langacker, R. W.(1987) *Foundations of Cognitive Grammar*, Volume 1, *Theoretical Prerequisites*, Stanford: Stanford University Press.

_____(1990), *Concept, Image, and Symbol: The Cognitive Basis of Grammar*, (Cognitive Linguistics Research 1), Berlin/New York:

Mouton de Gruyter. [paperback edition 1991]

_____(1991), Foundations of Cognitive Grammar, Volume 2, *Descriptive Application*, Stanford: Stanford University Press.

_____(2008), *Cognitive Grammar: A Basic Introduction*, New York: Oxford University Press.

_____(1967/1973), *Language and its Structure*, New York: Harcourt, Brace, and World, Inc.

Löbner, S.(2002), *Understanding semantics*, London: Arnold.

Medin, D. L. & Schaffer, M. M.(1978), Context theory of classification learning, *Psychological Review 85*, 207-238.

Rosch, E.(1975), Cognitive Representations of Semantic Categories, *Journal of Experimental Psychology: General 104(3)*, 192-233.

Ross, J. R.(1981), Nominal decay, *Department of linguistics*, MIT.

Schleicher, A.(1859), Kurzer Abriss der Geschichte der italienischen Sprachen, *Rheinisches Museum fuer Philologie 14*, 329-46.

Sloman, S. A.(1996), The empirical case for two systems of reasoning, *Psychological Bulletin 119*, 3-22.

Spencer, A.(1992), *Morphological Theory*, Oxford: Blackwell.

Taylor, J. R.(2003), *Linguistic Categorization*, New York: Oxford University Press.

Taylor, J. R.(2011), *The Mental Corpus: How Language is Represented in the Mind*, New York: Oxford University Press.

2장

교육인적자원부(2002), 고등학교 문법, 두산.

구본관(2005), 남북의 품사 분류와 한국어 교육, Korean 연구와 교육 창간호, 149-169.

김민수(1974), 국어문법론, 일조각.

남기심 · 고영근(2011), 표준국어문법론, 탑출판사.

남길임(2004), 현대국어 '이다' 구문 연구, 한국문화사.

박부자(2010), '대로'의 형성, 구결연구 24, 201-236.

박승빈(1935), 조선어학, 조선어학연구회.

배주채(2003), '물론'의 품사와 구문, 국어학 42, 53-81.

배진영(2010), 관형사 범주 설정에 대한 논의, 국어교육연구 47, 165-188.

송창선(2007), 현대국어 '이다'의 문법적 처리: '아니다'와의 관련성을 중심으로, 어문학 98, 121-157.

시정곤(2005), '-이다'구문과 통사적 접사설을 다시 논의함, 한국어학 28, 55-80.

신지연(1989), 간투사의 화용론적 특성, 주시경학보 3, 165-169.

이관규(2002), 학교문법론, 월인.

이상태(2009), 품사 개념의 지도를 위한 한 방식: '품사 그림' 만들기, 국어교육연구 44, 87-102.

이숭녕(1951), 고등국어문법, 을유문화사.

이익섭(2011), 국어학개설, 학연사.

이성택(2003), 관형사의 품사 설정 문제, 한말연구 13, 한말연구학회, 167-187

이현희(2011), 범주로서의 품사와 품사 전형성-명사와 그 중복 범주를 대상으로, 한국학연구 39, 359-384.

이희승(1949), 초급국어문법, 박문출판사.

_____(1955), 국어학개설, 민중서관.

정인승(1956), 표준문법, 계몽사.

주시경(1910), 국어문법, 박문서관.

최웅환(2009), 품사 분류에 대한 검토: 학교 문법의 품사를 대상으로, 문학과 언어 31, 55-78.

최현배(1971), 우리말본, 정음문화사.

허 웅(1983), 국어학, 샘문화사.

Aarts, B. & Haegman, L.(2006), *The handbook of English linguistics*, In Bas Aarts and April McMahon (eds.), *Blackwell handbooks in linguistics*, 117-145, Victoria: Blackwell.

Chomsky, N.(1965), *Aspects of the theory of syntax*, Cambridge, Massachusetts: MIT Press.

Croft, W.(2001). *Radical Construction Grammar: Syntactic theory in typological perspective*, Oxford: Oxford University Press.

Croft, W. & Cruse, D. A.(2004), *Cognitive Linguistics*, Cambridge: Cambridge University Press.

Dirven, R.(1999), *Conversion as a conceptual metonymy of event schemata*, In Klaus-Uwe Panther and Günter Radden (eds.), *Metonymy in language and thought*, 275-287. Amsterdam and Philadelphia: John Benjamins.

Haspelmath, M.(2003), The geometry of grammatical meaning: Semantic maps and cross-linguistic comparison, In Michael Tomasello (eds.), *The new psychology of language, vol. 2*, 211-242. Mahwah, N.J.: Lawrence Erlbaum Associates.

Hopper, P. & Thompson, S.(1984), The discourse basis for lexical categories in Universal Grammar. *Language 60:4*, 703-752.

Jackendoff, R.(2002), *Foundations of language: Brain, meaning, grammar, evolution*, Oxford: Oxford University Press.

Lakoff, G.(1987), *Women, fire, and dangerous things: What categories reveal about the mind*, Chicago: University of Chicago Press.

Langacker, R. W.(1987), *Foundations of Cognitive Grammar, Vol. 1, theoretical prerequisites*. Stanford: Stanford University Press.

_____(2000), *Grammar and conceptualization*. Berlin & New York: Mouton de Gruyter.

_____(2007), *Cognitive Grammar*, In Dirk Geeraerts & Hubert Cuyckens (eds.), *The Oxford handbook of Cognitive Linguistics*, 421-462. Oxford: Oxford University Press.

_____(2008), *Cognitive Grammar: A basic introduction*, Oxford: Oxford University Press.

Rosch, E. H.(1973), Natural categories. *Cognitive Psychology 4*, 328-350.

_____(1975), Cognitive representations of semantic categories, *Journal of Experimental Psychology: General* 104, 193-233.

Ross, J. R.(1981), Nominal decay, *Department of Linguistics*, MIT.

Schönefeld, D.(2005), Zero‑derivation —functional change— metonymy, In Laurie Bauer & Salvador Valera Hernándes (eds.), *Approaches to Conversion/Zero-Derivation*, 131–159. Münster: Waxmann.

Taylor, J. R.(1995), *Linguistic categorization: Prototypes in linguistic theory*, New York: Oxford University Press.

_____(2012), *The mental corpus: How language is represented in the mind*, Oxford: Oxford University Press.

3장

김영선(2009), 한국어 불규칙 용언의 교수 방법 연구, 우리말연구 25, 우리말학회, 163–186.

김완진(1972), 형태론적 현안의 음운론적 극복을 위하여, 동아문화 11, 서울대 문리대 동아문화연구소, 273–299.

김정우(2006), 지배음운론의 설명력: '르' 불규칙 활용의 기술과 관련하여, 우리말연구 19, 우리말학회, 205–235.

김진우(1971), 소위 변격용언의 비변격성에 관하여, 한국언어문학 8·9, 1–11.

김태훈(1998), 한국어 용언의 어간과 활용형의 점화효과, 고려대학교 대학원 심리학과 석사학위청구논문.

남기심·고영근(1993), 표준국어문법론, 탑출판사.

민현식(1991), 학교문법의 불규칙 활용 교육에 대하여, 선청어문 19(0), 123–136.

박선우(2004), 불규칙활용의 불규칙성에 대한 검토, 청람어문교육 30, 223–249.

박희진·구민모·남기춘(2012), 한국어 규칙 동사와 불규칙 동사의 심성 어휘집 접근 과정, 인지과학 23(1), 1–23.

배영환(2010), '오' 불규칙 동사와 관련된 몇 가지 문제, 국어국문학 156, 43–70.

석주연(2002), 외국인 학습자를 위한 불규칙 용언 교육 방법에 대한 일고찰, 이중언어학 20, 159–173.

성낙수(2008), 불규칙 용언의 학교 문법, '한글 맞춤법'에 수용된 양상과 기본형태 분석, 청람어문교육 38, 367–399.

송창선(2010), '르' 불규칙과 '러' 불규칙의 발생 원인, 어문학 109, 123-143.

이기문 · 이호권(2008), 국어사, 한국방송통신대학교출판부.

이기문(1961), 국어사개설, 민중서관.

이기문(1963), 국어표기법의 역사적 연구, 한국연구원.

최명옥(1985), 변칙동사의 음운현상에 대하여: p-, s-, t- 변칙동사를 중심으로, 국어학 14, 149-188.

최명옥(1988), 변칙동사의 음운현상에 대하여, 어학연구 24(1), 68-110.

최병선(2003), 한글정서법의 실제와 원리, 경진문화사.

최현배(1971), 우리말본, 정음 문화사.

허 웅(2000), '다르다'와 '달르다'는 무엇이 다른가?, 한국어문학연구 11, 247-266.

허 웅(1985), 국어음운학, 샘문화사.

요시모토 하지메 · 나카지마 히토시(2012), 불규칙활용에 대한 한국어 교육적 재고찰, 한국어교육 23(1), 101-122.

Bybee, J. L.(2006), From Usage to Grammar: The Mind's Response to Repetition, *Language 82*, 711-733.

Chomsky, N.(1963), Formal Properties of Grammars, In R. Duncan Luce, Robert R. Bush, and Eugene Galanter (eds.), *Handbook of Mathematical Psychology*, Vol. 2, New York and London: Wiley, 323-418.

Davis, M. D., Meunier, F. & Marslen-Wilson, W. D.(2004), Neural responses to morphological, syntactic, and semantic properties of single words: An fMRI study, *Brain and Language 89*, 439-449.

Haegeman, L.(1991), *Introduction to Government and Binding Theory*, Cambridge, MA: Basil Blackwell.

Hubel, D. H.(1995), Eye, Brain and Vision, *Scientific American Library 22*, New York: WH Freeman.

Jackendoff, R.(2002), *Foundations of Language: Brain, Meaning, Grammar, Evolution*, Oxford: Oxford University Press.

Joanisse, M. F., & Seidenberg. M. S.(2005), Imaging the past: Neural activation in frontal and temporal regions during regular and irregular past-tense processing, *Cognitive Affective & Behavioral Neuroscience*

5, 282–296.

Kolb, B., & Whishaw, I. Q.(2008), *Fundamentals of Human Neuro-psychology*, New York: Worth Publishers.

Langacker, R. W.(1987), *Foundations of Cognitive Grammar, Vol. 1, theoretical prerequisites*, Stanford: Stanford University Press.

_____(2011), Semantic motivation of the English auxiliary, In Panther, Klaus–Uwe and Günter Radden (eds.), *Motivation in Grammar and the Lexicon*, 29–48.

_____(2013), *Essentials of Cognitive Grammar*, New York: Oxford University Press.

Marchman, V. A.(1997), Children's productivity in the English past tense: The role of frequency, phonology, and neighborhood structure, *Cognitive Science 21*, 283–303.

Marslen–Wilson, W. D., & Tyler, L.(1997), Dissociating types of mental computation, *Nature 387*, 592–594.

McClelland, J. L., & Patterson, K.(2002), Rules or connections in past–tense inflections: what does the evidence rule out? *Trends in Cognitive Sciences 6*, 465–472.

Newman, A. J., Ullman, M. T., Pancheva, R., Waligura, D. L., & Neville, H. J.(2007), An ERP study of regular and irregular English past tense inflection, *Neuroimage 34*, 435-45.

Pinker, S.(1999), *Words and Rules: The Ingredients of Language*, New York: Basic Books.

Pinker, S. & Ullman, M. T.(2002), The past and future of the past tense, *Trends in Cognitive Sciences 6*, 456–463.

Pulvermüller, F., & Knoblauch, A.(2009), Discrete Combinatorial Circuits Emerging in Neural Networks: A Mechanism for Rules of Grammar in the Human Brain?, *Neural Networks 22(2)*, 161–172.

Pulvermüller, F., Cappelle, B. & Shtyrov, Y.(2013), Brain Basis of Meaning, Words, Constructions, and Grammar, In Thomas Hoffmann and

Graeme Trousdale (eds.), *The Oxford Handbook of Construction Grammar*, New York: Oxford University Press, 397-416.

Pulvermüller, F.(2003), *The Neuroscience of Language*, Cambridge: Cambridge University.

Rumelhart, D. & McClelland, J. L.(1986), On learning the past tense of English verbs: implicit rules or parallel distributed processing? In J. L. McClelland & D. Rumelhart & the PDP Reseach Group (eds.), *Parallel Distributed Processing: Explorations in the Microstructure of Cognition*. Cambridge, MA: MIT Press.

Tyler, L. K., Marslen-Wilson, W. D. & Stamatakis, E. A.(2005), Different-iating lexical form, meaning, and structure in the neural language system, *Proceeding of the National Academy of Sciences of the United States of America 102*, 8375-8380.

Ullman, M. T., Corkin, S., Coppola, M., Hickok, G., Growdon, J. H., Koroshetz, W. J. & Pinker, S.(1997), A neural dissociation within language: Evidence that the mental dictionary is part of declarative memory, and that grammatical rules are processed by the procedural system, *Journal of Cognitive Neuroscience 9*, 266-276.

4장

고현숙(1998), 한국어의 주제와 주어, 담화와 인지 5(1), 1-15.

김영화(2000), 의미역과 주어선택, 인지언어학(이기동 편저), 325-355.

김정란(2009), 대조표지의 연구, 담화와 인지 16(3), 47-64.

김진우(1984), 말(言語)과 맘(心理), 말 9, 5-22.

김지현(2007), 한국어 주어의 무조사 현상 연구: 담화, 화용 층위의 정보성을 중심으로, 우리어문연구 28, 7-31.

이정민(1992), (비)한정성/(불)특정성 대 화제(Topic)/초점: 개체 층위/단계 층위 술어와도 관련하여, 국어학 22, 397-424.

임지룡·정병철(2009), 의미망 분석과 다의성 판정의 원리, 담화와 인지 16(3),

195-216.

전영철(2009), '이/가' 주제설에 대하여, 담화와 인지 16(3), 217-238.

정병철(2008), 시뮬레이션 의미론에 기초한 동사의 의미망 연구, 경북대학교 대학원 박사학위청구논문.

Bergen, B.(2005), Mental simulation in literal and figurative language understanding. In Seana Coulson, and Barbara Lewandowska-Tomaszczyk(eds.), *The Literal and Nonliteral in Language and Thought*, 255-280. Frankfurt: Lang.

Bergen, B., Narayan, S. & Feldman, J.(2003), Embodied verbal semantics: evidence from an image-verb matching task, *Proceedings of the Twenty-Fifth Annual Conference of the Cognitive Science Society*.

Chafe, W. L.(1994), *Discourse, Consciousness, and Time: The Flow and Displacement of Conscious Experience in Speaking and Writing*. Chicago/London: University of Chicago Press.

Chung, Chan., Kim, Jong-Bok. & Peter Sells.(2003), On the Role of Argument Structure in Focus Projections, *Proceedings from the Annual Meeting of the Chicago Linguistic Society 39(1)*, 386-404, Chicago Linguistic Society.

Clark, H. H. & Clark, E. V.(1977), *Psychology and Language*, New York: Harcourt Brace Jovanovich.

Desimone, R. & Duncan, J.(1995), Neural mechanism of selective visual attention, *Annual Review of Neuroscience 18*, 193-222.

Dik, S. C.(1978), *Functional Grammar*, Amsterdam: North-Holland Publishing Co.

Dowty, D.(1991), Thematic Proto-roles and argument selection, *Language 67*, 547-619.

Duncan, J.(1984), Selective attention and the organization of visual information, *Journal of Experimental Psychology: General 113(4)*, 501-517.

Duncan, J., Humphrey, G. & Ward, R.(1997), Competitive brain activity in visual attention. *Current Opinion in Neurobiology 7*, 255-261.

Fauconnier, G.(1994), *Mental Spaces: Aspects of Meaning Construction in Natural Language*, Cambridge: Cambridge University Press.

Fauconnier, G. & Turner, M.(2002), *The Way We Think: Conceptual Blending and the Mind's Hidden Complexities*, New York: Basic Books.

Fillmore, C. J.(1968), The Case for Case, In Bach, Emmon. & Harms, Robert T (eds.), *Universals in Linguistic Theory*, 1-88. New York: Holt, Rinehart and Winston.

Garavan, H.(1998), Serial attention within working memory, *Memory and Cognition 26*, 263-276.

Haiman, J.(1980), The Iconicity of Grammar: Isomorphism and Motivation, *Language 56*, 515-540.

_____ (1983), Iconic and Economic Motivation, *Language 59*, 781-819.

Humphreys, Glyn W. & Jane Riddoch M.(1993), Interactions between space and object systems revealed through neuropsychology, In D. Meyer and S. Kornblum (eds.), *Attention and performance XIV*, 143-162. Cambridge, MA: The MIT Press.

Jarmasz, J., Herdman, C. M. & Johannsdottir, K. R.(2005), Object-based attention and cognitive tunneling, *Journal of Experimental Psychology: Applied 11*, 3-12.

Kastner, S., Peter D. W., Desimone, R. & Ungerleider L. G.(1998), Mechanisms of directed attention in the human extrastriate cortex as revealed by functional MRI. *Science 282*, 108-111.

Kim, Alan Hyun-Ok(1985), *The Grammar of Focus in Korean Syntax and its Typological Implications*. Ph.D. Dissertaion, Univ. of Southern California.

Langacker, R. W.(1999), Assessing the cognitive linguistic enterprise, In Theo Janssen and Gisela Redeker (eds.), *Cognitive Linguistics: Foundations, Scope, and Methodology*, 13-59, Berlin/New York: Mouton de Gruyter.

_____(2001a), Topic, subject, and possessor, In Hanne Gram Simonsen and Rolf Theil Endresen (eds.), *A Cognitive Approach to the Verb: Morphological and Constructional Perspectives*, 11–48, Berlin/New York: Mouton de Gruyter.

_____(2001b), Discourse in cognitive grammar, *Cognitive Linguistics 12*, 143–188.

_____(2009), *Investigations in Cognitive Grammar*, Berlin/New York: Mouton de Gruyter.

Lavie, N.(1995), Perceptual load as a necessary condition for selective attention, *Journal of Experimental Psychology: Human Perception and Performance 21*, 451–468.

Lee, Chungmin.(2003), Contrastive Topic and/or Contrastive Focus, In Bill McClure (eds.), *Japanese/Korean Linguistics 12*, 1–13, CSLI, Stanford.

Lee, Chungmin.(2008), contrastive (predicate) topic, intonation and scalar meanings: Topic and focus, In Chungmin Lee, Matt Gordon and Daniel Buring(eds.), *Cross-linguistic perspectives on meaning and intonation*, 151–175, Netherlands: Springer Science.

O'Craven, Kathleen M., Paul E. Downing. & Nancy Kanwisher.(1999), fMRI evidence for objects as the units of attentional selection, *Nature 401*, 584–587.

Radden, G. & René Dirven, R.(2007), *Cognitive English Grammar*, Amsterdam/Philadelphia: John Benjamins Publishing Company.

Rubin, E.(1921), *Visuell Wahrgenommmene*, Kobenhaven: Glydenalske boghandel.

_____(2001), *Figure and Ground*, In Yantis (eds.), *Visual Perception*, 225–229, Philadelphia: Psychology Press.

Shiffrin, R. M. & Schneider, W.(1977), Controlled and automatic human information processing: II. Perceptual learning, automatic attending, and a general theory, *Psychological Review 84*, 127–190.

Shulman, G. L., Remington, R. W. & McLean, J. F.(1979), Moving attention through physical space, *Journal of Experimental Psychology: Human Perception & Performance 5*, 522–526.

Treisman, A. & Gelade, G.(1980), A feature–integration theory of attention, *Cognitive Psychology 12:1*, 97–136.

Ungerer, F. & Schmid, H. J.(2006), *An Introduction to Cognitive Linguistics*, London: Longman.

5장

꼬꼬마(2009), 꼬꼬마 세종 말뭉치 검색 시스템, http://rocker.snu.ac.kr:8080/.

이지용 · 심지연(2010), 인지의미론을 통한 한국어 관용어 교육의 효율성 연구: 영상 도식 은유를 중심으로, 한국어 의미학 31, 209–247.

임지룡 · 정병철(2009), 의미망 분석과 다의성 판정의 원리, 담화와 인지 16(3), 195–216.

정병철(2009), 시뮬레이션 의미론에 기초한 동사의 의미망 연구, 한국문화사.

정병철(2010a), 시뮬레이션 모형에 의한 한국어 보조동사의 의미 해석 과정 연구, 한국어 의미학 31, 249–282.

정병철(2010b), 시뮬레이션 모형에 의한 조사 '-로'의 통합적 연구, 한국어 의미학 32, 215–243.

Ahlsén, E.(2006), *Introduction to Neurolinguistics*, Amsterdam: John Benjamins Publishing Company.

Barsalou, L. W.(1999), Perceptual symbol systems, *Behavioral and Brain Sciences 22*, 577–609.

Bergen, B. & Chang, N.(2005), Embodied Construction Grammar in simulation–Based Language Understanding, In Jan–Ola Östman & Miriam Fried (eds.), *Construction Grammars: Cognitive Grounding and Theoretical Extensions*, 147–190, Amsterdam: John Benjamins Publishing Company.

Bergen, B.(2005), Mental simulation in literal and figurative language understanding, In Seana Coulson, & Barbara Lewandowska–Tomaszczyk (eds.), *The Literal and Nonliteral in Language and Thought*, 255–280, Frankfurt: Lang.

Boers, F., Lindstormberg, S., Littlemore, J., Stengers, H. & Eyckmans, J.(2008), Variables in the mnemonic effectiveness of pictorial elucidation, In Frank Boers, & Seth Lindstormberg (eds.), *Cognitive Linguistics Approaches to Teaching Vocabulary and Phraseology*, 189–216, Berlin: Mouton de Gruyter.

Bowerman, M.(1996), The origins of children's spatial semantic categories: cognitive versus linguistic determinants, In Gumperz, J. & Levinson, S. C (eds.), *Rethinking Linguistic Relativity*, 145–176, Cambridge: Cambridge University Press.

Brown, P.(1994), The INs and ONs of Tzeltal locative expressions: the semantics of static descriptions of location, *Linguistics* 32, 743–790.

Buccino, G., F. Binkofski, G. Fink, L. Fadiga, L. Fogassi, V. Gallese, R. Seitz, K. Zilles, G. Rizzolatti & H. Freund(2001), Action observation activates premotor and Parietal areas in a somatotopic manner: an fMRI study, *European Journal of Neuroscience* 13(2), 400–404.

Choi, S. & Bowerman, M.(1991), Learning to express motion events in English and Korean: the influence of language–specific lexicalization patterns, *Cognition* 41, 83–121.

Chomsky, N.(1965), *Aspects of the Theory of Syntax*, Cambridge: MIT Press.

_____(1991), Linguistics and cognitive science: problems and mysteries, In A. Kasher (eds.), *The Chomskyan Turn*, 26–53, Cambridge, MA: Blackwell.

Clark, E. V.(1973), Non–linguistics strategies and the acquisition of word meaning, *Cognition* 2, 161–182.

Clark, H.(1973), Space, time, semantics and the child, In T. Moore (eds.), *Cognitive Development and the Acquisition of Language*, 27–73, New York: Academic Press.

Croft, W.(2001), *Radical construction grammar: syntactic theory in typological perspective*, Oxford: Oxford University Press.

Csábi, S.(2004), A cognitive Linguistic View of Polysemy in English and its Implication for Teaching, In M. Achard & S. Niemeier (eds.), *Cognitive Linguistics, Second Language Acquisition, and Foreign Language Teaching*, 233–256, Berlin and Newyork: Mouton de Gruyter.

Evans, V.(2009), Semantic representation in LCCM Theory, In Evans, V. & S. Pourcel (eds.), *Directions in Cognitive Linguistics*, 27~56, John Benjamins.

Fodor, J. A.(1980), *The Language of Thought*, Harvard University Press.

_____(1998), *Concepts: Where Cognitive Science Went Wrong*, Oxford University Press.

_____(2010), LOT 2: *The Language of Thought Revisited*, Oxford University Press.

Fodor, J. A., Garrett, M. F., Walker, E. C. T. & Parkes, C. H.(1980), Against definitions, *Cognition* 8, 263-367.

Glenberg, A. M. & Kaschak, M. P.(2002), Grounding Language in Action, *Psychonomic Bulletin & Review* 9(3), 558–565.

Goldberg, A. E.(1995), *Constructions: A Construction Grammar Approach to Argument Structure*, Chicago: Chicago University Press.

Herskovits, A.(1985), Semantics and pragmatics of locative expressions, *Cognitive Science* 9, 341–378.

Huttenlocher, J., Smiley, P. & Ratner, H.(1983), What do word meanings reveal about conceptual development?, In T. B. Seiler & W. Wannenmacher (eds.), *Concept Development and the Development of Word Meaning*, 210–233, Berlin: Springer Verlag.

Jackendoff, R.(1983), *Semantics and Cognition*, Cambridge, MA: MIT Press.

Kandel, E. R.(2001), The Molecular Biology of Memory Storage: A Dialogue Between Genes and Synapses, *Science* 294, 1030–1038.

Langacker, R. W.(1987), *Foundations of Cognitive Grammar, Vol. 1: Theoretical Prerequisites*, Stanford, California: Stanford University

Press.

_____(2002), *Concept, Image, Symbol: The Cognitive Basis of Grammar*, second edition, Berlin: Mouton de Gruyter.

_____(2005), Construction Grammars: Cognitive, radical, and less so, In Francisco J. Ruiz de Mendoza Ibáñez & M. Sandra Peña Cervel (eds.), *Cognitive Linguistics: Internal Dynamics and Interdisciplinary Interaction*, 101-159, Berlin and New York: Mouton de Gruyter.

_____(2008), *Cognitive Grammar: A Basic Introduction*, New York: Oxford University Press.

Tettamanti, M., Buccino, G., Saccuman, M. C., Gallese, V., Danna, M., Scifo, P, Fazio, F., Rizzolatti, G., Cappa, S. F. & Perani, D.(2005), Listening to action-related sentences activates fronto-parietal motor circuits, *Journal of Cognitive Neuroscience* 17(2), 273-281.

Tyler, A. & Evans, V.(2004), Applying Cognitive Linguistics to Pedagogical Grammar: The Case of Over, In M. Achard and S. Niemeier (eds.), *Cognitive Linguistics, Second Language Acquisition, and Foreign Language Teaching*, 233-256, Mouton de Gruyter: Berlin and Newyork.

Zwaan, R.(1999), Embodied cognition, perceptual symbols, and situation models, *Discourse Processes* 28, 81-88.

_____(2004), The immersed experiencer: toward an embodied theory of language comprehension, In B. H. Ross (eds.), *The Psychology of Learning and Motivation*, 35-62. New York, NY: Academic Press.

6장

국립국어원(1999), 표준국어대사전(http://www.korean.go.kr)

권영환(1993), 우리말 도움풀이씨 연구, 부산대학교 석사학위논문, 42, 69-70.

김기혁(1987), 국어보조동사 연구, 연세대학교 박사학위청구논문.

_____(1995), 국어문법연구, 박이정.

김문기(2006), 같은 꼴 매인풀이씨의 은유적 의미 확장, 우리말 연구 20, 한국어의미학회, 61-90.

_____(2007), 매인풀이씨의 문법화 양상, 우리말 연구 20, 우리말학회, 203-225.

_____(2008), 매인풀이씨 '가다'와 '오다'의 인지적 해석, 우리말 연구 22, 우리말학회, 135-159.

김미영(1998), 국어 용언의 접어화, 한국문화사.

민현식(1999), 국어문법연구, 역락.

박병수(1974), 한국어 명사 보문구조의 분석, 문법연구 1.

박선옥(2005), 국어 보조동사의 통사와 의미 연구 , 도서출판 역락.

손세모돌(1996), 국어 보조용언 연구, 한국문화사.

양인석(1972), 한국어의 접속화, 어학연구 8-2.

이관규(1992), 국어 보조동사 연구, 고려대 석사학위논문.

이기동(1979), 조동사 '놓다'의 의미 연구, 한글 163.

이선웅(1995), 현대국어의 보조용언 연구, 국어연구 133.

임지룡(1997), 인지의미론 , 서울: 탑출판사.

_____(2007), 신체화에 기초한 의미 확장의 특성 연구, 언어과학 40, 언어과학회, 1-31.

_____(2008), 의미의 인지언어학적 탐색, 한국문화사.

정병철(2007a), 은유적 보조동사의 구문과 의미, 국어교육연구 40, 273-304.

_____(2007b), 동반 경험 기반의 환유 작용, 담화와 인지 14-1, 173-194.

_____(2008), 시뮬레이션 의미론에 기초한 동사의 의미망 연구, 경북대학교 대학원 박사학위청구논문.

임지룡·정병철(2009), 의미망 분석과 다의성 판정의 원리, 담화와 인지 16-3, 195-216.

Barbey, A. K., Simmons, W. K., Ruppert, J. A. & Barsalou, L. W.(2002), Action and conceptual processing, *Meeting of the Psychonomic Society*, Kansas City, MO, November.

Barsalou, L. W.(1990), On the indistinguishability of exemplar memory and abstraction in category representation, In T. K. Srull & R. S. Wyer (eds.), *Advances in social cognition, Volume III: Content and process specificity in the effects of prior experiences*, 61-88, Hillsdale, NJ:

Lawrence Erlbaum Associates.

Barsalou, L. W., & Hale, C. R.(1993), Components of conceptual representation: From feature lists to recursive frames. In I. Van Mechelen, J. Hampton, R. Michalski, & P. Theuns (eds.), *Categories and concepts: Theoretical views and inductive data analysis*, 97–144, San Diego: Academic Press.

Barsalou, L. W.(1999), Language comprehension: archival memory or preparation for situated action?, *Discourse Processes* 28, 61–80.

Bergen, B.(2005), Mental simulation in literal and figurative language understanding, In Seana Coulson, and Barbara Lewandowska-Tomaszczyk (eds.), *The Literal and Nonliteral in Language and Thought*, 255–280, Frankfurt: Lang.

Bergen, B., Narayan, S. & Feldman, F.(2003), Embodied verbal semantics: evidence from an image–verb matching task, *Proceedings of the Twenty-Fifth Annual Conference of the Cognitive Science Society*.

Boroditsky, L. & Ramscar, M.(2002), The roles of body and mind in abstract thought, *Psychological Science* 13(2), 15–188.

Buccino, G., Binkofski, F., Fink, G., Fadiga, L., Fogassi, L., Gallese, V., Seitz, R., Zilles, K., Rizzolatti, G. & Freund, H.(2001), Action observation activates premotor and Parietal areas in a somatotopic manner: an fMRI study. *European Journal of Neuroscience* 13(2), 400–404.

Chao, L. L. & Marting, A. (2000), Representation of manipulable man–made objects in the dorsal stream, *Neuroimage* 12, 478–484.

Craver-Lemley, C. & Arterberry, M.(2001), Imagery–induced interference on a visual detection task, Spatial Vision, 14, 101–119.

Fauconnier, G. & Turner, M. (1998), Conceptual Integration Networks, Cognitive Science 22(2), 133–187.

_____(2002), The Way We Think: Conceptual Blending and the Mind's Hidden Complexities.

Gallese, V., Fadiga, L., Fogassi, L., Rizzolatti, G.(1996), Action recognition in the premotor cortex, *Brain* 119, 593-609.

Haiman, J.(1985), *Iconicity in Syntax*, Amsterdam and Philadelphia: John Benjamins.

Hopper, P. J. & Traugott, E.(2003), *Grammaticalization*, Cambridge: Cambridge University Press.

Kandel, E. R.(2007), *In Search of Memory: The Emergence of a New Science of Mind*, WW Norton & Company, New York.

Langacker, R. W.(1987), *Foundations of Cognitive Grammar, Vol. 1: Theoretical Prerequisites*, Stanford, California: Stanford University Press.

_____(2008), *Cognitive Grammar: A Basic Introduction*, New York: Oxford University Press.

Matlock, T.(2004), Fictive motion as cognitive simulation, *Memory & Cognition*, 32(8), 1389-1400, Psychonomic Society Publications.

O'Grady, William.(2008), Language without Grammar, In Peter Robinson and Nick C. Ellis (eds.), *Handbook of Cognitive Linguistics and Second Language Acquisition*, Newyork & London: Routledge, 139-167.

Pavlov, I. P.(1927), Conditioned *Reflexes: An Investigation of the Physiological Activity of the Cerebral Cortex* (translated by G. V. Anrep), London: Oxford University Press.

_____(1960), *Conditional Reflexes*, New York: Dover Publications (the 1960 edition is an unaltered republication of the 1927 translation by Oxford University Press.

Perky, C. W.(1910), An experimental study of imagination, *American Journal of Psychology* 21, 422-452.

Richardson, D., Spivey, M., Edelman, S. & Naples, A. D.(2001), Language is spatial: Experimental evidence for image schemas of concrete and abstract verbs, *Proceedings of the 23rd annual meeting of the cognitive science society*, 873-878, Mawhah, NJ: Erlbaum.

Richardson, D. & Matlock, T.(2007), The integration of figurative language and static depictions: An eye movement study of fictive motion, *Cognition* 102, 129-138.

Rizzolatti, G., Luciano, F., Vittorio, G., & Fogassi, L.(1996), Premotor cortex and the recognition of motor actions, *Cognitive Brain Research* 3, 131-141.

Rohrer, T.(2001), Understanding through the body: fMRI and of ERP studies of metaphoric and literal language, Paper presented at the 7th International Cognitive Linguistics Association Conference, July 2001.

Smith, J. D., & Minda, J. P.(2002), Distinguishing prototype-based and exemplar-based processes in dot-pattern category learning, Journal of Experimental Psychology: Learning, Memory, and Cognition 28, 800-811.

Spivey, M. J. & Geng, J. J.(2001), Oculomotor mechanisms activated by imagery and memory: Eye movements to absent objects, *Psychological Research / Psychologische Forschung* 65, 235-241.

Taylor, J.(2002), *Cognitive Grammar*, Oxford University Press.

Tettamanti M., Buccino G., Saccuman M. C., Gallese V., Danna M., Scifo P., Fazio F., Rizzolatti G., Cappa S. F. & Perani D.(2005), Listening to action-related sentences activates fronto-parietal motor circuits, *Journal of Cognitive Neuroscience* 17(2), 273-281.

Zwaan, R., Stanfield, R. & Yaxley, R.(2002), Do language comprehenders routinely represent the shapes of objects?, *Psychological Science* 13, 168-171.

7장

고영근 · 구본관(2008), 한국어 문법론, 집문당.
교육부(1996), 고등학교 문법, ㈜대한교과서.
교육인적자원부(2002), 고등학교 문법, 두산.

권재일(1992), 한국어 통사론, 박이정.

_____(2012), 한국어 문법론, 태학사.

김광해(1992), 문법과 탐구학습, 선청어문 20.

김종복(2005), 한국어 피동구문의 제약기반이론적 접근, 한국어학 26, 67-92.

김정남(2009), '-게 되다'의 의미와 분포: 한국어 교육 자료 개발을 위한 기초 연구의 일환으로, 한국어 의미학 30, 59-88.

남기심 · 고영근(2014), 표준국어문법론, 탑출판사.

남수경(2005), 조사 '을/를'이 나타나는 피동문에 대하여, 어학연구 41(1), 79-99.

박성수 · 박재황 · 김진희 · 임은미 · 안희정(1997), 청소년의 언어세계: 은어, 속어, 욕설탐구, 청소년상담문제연구보고서 17, 한국청소년상담복지개발원(구 한국청소년상담원), 1-128.

박영목 외(2015), 고등학교 독서와 문법, 천재교육.

박종갑(1996), 언어의 도상성과 그 의미적 대응물에 대하여: 국어사동문을 중심으로, 한민족어문학 30, 33-54.

박형우(2014), 문법화에 기반한 국어사 교육 내용에 대한 연구, 청람어문교육 50, 131-162.

송창선(2004), 현대국어 피동접미사의 특성, 국어교육연구 36, 129-148.

송현주(2010), 한국어 합성어에 나타난 동기화 양상, 한글 290, 125-150.

_____(2014), 사동 표현과 피동 표현, 문법 교육의 인지언어학적 탐색, 태학사, 142-169.

송현주 · 최진아(2010), 동기화에 기반을 둔 단어형성법 교육, 한국어 의미학 33, 153~177.

신명선(2010), 인지 의미론의 연구 성과를 활용한 문법 교육 내용 개선 방안 연구, 한국어 의미학 31, 77~107.

우인혜(1994), 국어의 피동법과 피동표현 연구, 한양대학교 대학원 박사학위청구논문.

윤여탁 외(2015), 고등학교 독서와 문법, ㈜미래엔.

이남호 외(2015), 고등학교 독서와 문법, 비상교육.

이도영 외(2015), 고등학교 독서와 문법, 창비.

이삼형 외(2015), 고등학교 독서와 문법, ㈜지학사.

이익섭·채완(1999), 국어 문법론 강의, 학연사

이종열(2002), 비유에 대한 국어과 학습 내용 설정 연구, 국어교육연구 34, 161-181.

임지룡(2013), 문법 교육의 인지언어학적 탐색, 국어교육학연구 46, 5-44.

정병철(2009), 시뮬레이션 의미론에 기초한 동사의 의미망 연구, 한국문화사.

_____(2011), 인지언어학의 관점에서 본 문법 교육 과정의 개선 방향, 한국어 의미학 34, 375-408.

_____(2012a), 인지언어학의 관점에서 보는 학교 문법의 품사, 담화와 인지 19(2), 107-131.

_____(2012b), 형태소와 단어의 불분명한 경계에 대한 학교 문법의 처리 방안, 청람어문교육 46, pp.513-544.

_____(2015), 당구공 모형으로 보는 한국어 사동 표현의 동기화, 담화와 인지 22(1), 담화인지언어학회, 79-102.

주세형(2009), 할리데이 언어 이론의 국어교육학적 의미, 국어교육 130, 173-204.

최진아(2007), 중등 국어 교육의 은유 학습 내용, 한국어 의미학 22, 237-266.

한절우 외(2015), 고등학교 독서와 문법, (주)교학사.

황미향(2012), 문법 교육에서 '탐구'의 의미, 국어교육연구 53, 269-290.

Fort, M., Martin, A. & Peperkamp, S.(2015), Consonants are more important than vowels in the Bouba-Kiki Effect, *Language and Speech* 58(2), 247-266.

Chomsky, N.(1965), *Aspects of the Theory of Syntax*, Cambridge, MA: MIT.

Giovanelli, M.(2015), *Teaching Grammar, Structure and Meaning: Exploring theory and practice for post-16 English Language teachers*, London: Routledge.

Goldber, A. E.(2006), *Constructions at Work: The Nature of Generalization in Language*, Oxford: Oxford University Press.

Halliday, M. A. K.(1985), Systemic Background, In James D. Benson and William S. Greaves (eds.), Systemic Perspectives on Discourse, Vol. 1: Selected Theoretical Papers from the Ninth International Systemic Workshop, 1-15, Norwood, NJ: Ablex Publishing Corporation.

_____(1994), *Introduction to Functional Grammar*, 2nd edition, London:

Edward Arnold.

Haiman, J.(1980), The Iconisity of Grammar, *Language 56*, 515-540.

Köhler, W.(1929), *Gestalt Psychology*, New York: Liveright.

_____(1947), *Gestalt Psychology*, 2nd edition, New York: Liveright.

Kuzar, R.(2012), *Sentence Patterns in English and Hebrew*, Amsterdam: John Benjamins Publishing Company.

Lakoff, G. & Johnson, M.(1999), *Philosophy In The Flesh: The Embodied Mind and Its Challenge to Western Thought*, New York: Basic Books.

Langacker, R. W.(2002), *Concept, Image, and Symbol: The Cognitive Basis of Grammar*, Berlin/New york: Mouton de Gruyter.

_____(2008), *Cognitive Grammar: A Basic Introduction*, New York: Oxford University Press.

Lygaard, L. C., Cook, A. E. & Namy, L. L.(2009), Sound to meaning correspondences facilitate word learning, *Cognition* 112, 181-186.

Maurer, D., Pathman, T. & Mondloch, C. J.(2006), The shape of boubas: Sound-shape correspondences in toddlers and adults, *Developmental Science* 9(3), 316-322.

McCormick, K., Kim, J. Y., List, S. & Nygaard, L. C.(2015), *Sound to meaning mappings in the Bouba-Kiki Effect, Proceedings of the 37th Annual Conference of the Cognitive Science Society, Pasadena, CA.*

Nielsen, A. K. & Rendall, D.(2011), The sound of round: Evaluating the sound-symbolic role of consonants in the classic Takete-Maluma phenomenon, *Canadian Journal of Experimental Psychology* 65(2), 115-124.

Panther, K.(2008), Conceptual and pragmatic motivation as an explanatory concept in linguistics, *Journal of Foreign Languages* 31(5), 2-19.

Radden, G. & Panther, K.(2004), Introduction: Reflections on motivation. In Radden, Günter, and Klaus-Uwe Panther (eds.), Studies in Linguistic Motivation, 1-46, Berlin and New York: Mouton de Gruyter.

Ramachandran, V. S. & Hubbard, E. M.(2001), Synaesthesia: A window into perception, thought and language, *Journal of Consciousness Studies* 8(12), 3–34.

Saussure, Ferdinand de.(1916), Cours de linguistique générale, Paris: Payot [English translation: 1968, *Course in General Linguistics*, New York, Toronto, London: McGraw–Hill].

Taylor, J. R.(2002), *Cognitive Grammar*, New York: Oxford University Press.

Tomlin, R. S.(1986), *Basic Word Order: Functional Principles*, London: Croom Helm.

8장

Andrews, R., Torgerson, C., Beverton, S., Freeman, A., Locke, T., Low, G., Robinson, A. & Zhu, D.(2006), The effect of grammar teaching on writing development, *British Educational Research Journal* 32(1), 39–55.

Barsalou, L. W.(1999), Language comprehension: archival memory or preparation for situated action?, *Discourse Processes* 28, 61–80.

Barsalou, L. W.(2003), Situated simulation in the human conceptual system, *Language and cognitive processes* 18(5/6), 513–562.

Bergen, B.(2005), Mental simulation in literal and figurative language understanding, In Seana Coulson & Barbara Lewandowska-Tomaszczyk (eds.), *The Literal and Nonliteral in Language and Thought*, 255–280. Frankfurt: Lang.

Carroll, S. & Swain, M. (1991, February–March), Negative evidence in second language learning, *Paper presented at the 11th Annual Second Language Research Forum*, University of Southern California.

Croft, W.(2002), *Radical Construction Grammar*, Oxford: Oxford University Press.

Croft, W. & Cruse, D. A.(2004), *Cognitive Linguistics*, Cambridge: Cambridge

University Press.

Ellenbogen J. M., Hu P. T., Payne J. D., Titone D. & Walker M. P.(2007), *Human relational memory requires time and sleep*, Proc. Natl. Acad. Sci. U.S.A. 104, 7723-7728.

Ellis, R.(1984), *Classroom second language development*, Oxford: Pergamon. (subsequently reprinted in 1987 by Prentice Hall).

Halliday, M. A. K. & Christian M. I. M. Matthiessen.(2004), *An introduction to Functional Grammar* (3rd edition), London: Arnold.

Heap, B.(1991), Evaluating the effects of an LA course, In James, Carl. & Garrett, Peter (eds.), *Language Awareness in the Classroom*, London: Longman, 247-53.

Hillocks, G., Jr., & Smith, M. W.(1991), Grammar and usage. In J. Flood, J. M. Jensen, D. Lapp, & J. R. Squire (eds.), *Handbook of research on teaching the English language arts*, 591-603, New York: Macmillan.

Kolln, M.(1996), Rhetoical grammar: A modification lesson, *English Journal* 85(7), 25-31.

_____(2010), Rhetorical Grammar: Grammatical Choices, Rhetorical Effects, 6th edition. Longman

Kolln, M. and Hancock, C.(2005), The story of English grammar in United States schools, *English Teaching: Practice and Critique* 4(3), 11-31.

Langacker, R. W.(1987), *Foundations of Cognitive Grammar*. Vol. 1, Stanford: Stanford University Press.

_____(2000), *Grammar and Conceptualization*, Berlin/New York: Mouton de Gruyter.

_____(2002), *Concept, Image, Symbol: The Cognitive Basis of Grammar*, second edition, Berlin: Mouton de Gruyter.

_____(2008), *Cognitive Grammar: A Basic Introduction*, New York: Oxford University Press.

Locke, T.(2009), Grammar and Writing: The International Debate, In R. Beard, D. Myhill et al. (eds.), *The SAGE Handbook of Writing*

Development, 182–193, London: Sage.

Mason, M., & Mason, R.(1997), Breakthrough to Learning, Linguistics in the service of mainstream education, *University of Central England Faculty of Education Papers: Issues in Education Series*, No. 2.

Matlock, T.(2004), Fictive motion as cognitive simulation, Memory & Cognition 32, 1389–1400.

Noden, H.(1999), *Image grammar: Using grammatical structures to teach writing*, Portsmouth, NH: Boynton/Cook.

Hudson, R.(2001), Grammar teaching and writing skills: the research evidence, *Syntax in the Schools* 17, 1–6.

Kolln, M.(1996), Rhetorical grammar: A modification lesson, *English Journal* 85(7), 25–31.

Ramscar, M., Boroditsky, L. & Matlock, T.(2009), Time, motion, and meaning: The experiential basis of abstract thought. In Kelly S. Mix, Linda B. Smith, and Michael Gasser (eds.), *The Spatial Foundations of Language and Cognition*. Oxford: Oxford University Press.

Talmy, L.(2000), *Toward a Cognitive Semantics* Vol. 1, MA: MIT Press.

Wagner, U., Gals, S., Halder, H., Verleger, R. & Born, J.(2004), Sleep inspires insight, *Nature* 427.

White, L.(1988), Island effects in second language acquisition. In S. Flynn & W. O'Neil (eds.), Linguistic theory in second language acquisition, 144–172, Dordrecht, Netherlands: Kluwer Academic.

White, L.(1991), The verb–movement parameter in second language acquisition, *Language Acquisition* 1(4), 337–360.

Home, J. A.(1988), Sleep loss and 'divergent' thinking ability, *Sleep: Journal of Sleep Research & Sleep Medicine* 11(6), 528–536.

Dittborn, J. M.(1963), Creativity during suggested sleep, Perceptual and Motor Skills 16(3), 738.

Walker, M. P.(2009), The Role of Sleep in Cognition and Emotion, *Annals of the New York Academy of Sciences* 1156, 168–197.

9장

교육부(1999), 중학교 교육과정 해설(Ⅱ) −국어, 도덕, 사회−, (주) 대한교과서.

김광해(2007), 국어지식교육론, 서울대학교 출판부.

김혜정(2004), 읽기 쓰기 통합 활동에서 의미 구성의 내용과 이행 과정 연구, 독서연구 11, 141−180.

민현식(2010), 통합적 문법 교육의 의의와 방향, 문법 교육 12, 10−37.

박영민(2004), 국어과 교육과정 용어의 진술과 개념: 통일성, 응집성, 일관성을 중심 으로, 독서연구 11, 181−206.

박영순(2008), 한국어 담화−텍스트론, 한국문화사.

신명선(2010), 인지 의미론의 연구 성과를 활용한 문법 교육 내용 개선 방안 연구, 한국어 의미학 31, 77−107.

신선경(2008), 과학 탐구와 과학 글쓰기에 대한 텍스트언어학적 접근, 텍스트언어학 21, 73−99.

양세희(2010), 문법과 쓰기의 통합적 양상 분석: 2007년 개정 교육과정의 중학교 1학년 국어 교과서를 중심으로, 문법 교육 12, 271−297.

양정호(2008), 텍스트 읽기와 쓰기 교육, 텍스트언어학 24, 101−127.

이관규(2007), 2007년 국어과 문법 교육과정의 개정 특징과 문법 교육의 방향, 청람어 문교육, 53−80.

이관규(2009), 통합적 문법 교육의 의의와 방법, 문법 교육 11, 259−282.

이삼형(2010), '문법' 영역과 '작문' 영역의 통합 문제, 문법 교육 12, 65−86.

이재승(2004), 읽기와 쓰기 통합 지도의 방법과 유의점, 독서연구 11, 275−299.

이종열(2002), 비유에 대한 국어과 학습 내용 설정 연구, 국어교육연구 34, 161−186.

임지룡(2002), 글쓰기를 위한 문법 교육 텍스트, 국어교육연구 34, 217−248.

＿＿＿＿＿(2008), 의미의 인지언어학적 탐색, 한국문화사.

＿＿＿＿＿(2010), 국어 어휘 교육의 과제와 방향, 한국어 의미학 33, 259−296.

정병철(2007), 다의 동사 '잡다'의 인지적 접근에 의한 사전 처리 연구, 한국어 의미학 24, 243−273.

＿＿＿＿＿(2010a), 주의 이론에 기초한 한국어의 주어 연구, 담화와 인지 17(2), 119−146.

＿＿＿＿＿(2010b), 시뮬레이션 모형에 의한 조사 '에'의 통합적 연구, 언어과학연구

55, 275-304.

_____(2010c), 과학 글쓰기의 시뮬레이션 과정 연구, 청람어문교육 42, 299-332.

정혜승(2005), 은유의 기능과 국어교육적 함의, 국어교육 118, 181-217.

정화숙 외(2004), 제7차 고등학교 생물 I 과 생물 II 교과서에 제시된 비유 분석, 한국
생물교육학회지 32(3), 189-203.

주세형(2005), 통합적 문법 교육 내용 설계의 원리와 실제 연구, 서울대학교 박사학위
청구논문.

_____(2006), 문법 교육론과 국어학적 지식의 지평 확장, 역락.

_____(2009), 할리데이 언어 이론의 국어교육학적 의미, 국어교육 130, 173-204.

최진아(2007), 중등 국어 교육의 은유 학습 내용, 한국어 의미학 22, 237-266.

Barsalou, L. W.(1999), Language comprehension: archival memory or
preparation for situated action?, *Discourse Processes* 28, 61-80.

_____(2003), Situated simulation in the human conceptual system,
Language and cognitive processes 18(5/6), 513-562.

Beaugrande, R. & Dressler, W.(1981), *Introduction to Text Linguistics*,
Longman: London.

Bergen, B.(2005), Mental simulation in literal and figurative language
understanding, In Seana Coulson, & Barbara Lewandowska-
Tomaszczyk (eds.), *The Literal and Nonliteral in Language and
Thought*, 255-280, Frankfurt: Lang.

Bolinger, D.(1977), *Meaning and Form*, London: Longman.

Buccino, G., Binkofski, F., Fink, G., Fadiga, L., Fogassi, L., Gallese, V.,
Seitz, R., Zilles, K., Rizzolatti, G. & Freund, H.(2001), Action
observation activates premotor and Parietal areas in a somatotopic
manner: an fMRI study, *European Journal of Neuroscience* 13(2),
400-404.

Chomsky, N.(1965), *Aspects of the Theory of Syntax*, Cambridge: MIT Press.

Croft, W.(2001), *Radical construction grammar: syntactic theory in
typological perspective*, Oxford: Oxford University Press.

Croft, W. & Cruse., D. A.(2004), *Cognitive Linguistics*, Cambridge:

Cambridge University Press.

Dean, G.(2003), *Grammar: for Improving Writing and Reading in the Secondary School*, London: David Fulton Publishers.

Evans, V.(2009), Semantic representation in LCCM Theory, In V. Evans & S. Pourcel (eds.), *Directions in Cognitive Linguistics*, 27–56, John Benjamins.

Fauconnier, G. & Turner, M.(1998), Conceptual Integration Networks, *Cognitive Science* 22(2), 133–187.

_____, *The Way We Think: Conceptual Blending and the Mind's Hidden Complexities*, New York: Basid Books.

Fahnestock, J.(2005), Rhetoric in the Age of Cognitive Science, In Richard Graff (eds.), *The Viability of Rhetorical Tradition*, New York: State University of New York Press.

Flower, L. & Hayes, J. R.(1981), A Cognitive Process Theory of Writing, *College Composition and Communication* 32(4), Urbana, Illinois: National Council of Teachers of English, 365–387.

Fodor, J. A.(1980), *The Language of Thought*, Harvard University Press.

_____(1998), *Concepts: Where Cognitive Science Went Wrong*, Oxford University Press.

_____(2010), *LOT 2: The Language of Thought Revisited*, Oxford University Press.

Fodor, J. A., Garrett, M. F., Walker, E. C. T. & Parkes, C. H.(1980), Against definitions, *Cognition* 8, 263–367.

Gernsbacher, M. A. & Hargreaves, D.(1992), The Privilege of Primacy: Experimental Data and Cognitive Explanations, In Doris Payne (eds.), *The Pragmatics of Word Order Flexibility*, Amsterdam: John Benjamins.

Glenberg, A. M. & Kaschak, M. P.(2002), Grounding Language in Action, *Psychonomic Bulletin & Review* 9(3), 558–565.

Goldberg, A. E.(1995), *Constructions: A Construction Grammar Approach* to *Argument Structure*, Chicago: Chicago University Press.

Graham, S., Berninger, V., Abbott, R., Abbott, S. & Whitaker, D.(1997), The role of mechanics in composing of elementary school students: A new methodological approach, *Journal of Educational Psychology* 89(1), 170–182.

Haiman, J.(1985), *Natural Syntax*, Cambridge: Cambridge University Press.

Halliday, M. A. K.(1985), *An Introduction to Functional Grammar*, Edward Arnold.

Heap, R. J.(1962), *An experimental inquiry into the functions and value of formal grammar in the teaching of English, with special reference to the teaching of correct written english to children aged twelve to fourteen*, PhD thesis, University of London.

Jackson, T.(2002), Issues and Problems in the Blending of Cognitive Science, Evolutionary Psychology, and Literary Study, *Poetics Today* 23(1), 161–179.

Kintsch, W. & van Dijk, T. A.(1975), Comment on se rappelle et on résume des histoires, *Langage* 40, 98–116.

Knapp, P. & Watkins, M.(2005), *Genre, text, grammar: Technologies for teaching and assessing writing*, Sydney: UNSW Press.

Langacker, R. W.(1987), *Foundations of Cognitive Grammar, Vol. 1: Theoretical Prerequisites*, Stanford, California: Stanford University Press.

_____(2002), *Concept, Image, Symbol: The Cognitive Basis of Grammar, second edition*, Berlin: Mouton de Gruyter.

_____(2008), *Cognitive Grammar: A Basic Introduction*, New York: Oxford University Press.

Mason, M., Mason, R. & Quayle, T.(1992), Illuminating English: how explicit language teaching improved public examination results in a comprehensive school, *Educational Studies* 18, 341–353.

McCutchen, D.(1996), A capacity theory of writing: Working memory in composition. *Educational Psychology Review* 8. 299~325.

Pavio, Allan.(2008). *Mental Representation: A Dual-Coding Approach.* Oxford: Oxford University Press.

Richardson, A.(2002). Literature and the Cognitive Revolution: An Introduction. *Poetics Today* 23(1). 1-8.

Stein, N., & Glenn, C.(1979). An analysis of story comprehension in elementary school children. In R. Freedle (eds.). *New directions in discourse processing.* Vol. 2. Norwood, NJ: Ablex.

Stokwell, P.(2002). *Cognitive Poetics: an Introduction.* Routledge.

Tettamanti M., Buccino G., Saccuman M. C., Gallese V., Danna M., Scifo P., Fazio F., Rizzolatti G., Cappa S. F. & Perani D.(2005). Listening to action-related sentences activates fronto-parietal motor circuits. *Journal of Cognitive Neuroscience* 17(2). 273-281.

Trabasso, T., Secco, T., and van den Broek, P.(1984). Causal cohesion and story coherence. In H. Mandl, N.L. Stein and T. Trabasso (eds.). *Learning and Comprehension of Text.* Hillsdale: Erlbaum, 83-111.

Tsur, R.(1992). *Toward a Theory of Cognitive Poetics.* Amsterdam: North-Holland.

Zwaan, R.(1999). Embodied cognition, perceptual symbols, and situation models. *Discourse Processes* 28. 81-88.

_____(2004). The immersed experiencer: toward an embodied theory of language comprehension. In B. H. Ross (ed.). *The Psychology of Learning and Motivation,* 35-62. New York, NY: Academic Press.

색인(찾아보기)

E

ECG(Embodied Construction
Grammar) 147
ERP 80

F

fMRI(functional Magnetic Resonance
Imaging) 109, 112, 171

I

ICM 180
isomorphism 205

L

LM 113, 217

M

MEG 109
modal 169
mood 169
Morphology(형태론) 17

N

NCTE(National Council of Teachers of
English) 240

P

perfective 169
PET(Positron Emission
Tomography) 171
progressive 169

R

Radical Construction Grammar 51

S

SLATE(Support for the Learning and
Teaching of English) 240

T

tense 169
TR 113, 217, 225